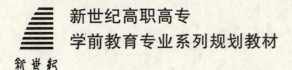

新世纪高职高专
学前教育专业系列规划教材

幼儿园管理实务

YOUERYUAN GUANLI SHIWU

新世纪高职高专教材编审委员会 组编

主　编　祁海芹

副主编　刘文英　么　娜

大连理工大学出版社

图书在版编目(CIP)数据

幼儿园管理实务 / 祁海芹主编. — 大连：大连理
工大学出版社，2012.3(2019.1重印)
新世纪高职高专学前教育类课程规划教材
ISBN 978-7-5611-6779-3

Ⅰ. ①幼… Ⅱ. ①祁… Ⅲ. ①幼儿园－管理－高等职
业教育－教材 Ⅳ. ①G617

中国版本图书馆 CIP 数据核字(2012)第 034925 号

大连理工大学出版社出版
地址：大连市软件园路 80 号　邮政编码：116023
发行：0411-84708842　邮购：0411-84703636　传真：0411-84701466
E-mail:dutp@dutp.cn　URL:http://dutp.dlut.edu.cn
大连永盛印业有限公司印刷　　大连理工大学出版社发行

幅面尺寸:185mm×260mm　　印张:14.75　　字数:341 千字
2012 年 3 月第 1 版　　　　2019 年 1 月第 5 次印刷

责任编辑:雷春雨　　　　　　　　　责任校对:刘　晓
封面设计:张　莹

ISBN 978-7-5611-6779-3　　　　　　　定　价:33.80 元

总　序

　　我们已经进入了一个新的充满机遇与挑战的时代，我们已经跨入了 21 世纪的门槛。

　　20 世纪与 21 世纪之交的中国，高等教育体制正经历着一场缓慢而深刻的革命，我们正在对传统的普通高等教育的培养目标与社会发展的现实需要不相适应的现状作历史性的反思与变革的尝试。

　　20 世纪最后的几年里，高等职业教育的迅速崛起，是影响高等教育体制变革的一件大事。在短短的几年时间里，普通中专教育、普通高专教育全面转轨，以高等职业教育为主导的各种形式的培养应用型人才的教育发展到与普通高等教育等量齐观的地步，其来势之迅猛，发人深思。

　　无论是正在缓慢变革着的普通高等教育，还是迅速推进着的培养应用型人才的高等职业教育，都向我们提出了一个同样的严肃问题：中国的高等教育为谁服务，是为教育发展自身，还是为包括教育在内的大千社会？答案肯定而且唯一，那就是教育也置身于其中的现实社会。

　　由此又引发出高等教育的目的问题。既然教育必须服务于社会，它就必须按照不同领域的社会需要来完成自己的教育过程。换言之，教育资源必须按照社会划分的各个专业（行业）领域（岗位群）的需要实施配置，这就是我们长期以来明乎其理而疏于力行的学以致用问题，这就是我们长期以来未能给予足够关注的教育目的问题。

　　众所周知，整个社会由其发展所需要的不同部门构成，包括公共管理部门如国家机构、基础建设部门如教育研究机构和各种实业部门如工业部门、商业部门，等等。每一个部门又可作更为具体的划分，直至同它所需要的各种专门人才相对应。教育如果不能按照实际需要完成各种专门人才培养的目标，就不能很好地完成社会分工所赋予它的使命，而教育作为社会分工的一种独立存在就应受到质疑（在市场经济条件下尤其如此）。可以断言，按照社会的各种不同需要培养各种直接有用人才，是教育体制变革的终极目的。

新世纪

随着教育体制变革的进一步深入,高等院校的设置是否会同社会对人才类型的不同需要一一对应,我们姑且不论。但高等教育走应用型人才培养的道路和走研究型(也是一种特殊应用)人才培养的道路,学生们根据自己的偏好各取所需,始终是一个理性运行的社会状态下高等教育正常发展的途径。

高等职业教育的崛起,既是高等教育体制变革的结果,也是高等教育体制变革的一个阶段性表征。它的进一步发展,必将极大地推进中国教育体制变革的进程。作为一种应用型人才培养的教育,它从专科层次起步,进而应用本科教育、应用硕士教育、应用博士教育……当应用型人才培养的渠道贯通之时,也许就是我们迎接中国教育体制变革的成功之日。从这一意义上说,高等职业教育的崛起,正是在为必然会取得最后成功的教育体制变革奠基。

高等职业教育还刚刚开始自己发展道路的探索过程,它要全面达到应用型人才培养的正常理性发展状态,直至可以和现存的(同时也正处在变革分化过程中的)研究型人才培养的教育并驾齐驱,还需要假以时日,还需要政府教育主管部门的大力推进,需要人才需求市场的进一步完善发育,尤其需要高职教学单位及其直接相关部门肯于做长期的坚忍不拔的努力。新世纪高职高专教材编审委员会就是由全国100余所高职高专院校和出版单位组成的旨在以推动高职高专教材建设来推进高等职业教育这一变革过程的联盟共同体。

在宏观层面上,这个联盟始终会以推动高职高专教材的特色建设为己任,始终会从高职高专教学单位实际教学需要出发,以其对高职教育发展的前瞻性的总体把握,以其纵览全国高职高专教材市场需求的广阔视野,以其创新的理念与创新的运作模式,通过不断深化的教材建设过程,总结高职高专教学成果,探索高职高专教材建设规律。

在微观层面上,我们将充分依托众多高职高专院校联盟的互补优势和丰裕的人才资源优势,从每一个专业领域、每一种教材入手,突破传统的片面追求理论体系严整性的意识限制,努力凸现高职教育职业能力培养的本质特征,在不断构建特色教材建设体系的过程中,逐步形成自己的品牌优势。

新世纪高职高专教材编审委员会在推进高职高专教材建设事业的过程中,始终得到了各级教育主管部门以及各相关院校相关部门的热忱支持和积极参与,对此我们谨致深深谢意,也希望一切关注、参与高职教育发展的同道朋友,在共同推动高职教育发展、进而推动高等教育体制变革的进程中,和我们携手并肩,共同担负起这一具有开拓性挑战意义的历史重任。

新世纪高职高专教材编审委员会
2001 年 8 月 18 日

前　言

　　《幼儿园管理实务》是新世纪高职高专教材编审委员会组编的学前教育类课程规划教材之一。

　　本教材从高职高专教学实际出发,本着理论上"必需、够用"的原则,力求精练、实用,重点体现培养学生的基本技能,如会撰写各种计划,会管理不同年龄的幼儿教学班,会与家长沟通,会管理幼儿园的人、财、物,会与相关的人和机构形成良好的公共关系等。

　　本教材中也体现了编者在幼儿园管理实践中的一些体会和经验,因为我们不仅有来自于高职高专教学一线的授课教师,同时也有来自于幼儿园管理一线的幼儿教师。我们在教材中增加了2～3岁幼儿教学班的管理内容和幼儿园的一些实际案例,并且在附录中给学生提供了有实用价值的考试题型举例,供学生学习、参考和借鉴。

　　我们在教材编写体例上也进行了一定的创新,以努力使教材教案化,教案案例化,这样便于教师讲解、学生阅读,有利于提高教学效果。

　　本教材共分十章,具体包括绪论、幼儿园管理概述、幼儿园的组织机构与规章制度、幼儿园的班级管理、幼儿园的园务管理、幼儿园的教研与科研管理、幼儿园的卫生保健工作、幼儿园的公共关系管理、幼儿园的领导工作、幼儿园工作评价。

　　《幼儿园管理实务》由沈阳师范大学职业技术学院祁海芹任主编,河北省直机关第七幼儿园刘文英、唐山师范学院教育学院么娜任副主编。具体编写分工如下:祁海芹编写第一章至第七章,刘文英编写第八章至第十章,么娜编写附

新世纪

录。全书由祁海芹统稿。

在编写本教材过程中,我们阅读了大量的幼儿园管理书籍,借鉴了很多专家学者的成果,在此向各位专家学者表示衷心感谢! 由于编者学识水平有限,在本书中难免会有一些错误和不当之处,敬请各位专家和学者批评指正。

所有意见和建议请发往:dutpgz@163.com

欢迎访问我们的网站:http://www.dutpbook.com

联系电话:0411－84707492　84706104

编　者

2012 年 3 月

目　录

第一章

绪　论

学习目标

1. 掌握管理的概念，理解管理的内涵和意义。
2. 了解管理理论的演进过程，掌握重要代表人物和他们的主要思想及代表作。

第一节　管理概述

"管"的本义泛指细长的圆筒形物，用得比较多的物件有管状乐器、钥匙等。从钥匙义引申出保管、看管等含义。《康熙字典》中的"管"是总理其事。

"理"的本义指玉石的纹路，引申为物体的纹理或事情的条理；道理、规则、原则。

中国式管理大师曾仕强对"管理"的解释是：

管——竹字头，为什么不是草字头呢？竹子比草长得高，而且比较硬，用草字头就是草菅人命，说明管理的人要高一点，而且应该硬一点，如果又矮又软就不是管。竹字头下面是官，官就是做官，官上的宝盖头也就是帽子，当官的比普通人多了帽子的保护，官下面的两个口，说明当官一定要用嘴，当官主要负责下命令。

理——搭理，强调人性化管理。

一、管理是社会生活中最普遍的社会现象

提到"管理"，人们通常认为那是领导者的事，只有领导者才需要学习管理学。其实不然，人们的日常生活中存在着各种各样的管理现象，人人都要接触到它。例如，家庭主妇管理家务，要勤俭节约，不要造成浪费；儿童管理自己的零用钱和物品；学习上要管理好时间，科学、合理安排自己的时间，提高学习效率和学习效果；在与人交往时要管理好自己的嘴巴，避免人际纠纷；在工作中我们应该学会规划自己的工作，管理好自己的思想，让自己的工作更出色。

像工厂企业、学校、医院、政府机关、部队等都需要管理，人类社会生活的一切领域都

涉及管理的问题。

管理有对人的管理，对事务的管理，对钱财物品的管理，对时间、信息的管理。管理同人的日常生活密切相关，决定和影响着人们生活的各个方面，所以说，管理是社会中最普遍的现象。

二、管理是社会共同劳动的产物

管理是一种"古老"的社会现象。自从人类社会出现，就有管理。管理起源于集体的共同劳动。人类为了生存需要组成群体，形成共同的社会组织，与自然界作斗争。"管理是协作劳动的产物"，这种集体的共同劳动需要分工、协作，通过集体的力量达到成员共同的目标。同时，对劳动产品也有分配问题。当人类劳动出现剩余产品，随之产生了保管问题及再分配问题。于是，就需要有专人做这些分工、分配、保管等事情。这就是最早的管理实践，也是管理思想产生的源头。最早的管理者通常是部落的酋长，由酋长对部落成员进行必要的"组织"、"指挥"，负责分工、分配等。

三、管理具有丰富的含义

究竟什么是管理？解释是多种多样的，可谓仁者见仁，智者见智。

（1）古典管理学派的代表之一，法国管理学家法约尔认为"管理是一种分配于领导人与整个组织成员之间的职能"，"管理就是实行计划、组织、指挥、协调和控制"。

（2）行为科学管理学派的一位代表赫西·布莱查尔特则认为"管理是个人与群体共事，以达到组织的目标"。

（3）现代科学管理学派的代表西蒙提出，可以把"决策的制定当作管理的同义词"。他认为，决策的制定贯穿管理的全过程，包括确定目标和实现目标的手段两方面。

以上是西方管理理论发展的三个时期的代表人物为管理下的定义。

（4）我国当代管理学者翟立林的定义是，"通过组织计划来行动，把一个机构所拥有的人力、物力、财力充分运用起来，使之发挥最大效果，以达到机构的目标，完成机构的任务"。

（5）程正方在《管理心理学》一书中的定义是："管理是人类一种有组织、有目的、有领导的活动方式，是组织活动不可缺少的组成部分"。

四、管理的一般本质

马克思指出：管理作为人类社会任何发展阶段普遍存在的现象，其根源在于生产的社会性。如前所述，管理是协作劳动的产物。人们为了有效地进行社会生产，需要建立一定的秩序，进行分工合作，于是就需要有协调每个人及其活动的机构和人员，就需要有管理者。

马克思说："一个单独的提琴手是自己指挥自己，一个乐队就需要一个乐队指挥。""单个劳动者力量的机械总和，与许多人同时共同完成同一不可分割的操作（例如举重、转绞车、清除道路上的障碍物等）所发挥的社会力量有着本质的差别……这里的问题不仅是通过协作提高个人的生产力，而且是创造了一种生产力，这种生产力本身必然是集体力"。这是一种"新的力量"，一种"扩大了的生产力"。

管理即协作劳动,一方面体现了一定的生产关系,同时具有合理组织生产力的功能。

管理的社会价值就在于创造出扩大了的新的生产力,创造出一种远比个人活动力量总和要大的集体力量或社会力量,正如这个公式所表明的:1+1＞2。因此,管理先进往往是经济发展的一个极重要与必不可少的条件。当前我国在经济改革中提出"向管理要效益"的口号,表明人们对管理在社会生活中的重要地位和作用的认识。

管理就是管理者遵照一定的原则,使用各种管理手段,通过组织、指挥、协调各个受分工制约的不同个人的活动,创造出一种远比个人活动力量总和要大的集体力量或社会力量,从而高效率地达到一个组织的预定目标所进行的各种一般职能活动。简单地说,管理就是通过协调不同个人行为,以有效利用各种资源,去实现组织目标的活动。

管理的价值就在于发挥集体优势,提高组织效率,以实现组织目标——这是任何孤立的个人所无法实现的。

人们对管理作用的认识经历了一个由不自觉到自觉的过程。我国宏伟的长城、都江堰、大运河,世界上著名的金字塔等古代建筑工程,不仅是生产技术发展的标志,同时这些巨大的建筑工程从设计、施工到完成,无不体现出古代社会高度的组织才能和管理技巧,只是在当时未被充分认识和自觉加以运用。

在现代社会化大生产中,管理越来越占有重要地位和作用,而且人们对管理的认识日益深化,并自觉运用到生产过程中。如美国与日本经济的高度发展,都与管理科学的发展密切相关。这里有两个例子。

1942 年美国的"曼哈顿工程",动员了 15 万科技人员,耗资 20 亿美元,用 3 年时间,制造出世界上第一批原子弹。这项技术的总负责人奥本海默教授说,使科学技术充分发挥威力的是科学的组织管理。

再如,1961 年美国的"阿波罗登月计划",发射的火箭"土星 5 号"有 560 万个零部件,飞船有 300 万个零部件。先后参加这项计划的研制人员达 400 万,最多时一次就动员了42 万人,集中了 200 家公司,120 所大学,奋战 8 年,用去 300 亿美元,终于获得成功。这项技术的总负责人韦伯博士这样说:"我们没有使用一项别人没有的技术,我们的技术就是科学的组织管理。"

综上可见,管理在现代化大生产中占有重要的地位和作用。所以学习一点管理方面的理论知识,对从事幼儿园的教育和管理工作具有重要的实际意义。

第二节 管理理论的发展

管理学是专门研究管理活动及其规律和一般方法的科学。虽然管理实践与人类历史一样悠久,但是管理学作为一门独立科学产生不过百年。

管理学的产生和发展经历了初创时期、成长时期和发展时期三个阶段。

一、管理理论的初创时期

管理理论的初创时期亦称古典管理学派和科学管理时期。19 世纪末 20 世纪初,由于资本主义商业的发展,欧美各国出现了一批管理专家,其中的三大代表泰罗、法约尔和韦伯奠定了管理学的基础。

1. 泰罗的管理思想

泰罗（F. W. Taylor，1856～1915 年），美国人，长期在工厂基层工作，做过工人、领班、主任、总机械师、总工程师。他主张一切工作方法都应通过考察并由管理人员来决定，一切管理问题都能够而且应该采用科学的方法。以往让每个工人仅凭个人技艺进行生产的管理方式，无法充分发挥工人的潜力，是一种"放任管理"，生产效率太低。他提出，应当通过高度标准化的工作程序，即测定各种作业所需的时间，进行动作分析、时间分析，在此基础上，制定出各项工作的标准的操作方法。以这种标准操作方法对工人进行训练，并据以制定较高定额。泰罗还提倡实行有差别的计件工资制度，以激发工人的积极性。

泰罗的管理是直接对生产过程进行技术管理，侧重基层管理问题的研究，以提高劳动生产率、降低成本为目的。1911 年泰罗出版了他的管理学专著《科学管理原理》。因其在管理领域所做的开拓性工作，被人们称为"科学管理之父"。

2. 法约尔的管理思想

法约尔（Henri Fayol，1841～1925 年）为法国一大公司经理。他着重分析研究高层管理效率和一般管理原则。他认为，对高层与基层的管理人员的要求应有不同，阶层越高，管理职能比重越大，对管理能力的要求也越高。法约尔提出，管理活动有五种一般职能，即：计划、组织、指挥、协调与控制。实行有效的管理，这五种要素缺一不可。他又根据自己长期的管理经验，概括出管理的十四条原则：分工；权限与责任；纪律；统一命令；统一指挥；个别利益服从整体利益；报酬；集权化；等级系列；秩序；公平；稳定人员；首创性；集体精神。

法约尔是第一个明确提出并阐述"一般管理"理论的人，明确管理过程与生产过程的不同，认为后者为技术性问题。他著有《工业管理和一般管理》（1916），被后人称为"现代经营管理之父"。

3. 韦伯的管理思想

韦伯（Max Weber，1864～1920 年）为德国学者与作家。他提出行政组织体系的理论。他认为，理想的行政组织模式应当是建立在理性与严格法规基础上的职位、职权与职责系统，从而使组织体系具有准确性、稳定性、纪律性、可靠性。如此，才能提高工作效率。韦伯注重正式组织的强制性、权威性。他著有《社会和经济组织的理论》，被后人称为"组织管理之父"。

以上三人倡导的古典管理理论是人类第一次尝试用科学系统的方法进行管理，对提高管理效率和劳动生产率起到了显著作用。此三人的理论奠定了现代管理学的基础，至今仍有深远影响。

二、管理理论的成长时期

管理理论发展的第二阶段是从 20 世纪 20 年代开始的人际关系-行为科学理论时期，有人称之为管理理论的成长阶段。

管理理论初创时期更多强调的是通过对员工的严格控制、规范动作和服从管理权威来提高工作效率，视员工为"经济人"，采用奖惩的手段。这种管理模式引起工人强烈的不满和反抗。人际关系理论就在这样的背景下应运而生。

人际关系理论是由原籍澳大利亚的美国行为学家、哈佛大学工业管理教授梅奥创立的。

（一）人际关系理论

1. 人不仅是"经济人"，也是"社会人"

认为人是"经济人"的观点将人看成是追求各自最大经济利益的理性动物，每个人无时无刻不在受经济刺激的驱使，高工资和良好的物质条件是提高工人积极性的主要因素。针对"经济人"的观点，梅奥举起了人是"社会人"的大旗。他认为人不是单纯追求经济利益的，工作条件和工资报酬等并不是影响劳动生产率的第一位原因，人与人之间的合作、友情、上司的态度、个人的情绪和对工作的满意程度等社会因素和心理因素是影响职工积极性的主要因素。

2. 企业中除"正式组织"之外，还存在着"非正式组织"

正式组织是为实现组织目标而规定的各组织成员之间的相互关系和职责范围的组织体系，包括规章制度等。非正式组织是人们在共同劳动和相互交往中，出于各种社会需要而自然形成的某种群体，处于非正式组织中的人们之间有特殊的相互信任和隐秘的共同行为准则。

梅奥认为非正式组织的存在是十分必要的。正式组织是组织成员为提高效率而保持的正式的协作关系，非正式组织是组织成员通过感情融合而维持的非正式的行为标准。梅奥认为组织者要充分重视非正式组织的作用，使正式组织与非正式组织互为补充，将形式上的协作变为自觉的协作，发挥每个人的作用，从而提高工作效率。

3. 改"奖惩"的领导模式为"提高职工满意度"的领导模式

人际关系理论认为，工人积极性的调动首先在于其态度与对组织的满意度，而其次才是经济利益和工作条件。

总之，人际关系理论希望建立民主的管理模式，反对专制的管理模式，主张职工参与组织的管理，从而建立组织各层次人员的有效沟通，使他们之间能够及时交流信息。这些观点补充并发展了古典管理学理论，明确提出了人在管理中的作用，改变了以往管理理论见物不见人的倾向，将管理理论向前推进了一大步，对现代管理理论有极其深远的影响。

（二）行为科学派的主要理论

行为科学派注重研究人的动机、需要，行为的激励，人性问题和领导方式等。

1. 需要层次理论

美国人马斯洛（A. Maslow）的需要层次理论认为，人的需要一般是由动机引起的，但有两个前提：一是已经满足的需要不能激励人的动机，只有尚未满足的需要才能影响行为；二是人的需要是有层次、有顺序的，一种需要得到满足，更高层次的需要相继出现，又激励人们继续为实现它而努力。马斯洛的代表作《激励和人》这本书中，把人的需要分为五个层次：

（1）生理的需要（如衣、食、住、性欲、治病等）；

（2）安全的需要（如劳动和职业的保障、财产和住所的安全、社会保险等）；

（3）情感和归属的需要（即社交的需要，包括友谊、受欢迎、爱情等）；

（4）尊重的需要（即社会地位和得到承认、尊重、自尊的需要）；

（5）自我价值实现的需要（实现自己的抱负）。

低层次的需要得到满足以后，才会有高层次的需要。马斯洛指出，管理人员不能只着眼于职工的物质需要，更应该注重精神需要，协调人际关系，关心和尊重人，这样才能有效地激励人的动机。

2. 双因素理论

1950年，美国的赫茨伯格（E. Herzberg）提出了双因素理论。他的主要观点是，影响职工工作动机的因素有两类：一类是"保健因素"，即有关工作环境或工作关系方面的影响因素，包括工资、工作条件、同事关系等，这些因素得不到满足，职工就会不满意，难以维持工作状态，但是这些因素不能直接起到激励职工的作用；另一类是工作本身或工作内容方面的影响因素，称为"激励因素"，包括成就、上级的赞赏、责任、被提升等，这类因素能直接激励职工的工作动机。

3. XY理论

美国的麦克雷戈（D. McGregor）提出了人性假设理论，即XY理论。X理论是把人性建立在错误假设的传统管理观点，把劳动效率或工作效率不高归结为人的本性不诚实、懒惰、不负责任等，必须进行强制监督，只有以惩罚为主要管理手段才能迫使人们努力实现组织目标。麦克雷戈并不主张这种假设，他认为以这种假设为基础的管理方式难以实现组织目标。Y理论则是对人性作出相反假设的一种管理观点，麦克雷戈对人性持乐观看法，他认为人性本"善"，要求工作是人的本能，只要给予一定的外界条件，就能激励人们努力工作，反对通过权力实现指挥和监督的管理方法，管理的任务应该是发挥员工的潜力、激发其主动性、积极性，使人的潜能得到充分发挥，创造条件，使个人需要与组织的目标结合起来，通过组织的目标而获得个人的满足。

人际关系-行为科学管理理论的最大贡献就是以人为中心来研究管理问题。管理者必须学会了解人的行为，理解和正确处理人际关系，激发人的积极性，实行民主领导，注重沟通，从而有效地实现领导与管理。

三、管理理论的发展时期

管理理论的发展时期是指现代管理科学理论时期，也有人称之为"系统管理理论时期"。这一阶段再不是某种观点一统天下了，而是各种观点层出不穷，有人将其比喻为"管理理论的丛林"。比较有代表性的管理理论有：

1. 社会系统论和系统管理理论

社会系统论和系统管理理论认为，管理是由许多相互依存的不同要素所构成的具有一定功能的整体，其各个部分既彼此独立，又相互制约依存。在管理活动中，既要看到与外界环境、外在系统之间的关系，又要看到本系统内各部分之间的关系，而不要孤立地处理每一部分的问题。

又认为，组织是一个开放系统，它与周围环境条件存在着动态的相互作用，且应能具有内外信息反馈网络，能够不断自我调节，以适应环境和自身需要。管理上既要强调组织结构、工作程序等组织活动的静态方面，又要注重动态方面，重视人的因素。

2.决策管理理论

决策管理学派的代表是当代著名管理学家西蒙(Harbert A. Simen),他说"管理就是决策"。

决策是个完整的过程,它包含三个阶段:搜集资料、拟订方案、选定方案。

管理者首先必须调查所有有关组织发展的各种资料;进而据以寻找解决问题的各种途径和拟订可能的行动方案;在此基础上,运用各种技术对方案作比较抉择,确定最优方案,付诸实施。

3.权变论管理理论

管理的权变论支持者认为,管理活动中内外环境复杂多变,科技突飞猛进,人的价值日益受到重视,要寻求永恒唯一的适合于各种条件、各类组织的最佳管理方式是困难的。因此,任何组织均应随环境的变迁来选择适宜的管理方式。可以将环境作为自变量,当环境条件改变时,组织设计与管理方式也应随变量改变。有效的管理是与内外环境的变化动态相应的,随机制宜的。即管理应当针对具体情况进行具体分析、具体处理。

4.Z 理论

现代科学管理理论中的 Z 理论为美籍日本裔人威廉·大内(William G. Ouchi)提出的。他认为,人既非绝对好又非绝对坏。人有人性的一面,又有非人性的一面,有时应着重奖赏,有时需强调惩罚。管理上应强制与民主并行,物质与精神结合,要结合实际采用不同管理方式,应因时、因地、因人制宜实施管理。

5.管理文化研究

20 世纪 70 年代末 80 年代初,管理研究有了新的进展,认为管理是一种文化现象。管理的成功秘诀在于组织文化,即组织的理性价值。这是一个组织成员共同认同的思想作风与行为准则,为组织生存的基础,并且是组织发展的动力与灵魂。

管理文化研究是在更高层次上,将古典理论与行为科学两学说统一起来,将管理置于文化大背景中进行深层次透视。它不仅研究一般普遍适用的管理科学,而且注重将管理因素纳入文化系统,考察其特殊性即个性区别。

考考你

1.什么是管理?怎样理解科学管理?

2.管理理论的发展经过了哪三个阶段?各阶段主要有哪些代表人物?

3.法约尔的五项管理职能指的是什么?

4.简述马斯洛的需要层次理论。

实践训练

1.谈谈你在幼儿园实习时遇到的管理方面问题,并加以评价(500 字)。

2.请你阐述梅奥的主要思想,他的思想对现代幼儿园的管理有什么意义?

3.泰罗的计件工资在幼儿园如何应用?

案例分析 ●●●

案例 1　园长为何被弹劾下台

这是两个真实的案例：有两所公办幼儿园的园长都是幼教战线上的资深园长，在全省行业内都具有一定的影响力，园长本人从形象、气质到专业素质以及工作业绩都可以说是很称职的园长。可是她们都是被副园长领着老师集体给弹劾下了台。事后听到副园长方说园长有经济问题，多吃多占，等等。而园长方则说是副园长"整人"，因为她们之间有矛盾。

分析与思考 ●●●

评析：

1. 园长如果真的是被大家弹劾下了台，她可能确实有经济问题，以权谋私，下台是必然的。这说明群众的眼睛是亮的，群众是真正的英雄，水能载舟亦能覆舟。任何一个园长都不要以为当上了园长，就会一劳永逸，永不下台。任何体制下的幼儿园，都是如此。

2. 即使园长没有经济问题，如果大多数人都弹劾园长，即便是副园长真的"整人"，这还是说明你园长有问题，那就是个人素质、领导能力与管理水平的问题。

梅奥的一个理论观点就是要重视群体中的非正式群体。非正式群体有正效应也有负效应。如果一个园长不能重视群体中的非正式群体，不能积极发挥其正效应，遏制其负效应；不能把教职工团结在自己的周围，必然导致成为孤家寡人，被群众拉下马。园长应该好好反思自己在管理过程中究竟犯了哪些错。

思考：

1. 如果你是园长应该怎样处理和副园长、和教师之间的关系？一旦发现副园长身边有一个非正式群体，你应该怎样处理？

2. 你参加工作后，愿意加入到一个非正式群体中吗？为什么？应怎样处理小团体与集体之间的关系？

案例 2　在分班上引入竞争机制

新的学期开始了，又到了幼儿园一年一度分班的时候。每年园领导总要为分班的事开好几次会，仔细研究调整，但分班后还是有许多老师不满意。不是因为双方合作不好，就是因为有个别老师工作不尽力、不负责任、不服从班长管理。

今年，园长采取了一个新的分班办法：由园领导权衡后，选出各班的班长，再由班长自己挑选本班的老师。这样一来，有几位老师坐不住了。她们有的是原来工作不认真、班长不好管的，有的是与同事不好相处的，班长们都不愿选她们。最后，出现了她们没班可以去，有的班里还缺人手的情况。

于是，园长开始分别找这几位老师谈话，让她们总结一下自己的工作，帮她们分析自己落选的原因，使几位老师明白了自己的缺点。慢慢地，这几位老师的思想工作做通了，她们向园长保证：如果班长选用她们，她们一定认真工作，与其他老师好好配合。之后，园长再次召开了班长会，做班长们的工作，希望班长们从全园的教养工作出发，给这几位老师一次机会,先试用一学期,如果再干不好,下学期就请她们离班下岗。

这次的分班改革后,各班的工作情况都有了改观,不仅增强了班里老师之间的集体凝聚力,调动了教师的积极性,而且使原来工作态度不好的几位老师也逐渐改正了自己的缺点。

◤ 分析与思考 ●●●

评析:

该案例讲述的是当前幼儿园普遍采用的一项教师人事管理制度——竞争上岗,分层聘用。从配班制度本身来看,这是对以往园领导独断配班岗位做法的一种革新。在新时期,强调"以人为本"的思想下,给予教师自主选择权,采用分层聘用的方式,引入竞争机制,既给广大教师以紧迫感,又能有效地调动教师的积极性,最终促进工作质量的提升。竞争上岗,无论是对已经上岗的教师还是对目前暂处于无岗状态的教师来说,都是有效的促进其全身心投入工作的重要手段。而且,这种逐层聘用上岗的方式,使各位老师之间能够很好地配合协调,对于团结合作地开展工作也是十分有利的。

思考:

1. 结合本案例,谈谈你对分层聘用制的看法,它能获得成功的原因何在?

2. 你了解的幼儿园的分班机制是否与该园有所不同,各有何利弊?

◤ 知识拓展 ●●●

霍桑实验

霍桑实验是心理学史上最著名的实验之一。这一系列实验是在美国芝加哥西部电器公司所属的霍桑工厂进行的,这项著名的心理学研究由哈佛大学的心理学教授梅奥主持。

霍桑工厂是一个制造电话交换机的工厂,具有较完善的娱乐设施、医疗制度和养老金制度,但工人们仍愤愤不平,生产成绩很不理想。为找出原因,美国国家研究委员会组织研究小组开展实验研究。

霍桑实验共分四阶段:

一、照明实验(时间从1924年11月至1927年4月)

当时在关于生产效率的理论领域占统治地位的是劳动医学的观点,认为也许影响工人生产效率的是疲劳和单调感等,于是当时的实验假设便是"提高照明度有助于减少疲劳,使生产效率提高"。可是经过两年多实验发现,照明度的改变对生产效率并无影响。具体结果是:当实验组照明度增大时,实验组和控制组都增产;当实验组照明度减弱时,两组依然都增产,甚至实验组的照明度减至0.06烛光时,其产量亦无明显下降;直至照明减至如月光一般、实在看不清时,产量才急剧降下来。研究人员面对此结果感到茫然,失去了信心。从1927年起,以梅奥教授为首的一批哈佛大学心理学工作者将实验工作接管下来,继续进行。

二、福利实验(时间从1927年4月至1929年6月)

实验目的总的来说是查明福利待遇的变换与生产效率的关系。但经过两年多的实验发现,不管福利待遇如何改变(包括工资支付办法的改变、优惠措施的增减、休息时间的增减等),都不影响产量的持续上升,甚至工人自己对生产效率提高的原因也说不清楚。

后经进一步的分析发现,导致生产效率上升的主要原因如下:

1. 参加实验的光荣感。实验开始时 6 名参加实验的女工曾被召进部长办公室谈话,她们认为这是莫大的荣誉。这说明被重视的自豪感对人的积极性有明显的促进作用。

2. 成员间良好的相互关系。

三、访谈实验

研究者在工厂中开始了访谈计划。此计划的最初想法是要工人就管理当局的规划和政策、工头的态度和工作条件等问题作出回答,但这种规定好的访谈计划在进行过程中却大出意料之外,得到意想不到的效果。工人想就工作提纲以外的事情进行交谈,工人认为重要的事情并不是公司或调查者认为意义重大的那些事。访谈者了解到这一点,及时把访谈计划改为事先不规定内容,每次访谈的平均时间从 30 分钟延长到 1~1.5 小时,多听少说,详细记录工人的不满和意见。访谈计划持续了两年多。工人的产量大幅提高。

工人们长期以来对工厂的各项管理制度和方法存在许多不满,无处发泄,访谈计划的实行恰恰为他们提供了发泄机会。发泄过后心情舒畅,士气提高,使产量得到提高。

四、群体实验

梅奥等人在这个实验中选择 14 名男工人在单独的房间里从事绕线、焊接和检验工作。对这个班组实行特殊的工人计件工资制度。实验者原来设想,实行这套奖励办法会使工人更加努力工作,以便得到更多的报酬。但观察的结果发现,产量只保持在中等水平上,每个工人的日产量平均都差不多,而且工人并不如实地报告产量。深入的调查发现,这个班组为了维护他们群体的利益,自发地形成了一些规范。他们约定,谁也不能干的太多,突出自己;谁也不能干的太少,影响全组的产量,并且约法三章,不准向管理当局告密,如有人违反这些规定,轻则挖苦谩骂,重则拳打脚踢。进一步调查发现,工人们之所以维持中等水平的产量,是担心产量提高,管理当局会改变现行奖励制度,或裁减人员,使部分工人失业,或者会使干得慢的伙伴受到惩罚。这一实验表明,为了维护班组内部的团结,可以放弃物质利益的引诱。由此提出"非正式群体"的概念,认为在正式的组织中存在着自发形成的非正式群体,这种群体有自己的特殊的行为规范,对人的行为起着调节和控制作用,同时,加强了内部的协作关系。

实验结论:

1. 改变工作条件和劳动效率没有直接关系;

2. 提高生产效率的决定因素是员工情绪,而不是工作条件;

3. 关心员工的情感和员工的不满情绪,有助于提高劳动生产率。

霍桑实验对管理理论有相当的贡献:

1. 它让工人了解自己不全然只是机械的延伸;

2. 它引发产业界与学术界做一系列的相关改进与研究;

3. 它替管理学开了一扇通往社会科学领域的门;

4. 它同时也令研究者检讨实地调查不能与标的物太接近,否则会影响实验的结果(称之为霍桑效应,Hawthorne Effect)。

第二章

幼儿园管理概述

学习目标

1. 掌握幼儿园管理的概念和特点,理解幼儿园管理活动的依据和指导思想。
2. 理解幼儿园管理的基本原则和任务。
3. 了解幼儿园管理的研究方法。
4. 了解幼儿园实际管理工作中的一些案例。

第一节 幼儿园管理的概念和特点

幼儿园管理与其他管理活动一样是一种社会现象。随着教育改革的不断深入和管理理论研究的纵深发展,管理理论也逐渐渗透到幼儿园。人们越来越认识到,要想办好幼儿园,仅凭经验是不行的,还必须进行科学管理,必须探讨幼儿园管理的规律与特点。那么,什么是幼儿园管理? 幼儿园管理有哪些特点? 与其他管理活动有什么不同呢?

一、幼儿园管理的概念

幼儿园管理是为了实现教育目标,通过计划、执行、监督、总结等过程,协调组织机构内的人力和物力资源,以达到高效率运行的综合性活动。

幼儿园管理主要包括两大方面:一是幼儿园内部管理,诸如幼儿园的保健工作、教育教学工作、总务后勤工作等;二是幼儿园的外部管理,即幼儿园公共关系的管理(后面详述)。园长不仅要重视幼儿园的内部管理,更要重视幼儿园的外部管理。

二、幼儿园管理的特点

1. 复杂性

幼儿园是一种教育机构,是培养人的场所,它通过对各种资源的管理达到提高幼儿素质的目标。人既是各种资源的核心,也是最复杂、最难以管理的资源,对人的管理具有极梅奥与同僚发现经营者要对管理的人性社会面与行为面有更深入的了解。

评价

贡献:第一次把研究的重点从工作和物的因素上转移到人的因素上,不仅在理论上对古典管理理论作了开辟和补充,还为现代行为科学理论奠定了基础,而且对管理实践产生深远影响。

局限:

1.对经济人假设的过分否定;

2.对非正式组织的过分倚重;

3.对感情逻辑的过分强调。

强的挑战性。另外,幼儿园教育的对象是幼儿,由于幼儿年龄小,幼儿园具有教育和保育双重任务。幼儿园管理就是要确保保教质量的提高,保证幼儿园双重任务的完成。可见,幼儿园管理是十分复杂的。

2.教育性

由于幼儿园是教育机构,所以幼儿园管理不是以赢利为目的,而是以教育为目的,这就要遵照一定的教育方针和保教工作的客观规律。教育质量是幼儿园生存的根本,幼儿园管理就是要在不断提高教育质量的基础上,寻求生存空间与发展目标,以此提高幼儿园的社会效益和经济效益。片面追求经济效益是不符合教育规律的,到头来只能是搬起石头砸自己的脚。

三、幼儿园管理的要素与内容

幼儿园管理的要素包括:人、财、物、时间、空间、信息。

幼儿园管理的内容包括:

1.幼儿园的组织制度、工作目标与管理运行过程等管理职能活动;

2.人员管理、管理者与教职工的关系,教师队伍建设;

3.保教工作和总务后勤工作;

4.幼儿园的公共关系,与上级、与家长、与社区的关系。

四、学习和研究幼儿园管理的意义

1.学习和研究幼儿园管理是幼教事业发展的客观需要

中国实行改革开放政策以来,经济发展水平不断提高,从 20 世纪 80 年代到 21 世纪初,中国幼教事业也随之迅速发展,多种形式的托幼机构应运而生,幼教规模及受益范围在不断扩大。当前,幼教事业的发展正在从城市走向农村,从数量扩大转向教育质量的提高。幼儿园管理要适应经济体制改革的需要,进行办园体制与园所管理体制的改革,探索多样化的管理方式,提高管理水平,这是幼教事业发展的客观需要。因此,必须加强对幼教管理问题的学习和研究,努力探索规律,并用它更好地指导实践。

2.学习和研究幼儿园管理是改革幼儿教育,全面提高教育质量的需要

在我国社会主义现代化建设中,教育被确定为战略重点,科教兴国成为我国的基本国策。

1998 年 12 月,教育部为实现党的十五大所确定的目标和任务,落实科教兴国战略,推出了"面向 21 世纪振兴教育行动计划",确立了实施"跨世纪素质教育工程"、提高国民素质是这一教育改革的重要任务,强调素质教育要从幼儿阶段抓起。在幼儿阶段为幼儿奠定良好的发展基础,就要认真研究影响幼教质量的各方面因素,正确认识并处理好各方面工作及内外环境的相互关系;并通过科学管理,改进和提高教育质量,推动幼教事业的健康发展。

3.学习和研究幼儿园管理是探索规律、发展学前教育管理理论的需要

新中国成立以来的 60 多年里,幼教事业有了重大发展,长期的幼儿园管理实践积累了丰富的经验,但是使之系统化、概念化,上升为理论形态还很不够,学科仍处于初创阶

段。因此我们必须坚持以科学的态度，认真进行研究，探索提高教育质量和办园效益的客观规律；以我国学前教育管理实践为出发点和中心，深入总结经验与教训，同时结合我们的实际，对国外有关管理理论方法及传统管理思想的精华有选择地借鉴、吸收、消化，为我所用。理论工作者和实践工作者要携起手来，共同研究新情况、新问题，积极探索、创建具有中国特色的学前教育管理的理论体系。

4. 学习和研究幼儿园管理是提高人才素质和管理水平的需要

举办幼儿园，师资、设施与经费是重要的物质基础和前提，生源也是一个重要条件，但是幼儿园管理水平如何，则直接关系到幼儿教育的质量和效益。人们常说，一个好园长，就意味着一所好的幼儿园。园所的管理者、领导者是幼儿园工作的核心，是教师的教师。当前，有一大批有知识、有理想的青年教师或教学骨干正在走向园所的管理和领导岗位，要注重通过学习和研究幼儿园管理问题，深刻认识我国幼教的性质、特点，了解掌握有关管理的理论和方法，全面提高自身素质和能力，真正成为园所管理的内行。只有这样才能全面贯彻党的教育方针，不断提高保教质量和管理效益，培养出更多更好的合格人才。

五、学习和研究幼儿园管理的方法

1. 调查法

调查法是指对幼儿园管理中的某个方面的问题或某项工作进行了解，直接收集资料的方法。可以通过观察、个别访谈、开座谈会、经验介绍、问卷或查阅记录等方式对有关问题做调查。根据调查对象的范围，可以有全面调查或抽样调查。前者是对符合调查目的要求的全部对象做调查；后者是从全部对象中抽取一定代表作样本，通过对样本的调查，揭示总体的状况。

研究幼儿园管理问题常常需要做个案研究或典型调查，通过深入现场，对具有明显特点或典型的事例做调查，解剖麻雀，认识规律。如对某个特定的试行办园新体制的民办园做调查，了解取得的成绩、经验、特点和存在的问题。进行调查研究必须坚持实事求是的态度。调查时，要明确调查目的，确定好调查计划与提纲，要认真做调查记录，对所收集的资料及时加以整理，注重事物之间的关系，探索有关教育与管理的规律。

2. 文献法

文献法是通过研究已有的文献资料，来了解和研究有关幼儿园管理问题的一种方法。这是一种间接研究的方法，通过收集有关的文献资料并加以归纳、分析和比较，发现幼儿园管理中的一些规律。文献研究包括纵向历史文献研究和横向的（国际上、地区间、校际间）不同地域的文献研究，前者易于发现教育管理中某方面发展的规律和趋势；后者则可通过分析对比，发现相互间的共性与差异，并得出结论。这种方法也称作比较法，"有比较才能有鉴别"。要注意收集足够的材料，通过对材料的分析得出观点。

3. 实验法

实验法是根据一定的理论设想或思路，在严格控制的条件下，进行有目的、有组织、有计划的管理实践，以试验和检验某种管理方案，得出相应结论的一种方法。

实验法具有明显的探索性质或验证性质，可以是单项因素实验或综合性实验。运用时，要明确实验目的，选择好实验对象，周密计划，并依程序付诸实施，收集资料，加以科学的分析,得出正确结论。

4.案例法

案例法是研究管理现象的一种独特方法,为美国哈佛大学工商管理学院首创。它是将管理中出现的一些常见问题、矛盾或典型经验编写成案例,供学习研究者进行分析和讨论。其主要目的在于理论联系实际,增强研究者分析问题和解决问题的能力。案例法的例子都是来自于实际,因此对这些问题的分析研究具有较强的现实针对性,对理论的综合运用能力的要求也较高。研究者通过案例分析去归纳观点和结论,既加深了对理论的理解,也有利于将理论运用于实际。运用案例法的关键是选择和编写好案例。实践证明,案例法也是研究教育管理现象、探索幼儿园管理问题的有效方法。

对幼儿园管理现象和问题的研究与探索要注意根据不同的目的、对象,选择运用适宜的方法。有时,对一些较复杂的问题还需要多种方法的协调配合和综合运用。总之,只有坚持实事求是、理论联系实际的原则开展研究,才能不断提高研究水平,获得科学的结论。

第二节　幼儿园管理活动的依据和指导思想

指导思想是行动的指南,做任何事情首先要明确其指导思想。幼儿园管理活动既要有一定的科学依据,而且还要有一定的正确指导思想。

一、幼儿园管理活动的依据

幼儿园管理活动的依据是要树立正确的儿童观和教育观。

儿童观是指对儿童的认识、看法以及与此有关的一系列观念的总和。通俗地说,就是如何看待儿童,如何认识和看待儿童拥有的权利。对儿童的不同认识会导致不同的教育观,正像有人所说的,有什么样的儿童观就会有什么样的教育观。

教育观是指人们对教育这一事物以及它与其他事物关系的看法。具体地说,就是人们对教育者、教育对象、教育内容、教育方法等教育要素及其属性和相互关系的认识,以及人们对教育与其他事物相互关系的看法,由此派生出的对教育的作用、功能、目的等各方面的看法。

儿童观属于社会意识形态,是社会存在的一种反映。随着社会、时代的变化,儿童观也在不断变化和发展。最初儿童的价值与权利完全得不到承认,认为儿童没有自身的意志,完全隶属于父母。14～16 世纪的文艺复兴运动,给儿童命运带来重大转机。文艺复兴的代表人物鲜明地提出:"以人为中心,一切为了人类"的新观念,要求热爱和尊重儿童。从 20 世纪至今,儿童观有了突破性发展,这一时期对儿童的认识不仅是理性的结论和口号,而是有许多科学的研究,且儿童的地位与价值,以法制的形式得到了保障。

现代儿童观决定了现代教育观。现代的教育观视儿童为与成人平等的独立的个体,成人应该尊重他们的发展特点与规律,尊重他们的人格尊严和权利,尊重他们的能力和个性。

1.儿童是人,享有与成人同样的权利

儿童虽然小,但他们与成人一样具有独立的人格,应享有和成人一样的平等的权利。

这一点,已经被许多科学研究证明了。所以,成人不能认为儿童的个子小,懂得少,就可以减少他们的权利。有的父母将自己的意志强加于儿童身上,不尊重儿童的独立人格,一切包办代替,这些都是剥夺儿童权利,不尊重儿童的表现。

2.儿童与成人相比具有独特的特点

儿童与成人相比,年龄不同,其心理结构也不同。正是由于儿童年龄小,其身心发展具有独特的特点,所以,成人尊重儿童是以遵循儿童身心发展规律为基础的。成人认识儿童首先要了解儿童身心发展特点,并要以此为依据,教育和培养儿童,从而树立正确的教育观。

3.儿童之间具有个体差异

每个儿童具有不同的特点,他们在许多方面有不同的表现,既有身体上的,又有心理上的;既有速度方面的,又有发展方面的。在纷繁的世界里,万物尚有千姿百态,何况被誉为"万物之灵"的人呢?试想假如人人都一样,人类将变得多么单调、枯燥。既然人和人之间存在着千差万别,教育者就不能用同样的标准要求儿童,更不能用一个模式培养他们。教育要尊重儿童的个性,引导他们认识自身的个性,了解自己是独一无二的,是有其独特价值的。

二、幼儿园管理活动的指导思想

(一)相互尊重

管理者和被管理者的区别只是社会分工、工作职能的不同。就社会地位而言,人人都是平等的,没有高低贵贱之分。就个人价值而言,并不能以职位的高低来确定价值的多少,因为每一个岗位都很重要,每一个岗位都需要有人来做,每一个岗位都可以创造出巨大的社会价值。所以,相互尊重是做人最基本的准则。

以往的管理者总是将自己和被管理者看成对立面,似乎管理者就是为了监督、控制、限制被管理者的,常常以领导者自居,对下属颐指气使、居高临下。下属员工对领导有意见和建议也不敢提出或不愿提出,这就严重挫伤了下属员工的工作热情和积极性。

其实,幼儿园管理是一项整体性的工作,仅仅依靠少数人是绝对管理不好的。任何层次的管理者都是群众的一员,离开了群众的支持就会寸步难行。著名的心理学家马斯洛的层次需要理论告诉我们,当人们最基本的生存需要得到保证后,就会有更高的需要,如得到他人的认同、受到尊重、自我价值的实现等。可见任何一个独立的个体,都有受到他人尊重的需求。

因此,幼儿园管理者必须学会尊重下属员工,虚心听取他们的意见和建议。当然,下属也要正确认识和对待自己所处的地位,明确自己的职责,积极配合管理者的工作,主动为幼儿园管理献计献策。只要管理者和被管理者之间相互尊重、相互支持,就能为幼儿园管理创造良好的工作氛围,使幼儿园管理工作更上一层楼。

(二)强化民主参与意识

从决策过程来看,领导的管理方式有以下四种:

1.管理者自己决定问题。在决定之前不征求下属意见,不做调查研究,而是凭主观臆断做决定。他们认为,做决定是领导的事,不需要下属参与,下属只要执行就可以了。

2.管理者征求下属意见后,自行决定问题。他们只是将征求意见作为一种宣传手段,目的在于用自己的意识统一下属的认可,最终的目的在于让下属执行自己的决定。

3.管理者提出问题,听取下属的意见和建议,在此基础上做出决定。这种方式,领导者不是先拿出意见和方案,而是提出问题,取得下属的意见和建议后,再做决定,这样的过程可能会反复进行几次。管理者虽然重视下属的意见,但是更多的是征求部分人的意见,并没有对问题展开深入的讨论。下属民主参与的范围还十分有限。

4.管理者提出问题,发动下属展开深入细致的讨论,尽可能取得共识,由此做出决定。这种领导方式,尽可能使全体人员参与,将被管理者看成管理活动中不可缺少的积极因素,尽可能调动每个员工参与管理过程。

第四种管理方式是比较科学的,体现了管理的民主性,更好地调动了下属的积极性,有效地发挥了管理的职能。幼儿园园长个人的能力是有限的,应该组织、协调、配备好现有的人力资源,最大限度地调动全体员工参与管理的积极性,使每个人都成为幼儿园的主人。

(三)合理配置资源

管理对象包括人、财、物、时间、空间、信息等,管理的艺术就在于合理配置各种资源,挖掘各种资源的潜在价值,达到1+1＞2的效果。资源配置不当,就会造成资源的浪费。一般而言,各部分资源常常处于无序的状态之中,只有通过合理配置,才能使这些资源相互补充,发挥较大的效能。

合理配置资源应遵循以下原则:

1.遵循资源要素优势互补和合理利用的原则。

2.遵循以最小的投入获得最大产出的市场经济原则,最大限度地体现资源的价值。

3.遵循适度原则,要从实际出发,坚持量力而行。

4.遵循动态管理的原则,面向未来,面向发展。

幼儿园的管理中的确存在着如何合理配置资源的问题。计划经济体制下,幼儿园人浮于事、效率低下现象十分严重,究其原因,就是忽视了资源的合理配置,造成资源的不足和浪费并存。有些幼儿园采用了各班教师自由组合的方式,结果一些能力较强的教师集中在一起;能力较差的教师,由于无人愿意与他们组合,无奈这些教师只好组合在一起,出现了强强结合、弱弱相凑的局面,这就造成了资源配置的不平衡。

(四)静态管理和动态管理相结合

从发展和运动的观点来看,管理无疑是静态管理和动态管理的统一。幼儿园的管理也包含了这种统一。

幼儿园的静态管理主要是指在一定时间和一定范围内对具体事务、具体过程的管理,体现的是管理过程的相对稳定性。

幼儿园的动态管理主要表现为管理的过程性,体现了管理的阶段性和运动性。管理是一个过程,所谓管理过程,就是指管理者围绕着管理目标对幼儿园各种资源进行合理配置所进行的一系列活动过程,其主要内容表现为计划、制定、执行、检查、总结等工作流程。因此幼儿园管理过程往往呈现出一定的阶段性和动态性。

把静态管理和动态管理结合起来,是幼儿园管理的基本指导思想之一。如果只有静态的管理,幼儿园管理者就会被束缚在具体事务和具体过程之中,就会就事论事,眼光狭隘,看不到事物的发展和变化,错失幼儿园发展的机会。相反,如果只有动态的管理,而忽视静态的管理也是不行的。没有一定的相对稳定性,不遵循幼儿园管理发展的客观规律,就会造成管理工作的脱节和混乱,也会犯错误。

（五）外部管理和内部管理相结合

幼儿园是社会的一个基本单位,它要同社会方方面面打交道,发生各种联系。因此,幼儿园的管理不仅仅是内部事务的管理,还包括如何同外部沟通,即如何管理外部事务。

幼儿园外部事务的管理,实际上就是幼儿园的公共关系管理。这种公共关系错综复杂,各种因素纵横交织在一起。纵向来看,它包括同上级教育主管部门、行政管理部门的联系,同这些部门进行信息交流;横向来看,它包括同所在社区、单位、各种教育机构、家长的联系,等等。现在的管理者不仅重视幼儿园的内部管理,更重视幼儿园的外部管理。

第三节　幼儿园管理的原则和任务

原则就是必须遵守的基本规律。中国古语说得好,"无规矩不成方圆"。我们做任何事情都要依据一定的准则,只有这样才能将无序变为有序,才能体现出人类的智慧。

一、幼儿园管理的原则

1. 方向性原则

方向性原则指的是幼儿园管理必须坚持正确的方向,即中国共产党的领导和社会主义办教育方向的原则。举办幼儿园要以社会效益为根本,以满足社会需要为出发点。这是幼儿园管理的首要原则。

《幼儿园工作规程》提出幼儿园的任务是:"实行保育与教育相结合的原则,对幼儿实施体、智、德、美诸方面全面发展的教育,促进幼儿身心和谐发展。""幼儿园同时为家长参加工作、学习提供便利条件。"坚持方向性原则就是要保证双重任务的完成,即为孩子和家长服务。使全园教职工明确幼儿园的双重任务,并处理好双重任务的关系。

2. 保教并重、教养结合原则

保教结合是我国幼儿教育的一大特色,也是幼儿园一贯坚持的原则。

保教结合是一个整体概念,"保"和"教"是教育整体的不同方面,同时对幼儿产生影响。

"保"是保护幼儿的健康。健康的内涵十分丰富,有身体方面的、心理方面的,还有社会方面的。身体健康包括预防疾病,加强营养和锻炼,使幼儿有健康的体魄。心理方面是指培养幼儿良好的情绪,注重其健康、积极的情感培育。社会方面是指培养幼儿探索环境、适应社会的能力,同时还要培养幼儿良好的交往能力,使幼儿不仅有与他人交往的勇气,又掌握与他人交往的技巧。

以前我们更多重视的是幼儿身体上的健康,而忽视了幼儿心理和社会方面的健康,致使一些幼儿情绪不高、波动大,封闭、孤僻,不知道如何与他人交往,这是不能称之为健康的。

"教"即幼儿园的教育教学,这是按着体、智、德、美的要求,有目的、有计划地对幼儿进行全面发展的教育。如合理安排幼儿的饮食、睡眠,帮助他们养成良好的生活习惯;传授知识经验，发展智力、语言及社会适应能力；培养积极的情感和良好的个性品质。

保与教既有区别又有联系，它们之间相互结合，相互渗透，构成不可分割的统一体。这正是我们常说的教中有保，保中有教。教中有保，意味着教育中渗透着保育的内容。保中有教，意味着保育中含有教育的因素。如在保育的实施过程中可以增加幼儿生活能力与自我保护、安全的意识，使保育与教育在同一个过程实现。

3.教养为主、全面安排的原则

幼儿园本身是一个整体，园所是由各个部门、各项工作、各方面人员组成。幼儿园管理工作就是要把这些部分合理加以组合，全面考虑幼儿园的工作。

这一原则的含义是幼儿园的全面工作管理要突出教养工作的中心地位，全面合理安排幼儿园的其他工作。围绕中心，带动全面，使各部门各项工作协调配合，实现幼儿园整体工作的正常运转，较好地完成保教任务。

4."人本"管理原则

"人本"管理原则即是提倡人性化的管理。现代管理的核心和动力是人和人的积极性。管理活动应以调动人的积极性，做好人的工作为根本，这就是"人本"管理原则。

在幼儿园的管理中要注意提高每个人的素质，规范每个人的行为，调动每个人的积极性，发挥每个人的创造性精神，这是管理工作的根本问题。

5.有效性原则

有效性原则是指幼儿园管理要在正确的目标指导下，通过科学管理，合理组织园所人力、物力、财力等资源，充分挖掘潜力，讲究经营，高质量、高效益地实现培养目标，完成幼儿园双重任务。

管理的根本目的在于提高效益，要以最小的投入创造出更多更好的经济效益和社会效益，为社会做出有价值的贡献。

6.社会协调性原则

社会协调性原则是指幼儿园是社会的一个组成部分，园所管理要注意与社会的联系，通过内外协调，充分利用有利条件，尽量排除不利因素，在幼儿园内外相互作用与影响下，不断提高保教工作质量和管理水平。

幼儿园的生存与发展受到社会外界各方面因素的制约，幼儿园管理者必须正确认识幼儿园与社会大环境的关系，树立面向社会办园的思想，增强联系，搞好协调，实现双向互动和服务，把幼儿园办成社会满意的幼儿园。

二、幼儿园管理的任务

幼儿园管理的任务是多方面的，主要有：

（一）确定管理目标

管理目标是方向，没有了方向就像大海中的船没有了航标，幼儿园管理的首要任务是确定明确的管理目标。通俗地说，管理目标就是通过管理活动使幼儿园的各项工作达到什么水平或什么标准。一名幼儿园的园长要善于确定本园的管理目标。管理目标的确定不是凭主观臆断，而是经过科学分析制定出来的。

幼儿园管理目标的制定经历了以下几个阶段：

1.明确自己的期望

每个人都会有许多美好的愿望,作为一名管理者,也会对自己管理的事业充满无限憧憬,这些憧憬有时会是一种模糊的感觉或期望,如果不将其明确化、具体化,它就难以成为现实,甚至会像天上的云彩飘逸不定,时隐时现。管理者应善于抓住自己的期望,使其清晰化、明确化。因为目标就是在期望基础上发展起来的,期望是目标的雏形,所以明确期望是确定目标的第一步。

2.看清幼教事业的发展形势

了解幼教事业发展的大环境,包括政治、经济、文化以及国家对幼儿教育发展的政策和相应的法规条例,同时还要了解幼儿教育发展的动态与趋势,这是制定目标的重要依据。

3.分析自身的优势与劣势

期望是否能成为目标,是受许多因素制约的,其中一个重要的因素是幼儿园自身的条件。有些期望是非常好的,但却不能成为目标,因为这些期望与幼儿园自身的条件相差太远。幼儿园的条件包括许多方面,如园舍、各种物资设备、经费与保教人员的素质等。制定幼儿园管理目标必须考虑本园的条件,否则,制定出来的管理目标就会成为空中楼阁,难以实现。

4.确定幼儿园的管理目标

经过大量的分析、调查,找出自身的优势,最终确定管理目标。管理目标应明确具体,具有可操作性。另外,每一阶段的目标不宜过多,要有可行性。目标的制定从开始就要有教职工的参与,整个过程都是民主的过程。只有这样,目标才能转化为教职工自觉的行为,才能得以落实。

(二)建立管理系统

幼儿园的管理系统包括组织机构的建立与规章制度的制定。组织机构可根据幼儿园的规模及实际情况而定,要本着精简高效的原则,机构不要虚设,每个机构都应充分发挥作用。有的幼儿园因人设岗,造成人力资源的严重浪费和工作效率的低下。规章制度既要符合主管部门的有关规定,又要反映出本园的特点,可以借鉴其他幼儿园的规章制度,但不可照抄照搬,更不能机械地模仿。规章制度必须具有本园的特色。

(三)理顺关系

组织机构建立并不等于管理工作可以顺利运行,因为各机构、岗位、人员之间存在着许多错综复杂的关系,若不理顺这些关系,工作是很难开展的。理顺关系可从以下几个方面入手:

1.建立明确的岗位责任制,使各岗有明确的分工

管理者对那些具有交叉性质的岗位要特别注意,一次不能明确,可在动态中不断地调整,一旦发现没有理顺的岗位或人员关系,就要及时进行调整。由于岗位分工是人为的行为,在客观现实中各岗位工作性质存在着千丝万缕的联系,很难将其分清,在这种情况下就要人为地加以规定,使各岗位职责分明。

2.提高各层次管理人员的管理水平

以往我们更重视教职工的专业知识与技能技巧的培训,而忽视了他们管理能力的训练。管理能力经过训练是可以得到提高的。如果各层次人员的管理能力不高,就会使他们不知如何配合,出现人员与人员之间的各种不协调,甚至会出现矛盾。故提高各层次管理人员的管理水平是理顺人员关系的有效措施。

3.维持良好的工作秩序,养成良好的工作习惯

良好的工作秩序与工作习惯可以转化为无形的管理力量,可以确保组织机构的正常运行和各种规章制度的有效执行。良好的工作秩序与工作习惯的形成依赖于规章制度在管理过程中的严肃性,即规章制度一经形成,就必须严格执行,久而久之就会形成一定的工作秩序和工作习惯。

4.树立高尚情操,形成良好的园风

使员工树立高尚的情操和正确的价值观念,将个人的需要与组织的需要紧密地结合起来,形成团结友爱、敬业爱岗、勇于奉献的良好风尚。这种工作环境可以减少或及时调整各种冲突,将教职工的精力和关注点都吸引到忘我的工作中。

5.为幼儿健康成长创造良好的条件

保证幼儿身心全面发展是幼儿园一切工作的出发点和最终归宿。幼儿园的管理任务,就是要为幼儿的成长与发展创造良好的条件,使幼儿在幼儿园中有很好的发展空间和机会。幼儿的潜力是非常大的,如何能最大限度地挖掘幼儿的潜力,是每个幼儿园的艰巨任务,它的实现依赖于幼儿园管理工作的运行。

第四节 幼儿园管理的方法

幼儿园管理方法是实现幼儿园管理目标、开展管理活动所采用的各种手段、措施和途径等的总和。幼儿园管理方法受一定的管理思想和管理原则的指导,并与园所各项管理工作的内容相适应。园所领导者在管理活动中,不但要有正确的办园思想,明确的管理目标,而且要学习与运用科学的管理方法。没有桥或船过不了河,不解决方法问题,完成任务只是一句空话。

在现实的幼儿园管理中,有些园领导虽然有做好工作的强烈愿望,也有脚踏实地的精神,但往往由于单凭工作热情,而忽视研究管理工作的客观规律,不讲究科学的管理方法,因而达不到预期的效果,反倒是事与愿违。实践证明:方法对头,管理工作就事半功倍,反之,必然事倍功半,甚至适得其反。可见,幼儿园领导认真研究和正确运用管理方法,对于提高园所管理成效,实现管理目标,具有十分重要的意义。

方法是分层次的,一般来说,可以分为哲学方法、一般方法和具体方法。高层次方法对低层次的具体方法起指导作用,具有方法论的意义,本节探讨的是幼儿园管理的一般方法。

幼儿园管理的一般方法,主要有以下几种:

一、行政方法

(一)行政方法的意义

行政方法是指幼儿园管理者依靠各级组织机构及其赋予的权力,通过发布行政指令的方式,直接对教职员工产生影响的管理手段。

按照行政方法,园所中的各级各类组织及其人员的职责和权力范围是有严格规定的,各级之间的关系是明确的。行政方法的核心是各级组织及其管理者一定要有职、有责、有

权、有能力。如果职责与权力脱节,职务与能力脱节,就会影响行政方法的有效性。可见行政方法就意味着上级对下级有指挥和控制的权力,下级对上级有服从的责任和义务。

任何一种社会性活动,特别是管理活动,如果没有一定的权威和服从,都是不能存在的。如果每个人想干什么就干什么,那就不会有共同的目标和协调一致的行动,也就不会有社会性组织及其活动的存在。因此,从这个意义上讲,行政方法对任何一种管理都是有必要的。

(二)行政方法的特点和作用

行政方法具有如下特点:

1.权威性

行政方法是以依靠上级组织及其管理的权威和下级及其被管理者的服从为前提的。上无权威、下不服从,就无法保证共同目标和共同活动,行政方法也就失去了应有的作用。

2.强制性

园所组织及其管理者在管理过程中有权对下级的行为进行强制性的干预。对被管理者不服从指令的行为,管理者有权进行制裁性处理。强制性是行政管理令行禁止的必然要求。

3.单向性(垂直性)

行政手段的传递是垂直单向的,上级对下级发出指示、命令等,下级执行。

4.无偿性

采用行政方法进行管理,园所内所进行的各部门之间的人、财、物、信息等调配和使用不考虑价值补偿,一切根据行政管理的需要统一调配。

行政方法在幼儿园管理中具有重要作用,采用行政方法可以使纵向的信息比较迅速地传递到下级执行者,各种管理措施发挥作用比较快,能够集中统一地使用和灵活地调动人、财、物、信息等资源,保证园所内部上、下级行动上的一致,有利于加强有效控制,按照管理的意图办事。

(三)运用行政方法应注意的问题

1.正确认识行政方法的有效性和局限性

行政方法虽然有着不可忽视的作用,但和任何方法一样,也不可避免地存在着局限性。主要表现为:

第一,过分强调上级权威和集中统一,容易导致长官意志和官僚主义。

第二,更多强调的是工作关系,不重视人的多方面的需要,使教职工往往处在被动和被强制的地位,他们的各种愿望和要求往往不能得到满足,从而不利于下级和教职工能动性、创造性的发挥。

第三,强调管理权力集中统一,园长拥有管理的全权,下级不能根据情况的变化采取应急的措施和行动,因此使管理的适应性和灵活性受到限制。

第四,行政方法的信息传递缺乏横向联系和必要的反馈,会影响园所上下左右的沟通与协调。

2.正确认识和对待权威的作用

为了有效地运用行政方法,园长首先要正确认识和对待权威的作用,注意提高自身的素质水平。目前幼儿园普遍实行园长负责制,国家通过教育行政法规的形式赋予了园长一定的权利,目的是使园长在幼儿园管理中发挥更大的作用,更好地完成幼儿园的任务。但有一些园长不能正确理解园长负责制,把园长负责制简单地与"行政命令"、"长官意志"等同起来,在工作中滥用行政方法,任意扩大行政方法的管理范围,到处指手画脚,随意强制下级和员工接受自己的主观意志,其结果是管理没有成效,挫伤了下级和群众的积极性,也降低了园长的威信。因此,园长在运用行政方法时,应根据不同时期、不同背景和情况,把行政方法限定在一个必要和可行的范围之内,不断地加以完善,使其更符合幼儿园管理的客观规律。

二、经济方法

(一)经济方法的意义

幼儿园管理的经济方法,是指园所管理者运用各种经济手段,调动教职工的积极性,对教职工的行动进行管理的方法。具体讲,它是根据教职工的工作表现和实际成绩以及按劳分配的原则,运用工资、福利、奖金、罚款等经济手段的杠杆组织调节和影响教职工的行动,以提高园所管理的效率,促进园所管理目标的实现。

心理学的研究表明,物质利益是人们工作的基本动因之一。经济方法的实质是物质利益原则,即运用经济手段不断调整各方面的物质利益关系,把个人利益与国家集体利益结合起来,从而使之实现与个人利益密切联系起来,从而提高全员工作的积极性和责任感。

列宁曾指出,社会主义管理不能单凭政治热情和行政命令,还必须借助经济方法,从个人利益上关心每个人。如果不承认经济利益的调节作用,"吃大锅饭"、"搞一刀切"、"干好干坏和干多干少全是一个样",就会严重挫伤教职工的积极性,给园所工作造成很大的损失。

实践证明,随着社会主义市场经济体制的建立,以及幼儿园管理体制改革的不断深化,经济方法在园所管理中的运用是一种客观要求,它是调动广大教职工的积极性、提高园所管理成效的一种有效的方法。

(二)经济方法的特点和作用

经济方法源于经济组织的管理,它具有以下特点:

1.利益性

承认物质利益及其差异,把教职工的工作业绩与个人物质利益直接挂钩,用物质利益作为一种杠杆调节教职员工的工作行为是经济方法的根本特点。

2.有偿性

经济方法是根据"按劳分配,多劳多得"的原则进行分配的,付出的多,干得好,得到的经济报酬就多。教职工的额外工作是一种有偿性的劳动,应得到一定的补偿。

3.平等性

经济方法的平等性体现在经济利益(工资、福利、奖金及罚款等)是根据统一的价值尺度,按照教职工的工作成绩来计算和分配的。在工作效率和效益面前,人人都是平等的。

4.间接性

经济方法不直接干预人们的行为,而是通过物质利益的调整间接地影响人们的行为,至于教职工究竟会采用何种行为,则完全由他自己决定。

经济方法最大作用是把人们的个人利益与他们的工作业绩以及幼儿园整体效益直接

联系起来,使教职工看到自身工作的利益所在,有利于激发他们的工作积极性。其次,这种方法有利于消除平均主义、大锅饭的弊端,促进园所内部各部门员工之间的有效竞争,从而有利于园所工作目标的实现。

(三)运用经济方法应注意的问题

1.正确认识经济方法的局限性

经济方法在调动教职工的积极性方面是有局限的,因为人们除了物质需要外,还有更多的精神和社会心理方面的需要。经济方法不能解决一切工作问题,并且由于它是一种强调物质利益的方法,过分运用还容易导致个人主义价值观和金钱至上错误倾向,使教职工队伍缺乏艰苦奋斗、无私奉献的精神。

2.奖惩结合

用经济方法,必须坚持奖惩结合的原则,否则就失去了意义。实行奖惩必须注意:

(1)论功行赏,赏罚分明。受奖者确实有值得奖赏的功绩;受惩者确实有必须惩罚的过错。

(2)慎重对待,不可滥施。奖惩的功效在于教育人,它关系到对一个人的某种肯定或否定的评价,并直接关系到个人的经济利益,因此,必须慎重、得当。赏得太滥,则无人珍视;罚得太滥,则无人畏惧。

3.全面兼顾

在社会主义制度下,国家的利益代表了广大人民群众的利益。因此,一切经济活动都不能损害国家的利益。在社会主义市场经济条件下,园长应正确使用办园自主权,依法合理扩大幼儿园的经济利益。在实行分配时必须全面兼顾,正确处理国家、集体、教职工三者之间的利益关系。

三、思想政治教育方法

(一)思想政治教育方法的意义

幼儿园管理的思想政治教育方法是指用马列主义、毛泽东思想和邓小平理论,用共产主义理想,正确的人生观、价值观,教育、动员教职工,以提高他们的思想政治觉悟和贯彻党的教育方针和政策的自觉性,培养他们良好的职业道德和高尚的情操,从而保证幼儿园各项工作任务顺利完成的方法。

幼儿园管理的核心是对人的管理。在同样的条件下,人的思想状况不同,工作成绩大小是不一样的。思想政治教育方法的实质正是通过提高或改变教职工的精神面貌,调动他们的积极性,进而促进他们的工作效率和质量。我们在幼儿日常工作中可以看到,人的思想素质不同,工作的效果和质量也不同。成千上万优秀的保教人员以他们的亲身实践更加证明了这一点。坚定的信念、崇高的理想、良好的思想道德品质、高尚的情操成为他们献身幼教事业并不断做出贡献的强大精神动力。因此,加强对教职工的思想政治教育工作是幼儿园管理的客观要求。

(二)思想政治教育方法的特点和作用

思想政治教育方法具有如下特点:

1.启发性

思想政治教育方法并不直接干预和决定人们的具体行动,而是通过思想和价值观的导向,使教职工正确地选择该做什么及怎样去做。一般说来,园所领导者的宣传越符合真理,并晓之以理,动之以情,就越能说服被管理者,从而导之以行。

2.长期性

思想政治教育方法的长期性表现为过程的长期性和效果的长期性两个方面。一方面,转变人的思想过程不是一朝一夕所能完成的,需要长期不懈的努力,是一个渐进的过程;另一方面,一旦形成良好的思想品德和正确的价值观,政治觉悟得到提高,就会持久稳定地对人的工作产生积极的影响。

3.复杂多样性

人的思想多种多样,不同的人需要不同的对待,同一个人在不同环境中也会发生变化。人的思想的这种复杂多样性,决定了思想政治工作方法具有复杂性和灵活性的特点。

思想政治教育方法在实际工作中发挥着十分重要的作用。它通过动员群众、组织群众、教育群众,提高教职工的政治思想素质,促进教职工主动、积极、努力地工作。可见,思想政治教育方法对坚持社会主义办园方向和全面贯彻党的教育方针和幼教规程起着保证作用。

(三)运用思想政治教育方法应注意的问题

1.正确认识思想政治教育方法的局限性

思想政治教育方法只是通过思想和精神因素间接影响园所的管理工作,不是直接决定管理的过程。它对园所管理过程中一些有关业务问题、社会心理问题,尤其是需要立即改变行动的问题,并不能有效地加以解决,因而这一方法并不是万能的。

2.思想政治教育的内容要有科学性

科学靠的是真理和知识的力量,只要我们按照马列主义、毛泽东思想、邓小平理论的基本原理,把它当作是一个完整的科学体系,紧密联系教育领域的方针、政策,联系新中国半个多世纪以来的巨大变化,特别是改革开放以来我国取得的举世瞩目的成就,联系教职工的思想和工作实际,全面地学习、宣传,就能够有效地提高全园教职工的思想觉悟,振奋精神,做好工作。

3.思想政治教育的形式要注意群众性

任何进步的思想政治教育活动,都是群众自己教育自己、自己解放自己的自我认识活动,因此,思想政治工作必须废止那些强迫命令、教条主义的说教形式,而要采用教职工喜闻乐见的形式,采用讨论式、商量式、启发式等民主方法,把教职工吸引到思想政治教育中来,使他们成为思想政治教育的主人。

4.思想政治教育的方法要讲究灵活性、艺术性

思想政治工作是一门科学。人的思想活动是有其客观规律的,幼儿园思想政治教育方法能否卓有成效,关键在于能否按照人的思想活动的规律,针对教职工的思想实际,因时、因地、因人,灵活变化,因势利导。这就要求做到:

(1)充分认识思想政治工作的长期性、艰巨性、复杂性,不要操之过急。

(2)进行思想政治教育时要正确选择适当的环境,创造良好的气氛,为思想政治教育的可接受性创造条件。

(3)思想政治工作是一门科学,又是一门艺术,艺术是靠感染力去吸引人的,具有艺术性的思想政治教育工作方法在导入真理的过程中,可以使教育更加生动、活泼、形象、直

观,寓教育于闲谈之中,寓教育于娱乐之中,寓教育于日常的工作学习之中,这都是思想政治教育艺术性的体现。

四、法律方法

(一)法律方法的意义

幼儿园管理的法律方法是指园所管理人员通过国家制定的各种教育的法律、法令、法规、条例和教育方针政策,对园所工作进行管理的方法。法律方法也就是人们常说的"法治"。

教育法律、法规、法令等是把体现统治阶级意志的教育宗旨、方针、政策法律化、规范化,以实现国家对教育的领导与控制。长期以来,我国的教育立法和司法工作没有受到应有的重视,各级管理者也不善于运用法律手段管理教育机构,导致了教育行政及教育机构内部的管理在很大程度上存在着无法可依或有法不依的现象。近十几年来,我国加快了教育法制建设的步伐,先后颁布了《义务教育法》、《教师法》等一批教育法律文件。在幼教法规建设上也取得了可喜成绩,20世纪90年代以来,原国家教委(现在的教育部)颁发了《幼儿园管理条例》、《幼儿园工作规程》两个重要法规文件,这对促进新时期我国幼教事业健康发展起到了重要的保障作用,同时也为幼儿园管理人员依法办园、依法治园提供了重要的法规依据。

在社会主义市场经济条件下,幼儿园打破了原有封闭式的办园模式,成为面向社会自主办园的独立实体。这就使幼儿园与社会多方面的联系更加密切了,涉及的法律关系也更多、更复杂了。因此,园长作为国家委托对幼儿园全面负责的法人代表,首先,要树立很强的法律意识,成为国家法律的忠诚执行者,保证幼儿园的办园方向;其次,还要善于运用法律方法维护和保障园所以及教职工和幼儿的合法权益;再次,还要善于运用法律方法对园所内部进行管理。如对教师因失职造成幼儿严重伤残的事件,对保教人员辱骂、殴打儿童的行为等,这些都需要运用法律手段来有效地加以解决和杜绝。

(二)法律方法的特点

法是一种全民的社会行为规范。教育法律法规是由国家权力机关按照各自的职权范围,通过一定的程序制定和颁布的,各级组织和个人都有义务依法办事。

法律方法具有如下特点:

1.强制性

教育法律法规明确规定了人们应该做什么,可以做什么,禁止做什么。任何违反法律法规的行为都要受到国家力量的强制性纠正或制裁。

2.规范性

法律规范是社会所有组织的统一准则,对所有组织和个人具有同等的约束力。法律和法规都用极其严格的语言准确地阐明着一定的含义,并且只允许对它做出一种意义的解释。所有的教育组织和机构以及个人在法律面前都是平等的。

3.稳定性

教育法律法规是具有普遍约束力的行为规范,因此它的制定、修改、废止都要非常慎重,从而保证法律法规的稳定性和持续性。朝令夕改,只能损害法规的严肃性和权威性。

（三）运用法律方法应注意的问题

教育法律法规是统治阶级意志的体现，其实质是依靠上层建筑的力量来影响教育，控制教育机构的管理。法律的方法并不是万能的，它只能在有限的范围（合法与违法）内调整和控制幼儿园内部的活动，事实上，在法律方法作用范围以外还存在着广泛的领域，还有大量的管理工作要做。此外，法律方法本身也有某些局限性，如刚性过强、弹性不足、缺乏灵活性等，容易导致管理系统呆板、僵化，不利于管理者根据具体情况发挥自身的主动性和创造性。

以上介绍了我国幼儿园管理工作中最常用的几种基本方法。在现实的管理工作中，各种管理方法是相互联系、相互依存、共同起作用的，任何一种管理方法的作用和效果都是有限的，而众多方法的综合运用，则可以起到相互取长补短的作用和效果。因此，我们要整体地、综合地、优化地看待和运用这些方法，使它们在管理中发挥更大的作用。

考考你

1.什么是幼儿园管理？幼儿园管理有哪些特点？

2.谈谈幼儿园管理的主要依据。

3.强化幼儿园管理的参与意识对实践活动有什么指导意义？

4.幼儿园为什么要坚持办园方向性原则？

5.如何理解社会协调性原则？

6.简述各种管理方法的特点和作用。

实践训练

1.结合实习，谈谈幼儿园管理的任务和内容。

2.联系幼儿园实际，分析运用行政方法时应注意的问题。

3.联系幼儿园实际，分析经济方法和思想政治教育方法在幼儿园管理中的互补性。

4.联系幼儿园实际，谈谈为什么说在市场经济条件下，幼儿园管理中思想政治教育方法仍具有重要的意义和作用。

案例分析

案例1　当上级领导来检查时

一天下午，某班幼儿正在进行户外自由活动，刚上完课有些疲倦的王老师坐在一边休息。忽然园长带着几位教育部门的领导出现在幼儿园门口。王老师来不及制止满园乱跑的幼儿，急忙起身迎接。原来，园长刚参加完市教育部门组织的一个幼儿教育工作会议，会后大家一致建议到这所有名的特色幼儿园来参观参观。园长向王老师眨眨眼睛，王老师心里一阵嘀咕：每次参观都提前通知，这次一点准备都没有，该不该把孩子们组织起来临时安排个活动。教育部门的几位同志似乎看出了王老师的犹豫，安慰说："没关系，我们只是随便看看。"正在这时，一贯调皮的亮亮提着湿漉漉的裤腿，跑到王老师面前，哭着说："佳佳把我推到水里了。"而平时很讨王老师喜爱的佳佳眼里含着泪说："不是我推的，他抢了我的娃娃，我追到洗漱间，他自己不小心掉到脏水里。"王老师的脸上红一阵白一阵，但当着几位领导的面又不好发作。园长只好说："小王，你快带亮亮换换衣服。"王老师没好气地扯过亮亮，同时用眼睛狠狠地瞪着佳佳。佳佳迎着王老师投来的目光，胆怯地低下了头。送走几位领导，王老师一把拖过佳佳，用指头点着她的头说："佳佳，你平时那么听话，偏偏在这个节骨眼儿上给我捅娄子。你没看见今天领导到我们园来参观吗？平时再怎么闹，这时候装也得装出个样子来！"佳佳眼泪吧嗒吧嗒地掉。王老师也一阵委屈，她们幼儿园刚被评为特色园，作为骨干教师，她深受园长器重，而这次的事给园里抹了黑，怎么向园长交代？

🏷 分析与思考 ●●●

评析：

1.幼儿园的管理工作应该是开放式的，随时随地准备接受上级的检查和家长的咨询、访问和监督，无论是有人检查还是无人检查，都应该表里如一。现代的幼儿园管理应该提倡这种开放式的管理。

2.作为教师要不断提高自己的教学水平和管理水平。平时训练有素，才能够处变不惊，遇事不慌。本案例中王老师班级户外自由活动，幼儿满院子乱跑，犹如一群"散羊"。正是由于王老师平时自由成习惯了，班级常规教育不到位，才会出现上述的局面。自由活动不是幼儿想干什么就干什么，它应该是教师有目的、有计划地组织幼儿的活动，让幼儿在一定的范围内选择活动，给幼儿相对的空间和自由。完全"散羊"就会造成最大的安全隐患，这是不可取的。

思考：

1.王老师为什么会对上级领导的到来手足无措？

2.幼儿园应如何看待上级领导的检查？

案例2　大班毕业以后

有一天，王君的妈妈匆匆来到办公室，脸色阴沉，她将手里拿着的信放到桌上说："郭园长，我想向您反映点情况，今天我着急出差，便把事情写到了信里，咱们电话再联系吧。"还没等园长说什么，王君的妈妈已经转身出去下楼了。

园长连忙把信拆开，从头到尾看完。原来，大班的幼儿八月份毕业，不能再来园了。王君家没人照看他，刘副园长同意他在原来的班上再待一个星期（当时老师正轮流放暑假）。信中说："自从王君留班，本班老师总是给孩子脸色看。昨天，王君往游泳池里扔石头，老师批评了他，还说：'毕业了还不走，总给班里惹麻烦。'孩子现在说什么都不来园了。我们多待了一个月，托费一分不少交，为什么这样对待我的孩子？园长不处理，我要找一个说理的地方。"看了这封信，园长陷入了思考……

🏷 分析与思考 ●●●

评析一：

按照幼儿园以往一贯的做法，六月底或七月中旬毕业班幼儿应离园，与园里就没有关系了。但是随着社会的发展和需要，新时期下幼儿教育的性质、任务应本着对社会负责、对家长负责、对幼儿负责的态度，将幼儿园教育和学校教育有机结合、合理过渡，形成有效的衔接，所以以往形成的不合理的做法要打破。

在市场经济条件下,没有什么无偿服务。在保证幼儿学前阶段的教育不间断前提下,幼儿园有责任管理幼儿的生活,让家长安心工作,在此基础上适当收取一定的费用。这样幼儿园承担起教育及生活管理的责任,履行了幼儿园作为教育机构的社会作用,家长会接受,幼儿园有效益,最关键的是孩子受益,这是一件何乐而不为的事呀!

评析二:

幼儿园是实施幼儿教育的核心机构,在我国的社会主义社会中,幼儿园担负着双重任务,即教育幼儿和服务家长,这双重任务都服从于社会主义建设的总目标,也是托幼工作的方向。

幼儿毕业离园后,虽看起来与幼儿园已毫不相干,但根据我国幼儿教育的性质、任务,幼儿仍然是幼儿园的教育对象,家长仍是幼儿园的服务对象。作为幼教的核心机构幼儿园应把所有的学龄前幼儿作为自己的教育对象,并尽力通过自己的工作解决家长的困难,较好地发挥幼儿园的社会职能。如本案例所述,王君小朋友的妈妈没时间照顾他,在王君毕业后仍付了一个月的托儿费,并得到了副园长的同意,让王君在园一个月。那么,幼儿园就应继续收托王君,照顾他、教育他,为其家长解决后顾之忧,完成幼儿园的双重任务,发挥幼儿园的社会职能。班上老师把王君当做"外人"的态度和行为是不对的,这样会对王君的心理造成伤害,就更谈不上给家长服好务了。

班上老师对王君的这种态度,一方面说明该老师的素质不够高,她没有清楚地认识到幼儿园工作的任务、性质,没有认识到自己作为幼儿教师应承担的责任、义务,没有形成良好的教师职业道德。另一方面,也说明该幼儿园的管理方面还存在薄弱环节,幼儿园的管理者没有加强教师的素质建设,在办园指导思想上有些偏差,即忽视了幼儿园具有福利性的一面,没有充分发挥幼儿园的社会职能。另外,幼儿园领导对幼儿家长的需求没有考虑周全和充分重视,没有将像王君这样的特殊情况纳入到幼儿园管理体系中,才导致了这种不良现象的出现。

这一事件从实质上讲,属于幼儿园危机事件,如果处理不当就会影响到幼儿园的形象,对幼儿园将来的生存与发展产生影响。那么,解决方法应该是:

第一,园长及该班教师公开向王君及家长道歉,如果王君继续入园,要真正改变态度,如果不继续入园,要如数退还托费。

第二,幼儿园管理者应对教师加强思想教育,坚持职业道德标准,树立良好园风,提高每一位幼儿教师的素质。

第三,加强幼儿园管理,制定出幼儿园工作中可能出现的各种情况的管理条例,奖惩分明。

第四,园长要下到第一线,多与老师、家长沟通,及时发现问题、解决问题,防止问题扩大化。

思考:

1.幼儿毕业离园后,与幼儿园是何种关系? 是毫不相干了吗?

2.幼儿园是何种性质的机构? 幼儿教师应具有什么样的工作态度?

3.本案例中,带班老师有何错误? 仅是她一个人的错吗? 园长的管理工作有何问题?

案例3 劝孩子退园对不对

某园招收了一名未满三岁的幼儿小光,入园体检各项指标均合格,幼儿园按其年龄将他编入了小班。刚刚进入托班的孩子通常都要经历一段不适应的时期,表现出分离焦虑,但一般经过两周最多三周就可以适应集体生活,愿意来幼儿园和老师、同伴一起游戏了。但小光经历了一个月的时间仍然不能适应幼儿园的生活。他每天哭闹不止,不吃不喝,总是喊"我要奶奶",无论老师怎么安慰他、逗他玩,都无法转移他对奶奶的思念。时间长了,他的焦虑情绪非但没有得到缓解,反而更加严重了,他总是往地上一坐就不肯起来,有时还往水泥地上躺,甚至用头撞墙。老师们被他的举动吓坏了,只得向园长请求能否让其退园。园长了解小光的情况后,也认为这样下去不行。于是找来孩子的父母,反映了小光在园的情况,希望能把孩子带回去休养一段时间再来。可家长表示工作很忙,没时间照顾孩子,而奶奶身体不好,也看不了,还说不吃不喝也没关系,请求园里再试一段时间。园长迫于家长的要求同意再试两周,可两周过去了,小光还是老样子,不仅对自己的身体有损害,还牵制了教师大部分的精力,妨碍了其他幼儿。园长无奈,只得又请来了他的家长,家长虽然不情愿,但还是给孩子退了园。园长认为,作为幼儿园劝孩子退园实属无奈,但该园从来没有见过这样的孩子也是事实,园长不知道再遇到这样的孩子该怎么处理,担心如果只以退园来解决,会不会损害幼儿园的信誉?

分析与思考 ●●●

评析:

上述案例中的这种情况在一些幼儿园也时有发生,有的幼儿由于长时期和单一的教养人在一起,以及长时期教养环境的单一,刚刚进入幼儿园这个新的环境,接触新的人群,会产生严重的分离焦虑。有的幼儿只需要一周就可以适应新环境新生活,有的需要一个月、甚至两个月以上的时间才能适应新环境。根据本案例中的情况,我认为再坚持一段时间,小光就会适应幼儿园的生活。

在小光这个案例中,幼儿园的教师和园长应该有信心、有耐心。在教育方法上应该进行反思,多探讨有效的教育方法,无论怎样都应该克服困难,帮助家长解决问题,而不是把问题又退回给家长。这样做既不符合幼儿园的办园方向又违背了幼儿园的双重任务。

思考:

1. 遇到有入园困难的幼儿(主要指情绪障碍,不适应集体生活),应如何处理?

2. 你认为幼儿园(无论在任何情况下)是否应该劝幼儿退园,或者在哪些情况下才可以劝幼儿退园?

3. 结合这则案例,请思考幼儿园应如何确立"将服务对象的需要放至重要位置"的办园思路。

知识拓展 ●●●

戴明环

美国管理学家戴明(W. C. Deming)提出,一切有过程的活动,如生产活动、科学研究等,都是由计划、执行、检查、总结四个环节构成的。这四个词的英文字头分别为 P (plan)、D(do)、C(check)、A(action),因此管理过程被认为是由 PDCA 构成的整体、连续循环的过程。这种认识获得了广泛的认同,被称之为"戴明环"管理过程。

计划:指确定目标和选择实施目标的方案、手段、方法、措施,是计划职能在管理过程中的体现。计划是管理活动的起点,并贯穿于管理活动的始终,也是管理过程的归宿。

执行:指计划付诸行动,为达到预想的成果所采取的措施。这一环节包括了组织、指挥、协调、控制、激励等一系列活动。

检查:指对照计划对执行阶段的活动和成果进行评价和诊断,肯定成绩,发现问题,纠正偏差。一般来说,检查是伴随执行的过程随时进行的。

总结:指把管理过程中某一阶段、某一周期的工作进行总的分析和评价,肯定成绩,找出差距,总结经验和教训。对人员进行奖惩,提出下一周期的努力方向和改进内容。

管理过程基本上是由四个环节或阶段构成,即计划、执行、检查、总结,它们之间有机联结,按程序运行。各个层次的管理活动虽然有不同的侧重点,但其管理职能活动都要在不同范围、不同程度上,按管理过程的四个基本环节进行。管理运行过程不仅对幼儿园整个系统的管理是适用的,对于各部门及班组的系统的管理也同样适用。

管理过程各环节运行图详见图 2-1。

这四个环节的目的性是以育人为主要宗旨。它们的顺序相互衔接,不能颠倒,而且四个环节缺一不可,各环节的有序运行,才能构成一个完整的管理循环和管理周期。

图 2-1 管理过程各环节运行图

在全部管理过程中,计划(目标)统帅着整个过程,它是整个过程的出发点和归宿。执行是使计划付诸实行和实现的过程;检查是对执行环节的监督和反馈,是对计划落实情况的检验;总结是对计划、执行、检查的总评价,也是制订下一管理周期计划的依据。四个环节的有序运行体现了管理过程的整体性。同时这四个环节是相互联系、相互渗透、相互制约、相互促进的。

幼儿园管理活动年复一年,连续不断,总是按照计划、执行、检查、总结这样的顺序推进,完成一个周期,而后又继续开始下一个周期的活动,如此不断地实现这四个基本环节的运转。但这种运转不是原地打转或机械重复,而是沿着一条阶梯螺旋循环运转的。有效的管理工作就应是一浪高过一浪,每循环一圈,管理活动就提高一步。一个管理周期结束,又开始一个新的管理运行过程。幼儿园中任何工作的管理都应一次比一次有所发展,要在前一个管理周期已经实现的目标的基础上进一步发展和创新,而不是原地踏步。管理者应着力于使各个基本环节的每一次循环都能向上提高一个层次,使管理水平不断提高,管理业绩不断积累,呈现出一种螺旋式上升的状态。

第三章

幼儿园的组织机构与规章制度

学习目标

1. 了解幼儿园组织机构设定的模式和依据。
2. 理解幼儿园规章制度的含义、作用和制定原则。
3. 会运用理论知识分析幼儿园相关案例。

第一节　幼儿园的组织机构

幼儿园的工作头绪很多、很杂,没有细致的分工和严密的组织,就不能保证这些工作有条不紊、秩序井然地进行。组织是管理的重要功能。组织具有静态和动态两种含义。从静态方面看,组织作为一个实体,是指人们通过某种结构形态,通过分工、合作以及不同层次的权力与责任制度,为实现共同目标而协调努力的集合体。从动态方面看,组织作为一种活动,是指将实现目标所必须进行的业务活动加以分类,并据此拟定职务、建立机构、选用人员、配备物料、明确职权的全过程。

组织工作是管理的一项重要的职能。没有组织机构,就没有管理。没有合理、健全的组织机构,管理的职能就很难发挥出来,因此做好组织工作是实现管理目标的重要手段。

一、幼儿园组织机构概述

(一)幼儿园组织机构的模式

1.组织层次

幼儿园的组织层次分为以下三个层次:

第一层为决策层,是幼儿园最高的行政管理者、指挥者,如园长。

第二层为执行层,其职责就是布置和执行决策,将决策转化为可操作性的行动,如保教主任、总务主任。

第三层为具体工作层,包括各班组,班级和班组的工作人员负责各类具体工作,如教师和保育员。

2.幼儿园的不同组织模式

模式一:适合 10 个班以上(详见图 3-1)

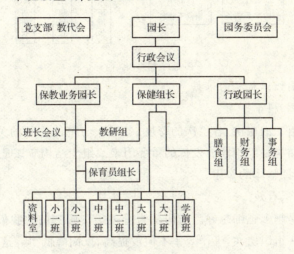

图 3-1　组织模式一

模式二:适合 4~6 个班(详见图 3-2)

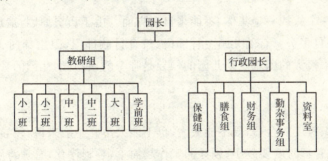

图 3-2　组织模式二

模式三:适合 4~6 个班(详见图 3-3)

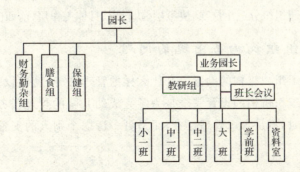

图 3-3　组织模式三

模式四：适合 3～5 个班（详见图 3-4）

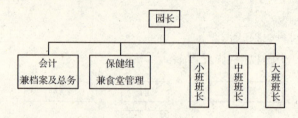

图 3-4　组织模式四

（二）建立幼儿园组织机构的依据

1.组织结构合理、科学

组织结构包括组织的层次、各层次的跨度、各层次与整体之间的关系、结构的稳定性及灵活性等。组织结构是组织职能发挥的重要因素。组织结构应该是科学、合理、强有力的，只有这样才能发挥整体的作用。

2.组织层次经济、有效

组织的层次不是越多越细越好。结构是为管理工作服务的。我们常有这样的体会，一项工作增加了一些组织层次，工作效率不但没提高，反面降低了。这样的例子在我们生活中经常会遇到，这就不符合经济、有效的原则。

3.领导不能多头

领导只能有一个人或一个集体，不能来自多方面。由于历史原因，造成幼儿园的领导体制比较分散，来自多头。有幼儿园主管部门、教育行政部门、卫生部门、街道等，这就给幼儿园的管理带来极大的困难。幼儿园的领导是唯一的，否则幼儿园的教师会无所适从，不知该听谁的。

4.管理的跨度要适当

幼儿园的组织跨度要合适，既不能太大，也不能太小。一般来说，领导的工作越复杂，专业化程度越高，管理跨度要越小；领导的工作越简单，越程序化，管理跨度就越大。幼儿园是教育机构，它的工作与工厂、企业不同，它是对人实施的教育。对人的教育是一个有计划、有系统的全面教育过程，其组织层次不易分得过细，以免影响教育的统一性和整体性。一般而言，幼儿园组织分三个层次：决策层、执行层、具体工作层（前面已讲，不再展开）。

二、幼儿园组织机构易出现的问题

管理任务决定了组织机构的设置。有什么样的管理任务，就应设置什么样的组织机构及职位。幼儿园组织机构的设置完全是为了完成幼儿园的管理任务。但是，有些幼儿园在设置组织机构时，不是考虑管理任务，而是更多考虑个别人的安置，这就使组织设置出现了一系列问题。

（一）因人设岗

组织机构是由不同的岗位构成的，设置什么岗位是根据组织任务而定的。但有的幼儿园却因人设岗，不考虑组织任务的需要，只考虑某人与自己关系好，应该为他设岗，这是一种任人唯亲的做法。

如某幼儿园园长的侄女初中刚毕业,就分到幼儿园工作,按理说她当教师都不够资格,可因为她是园长的侄女,园长专为她设了"馆长"一职,让她负责资料和玩具管理,享受年级组长的待遇,结果引起教师的强烈不满。园长这样做无非是为了照顾自己的亲戚,根本没有考虑幼儿园的管理任务,是典型的任人唯亲。究其原因,有如下几点:

其一,缺乏民主管理氛围,园长一人说了算,根本不征求或考虑他人的意见。园长滥用职权,管理缺乏科学的程序,园务会成了摆设,很多事情都可以不通过园务会,园长一人做主、一人决定。

其二,传统的人情关系束缚着人们的手脚。中国是一个十分注重亲情关系的民族,注重亲情关系无可厚非,但是,如果不考虑客观标准,将亲情关系摆在第一位,就会导致亲情关系的畸形发展。

(二)人浮于事

机构庞大,远远超出管理任务的需要。研究表明,一个组织效率的提高与其管理者的多少并非成正比。也就是说,管理者越多并不意味着工作效率越高。当管理者超过一定数量后,反而会成为工作的阻力。因为人越多管理程序也越多,每个人会有自己的意见,人多统一起来的难度就更大。如果机构设置得过多,人员开支也会相应增加,易造成人浮于事的状况。人浮于事有各种表现:

第一,官多。幼儿园不大,教师职工不多,但官却比比皆是。一个园长,配好几个副园长;年级组长既有正的,又有副的。上上下下到处都是官。

第二,闲人多。有一些岗位本来弹性大,不一定设专人,可兼职负责,但有的幼儿园却设专人,造成人员工作量不满。这种情况一般出现在后勤部门,使得教师人员紧张,而服务人员过剩,工作极不平衡,因而挫伤了教师工作的积极性。

(三)有岗无人

有岗无人可能有两方面的原因,一方面岗位设置不合理,不该设的岗位设了,这个岗根本属于可设可不设之列,有没有这个岗对工作都无妨碍;另一方面未及时安排人员,没充分发挥岗位的职能。这两种情况都会造成管理的混乱。为了改变这种局面,园长首先要对所设岗位进行分析,为什么要设这个岗位,它的职能是什么,有无必要专设出来,可否将它的职能与其他岗位合并。经过分析,若必须设立此岗,就要立即安排人员,承担起本岗的职责;反之,若无须设此岗,应马上撤销。总之,设岗的目的在于完成管理任务,这是管理工作的需要,有岗就要承担任务,就要有人负责。

第二节 幼儿园的规章制度

任何一个部门和单位,任何一个组织和团体,如果是一个有效的工作团体,则一定要有有效的规章制度作保障。幼儿园的规章制度是为了实现幼儿园目标,对幼儿园各项工作和各类人员的要求加以条理化、系统化,规定出必须遵守的行为准则和工作规程。

　　规章制度是托幼园所内部教职工共同遵守的公约或法则规定,它体现了托幼园所的管理模式和工作模式。幼儿园工作头绪多,如果全部由领导临时酌情拍板,势必形成领导者忙乱无序,无暇顾及和考虑幼儿园的大政方针的局面;如果由各方面工作人员根据自己的想法自行决策,又会造成各自为政、互不衔接的状况。为了避免这两种偏向,把幼儿园管理得更有条理、有成效,就必须规定一套切实可行的规章制度,按规章制度办事。

一、幼儿园规章制度的含义及作用

(一)幼儿园规章制度的含义

　　幼儿园规章制度是幼儿园的"法",是为了实现幼儿园的发展目标,制定出一系列大家共同遵守的办事规程或行为准则。制定规章制度的目的是为了让全体教职工更有序、更规范地工作。有的园长将规章制度变为压制、束缚教职工的手段,引起教职工的强烈不满。规章制度只是管理的手段,也就是通过建立规章制度更有效地进行管理。规章制度不是管理的目的,这一点是每个管理者必须明确的。

(二)幼儿园规章制度的作用

1.保障作用

　　没有一定的规章制度,大家会各行其是、各自为政,在这样的集体中连基本的工作秩序都难以保证,更谈不上为家长服务、培养出高素质的人才。规章制度可以保证正常的教养秩序,提高管理成效。

2.制约作用

　　规章制度对人的行为起到约束作用,大家共同遵守这些规章制度,劲往一处使,汗往一块流,拧成一股绳,充分发挥集体优势。谁不遵守集体规则,谁损害了集体利益,谁就会受到制度的制约。

3.导向作用

　　规章制度常常以条文形式呈现出来,它是幼儿园教职工行为的准则和标准。条文中明确规定,哪些可以做,哪些不可以做,违反了这些制度会受到什么惩罚。这使组织成员的行为有了依据,每个人在行动之前总是会考虑,这样做可以吗?人们会有意识地调节自己的行为,使其更符合规章制度的规定。规章制度对人的行为起到导向作用。

4.调控作用

　　科学的规章制度对人们的认识和行为起到调节、控制的作用。科学的规章制度往往是根据客观规律和可能出现的不良行为而建立的,由于它针对性强,可以起到防患于未然的作用,对人们的认识和行为起到调节、控制的作用。从而控制管理活动的正常进行,有序发展,有效地杜绝了失控的现象。

二、幼儿园规章制度的制定

(一)幼儿园规章制度制定的原则

1.可行性原则

可行性原则包括这样几层含义:

(1)遵循国家有关法律、法规及上级行政部门的有关规定,这是幼儿园的"大法",是必须遵循的。

（2）在制定规章制度时必须考虑到幼儿园的实际情况，不能盲目地照抄照搬他园的规章制度。本园的实际情况包括环境、地理位置、人员、物质条件、经费状况、本园的传统、园风、目前的发展水平等。

（3）应具有一定的前瞻性。规章制度不仅要符合实际，还应有一定的要求，这些要求是教职工经过努力可以达到的。当然要求不能过高，以免教职工难以完成，丧失信心。

（4）具有一定的稳定性，不能朝令夕改。因为常常改动会使规章制度难以执行。规章制度在制定时要有一定的弹性，为以后的修改提供方便。

2.可操作性原则

规章制度是对行为的引导和约束，应该具有一定的可操作性。规章制度的每一条都应该十分具体、详细，要尽量明细化，不要用过于笼统的概念，如"教师要促进幼儿身心健康发展"，这就不像是规章制度，过于抽象。

另外，要尽量用明确的词语来表达，避免使用模糊的概念，如"尽量少迟到"，其中"尽量"一词很模糊，不同的人会有不同的理解，这样会影响规章制度的严肃性，在执行时很难操作。

为了便于规章制度的操作，可尽量使用量化概念，量化概念常常比较具体，易理解，好操作。

3.系统性原则

幼儿园的规章制度是对幼儿园各方面工作的管理，它是由一系列规章制度组成的，主要包括全园性规章制度、各部门规章制度、各类人员岗位责任制以及幼儿园考核奖励制度。

4.民主性原则

规章制度不是园长闭门造车、绞尽脑汁想出来的，而应当来自群众。规章制度与每个人都有密切的联系，他们对规章制度最有发言权。现代管理理论告诉我们，被管理者并非被动者，他们是管理系统的主动者，只有将他们的积极性调动起来，管理活动才会更加有效。园长应该调动教职工的积极性，让每个人提出自己的意见，规章制度要将大家的意见吸收进去，可以上上下下几次，直到大家基本达到共识为止。

（二）幼儿园规章制度的内容及制定方法

1.幼儿园规章制度的内容

从幼儿园规章制度的内容看，主要包括两大方面：

一方面是国家和教育行政部门以及地方或主管部门颁布的法规、法令，如《中华人民共和国教育法》、《中华人民共和国教师法》、《中国教育改革和发展纲要》、《中华人民共和国母婴保健法》、《幼儿园工作规程》、《幼儿园管理条例》、省市制定的《幼儿园教育质量综合评价试行意见》、《托儿所、幼儿园分级分类验收标准及细则》等。

另一方面是幼儿园自己制定的规章制度，主要内容详见表3-1。

表 3-1   幼儿园各类规章制度

类别		具体项目
全园性规章制度		教职工考勤制度、交接班制度、值班制度、学习制度、办公制度、上班制度、幼儿园教职工职业行为规范、收托儿童制度、接送制度、安全制度、家长联系制度
部门性规章制度	行政会议制度	园务会、全园会、班长会、班务会、教代会、伙委会、家委会等
	卫生保健制度	生活作息制度、健康检查制度、体格锻炼制度、卫生防病制度、伙食营养卫生制度
	保教制度	计划与记录制度、备课制度、教研活动制度、常规工作检查制度、保教质量全面检查制度
	总务制度	财务财产管理制度、伙食管理制度、门卫制度、庭院管理制度、档案资料管理制度等
岗位责任制		园长职责、保教主任职责、教师职责、保育员职责、保健员职责、炊事员职责、财会人员职责、事务人员职责、门卫职责
考核与奖惩制度		考核评价制度、奖惩制度

2.幼儿园规章制度制定的基本方法

幼儿园规章制度不是一朝一夕定出来的，那种照搬他园规章制度或由园长自己制定规章制度的做法都是不正确的。通过以上两种途径制定的规章制度将很难实行下去。正确的步骤应该是：

(1)确定将要制定的规章制度的目的、范围。这个步骤一般可由园长或园务会确定。因为制定规章制度是为了约束人们的行为，那么在制定前必须明确将约束什么行为，为什么要制定规章制度。

(2)在全园做总动员，明确告诉大家为什么要制定规章制度，使教职工了解制定规章制度的目的，并请全体教职工展开大讨论，进一步认识制定规章制度的意义和作用。

(3)请全体教职工根据制定规章制度的目的制定草案，可以分组进行意见交流，并就已制定出的规章制度展开讨论。

(4)园务会将大家提出的规章制度汇总，并在此基础上重新加以整理，形成规章制度的基本框架。

(5)再将这个基本框架返回群众之中，让大家仔细分析并提意见。园长要注意倾听大家的意见，有道理的应吸收，没有道理或暂时还难以接受的意见要向大家解释清楚，以求得群众的理解，为统一认识奠定基础。

(6)园务会对大家提出的意见认真分析，并提出规章制度初稿。可以再下到群众中，也可以先试用。

三、幼儿园规章制度的执行与监督

幼儿园的行动和活动都要遵循制度，制度是行为的准则。如果制度不落实到行动中，只停留在纸上，它就失去了价值。要使制度发挥作用，关键就要重视制度的执行与监督。

(一)幼儿园规章制度的执行

制度只有执行才能发挥作用。加强对规章制度的管理，不仅要重视制度的制定环节，还要重视制度的执行过程。

1. 广泛宣传

曾有人对 30 所幼儿园进行抽查,目的在于了解各所幼儿园是否有规章制度,园里教职工是否知道这些制度,结果发现所有的幼儿园都有规章制度,但是教职工能比较全面了解并说出的只占调查总数的 36%,这说明,虽然幼儿园制定了规章制度,但在执行中缺乏宣传,教职工了解得不多。制度制定后,并非万事大吉,如果不落实到行动中,就会前功尽弃。所以要大力宣传,让每个教职工都了解园里制定的规章制度,只有了解了,才谈得上执行。可以通过各种渠道进行宣传,如讨论、竞赛、交流等。通过广泛的宣传,形成一定的舆论,使广大教职工树立维护规章制度的责任感。

2. 随时发现问题

由于管理过程比较复杂,常常会出现预想不到的问题,致使规章制度难以执行。遇到这样的问题,就应该及时调整规章制度,当然,尽量不要对规章制度过于频繁地修改,有些问题可以暂时记下来,时机成熟时再加以修改。规章制度在执行时,管理者要随时注意,随时观察,一旦发现问题,应给予相应的处理。规章制度也不是一劳永逸的,随着形势的变化,规章制度也应该加以调整。

(二)幼儿园规章制度的监督

为了保证规章制度执行的严肃性,应该严格要求,认真督促检查,使规章制度有较强的约束力和强制性。幼儿园规章制度在执行中必须有监督,以确保规章制度的严肃性。

1. 一视同仁

制度是管理手段,无论谁都应严格执行,不能例外。管理者要想管理好幼儿园,必须本着公正、公平、公心的原则,要一碗水端平。幼儿园的每个人都不能凌驾于制度之上,包括园长本人。只有这样,规章制度才能真正发挥作用。

2. 严格执行

规章制度一旦确定,就要严格执行,不可有半点懈怠。有的管理者"面子薄",缺乏管理力度,不能把握好管理尺度,一味地迁就员工,虽然有规章制度,但不能严格执行,造成规章制度和行为脱节。这样做的弊病有:

(1)规章制度失去了严肃性。规章制度最大的特点就是严肃性。但如不能严格执行,它就失去了约束力,人们会认为规章制度可遵守也可不遵守,多与园长说说好话,就可以不受规章制度的约束。这样规章制度就失去了管理力度。

(2)规章制度失去了客观性。谁不遵守规章制度,就应受到相应的惩罚。规章制度是约束人们行为的标准体系,具有极强的客观性,它不应该受人的感情色彩影响。园长擅自改变规章制度,以主观代替客观标准,会使规章制度失去客观性。

(3)规章制度失去了单一性。规章制度在执行时应该是单一的,其唯一的标准就是:谁违反了规章制度,谁就要受到相应的惩罚。但如果考虑到人情,规章制度就变得极其复杂,难以做出公正的判断。因此,必须严格执行规章制度,在执行中不可随意更改。如果规章制度确有不合适的地方,经过研究后,统一修改,并向全体教职工宣布。

3. 建立监督机制

规章制度的监督是与一定的监督机制分不开的。如果没有相应的监督机制,规章制度的严肃性及客观性都很难得到保证。监督机制包括监督程序、监督人员、监督方法等。

监督程序可分类进行。因为规章制度涉及面较广，首先将它分类，根据不同类别区别对待，如出勤方面的、奖惩方面的、职业道德方面的、纪律方面的，按照各类制度的不同性质与特点，设计监督程序。监督人员分为自我监督、互相监督几个方面，一般而言，以上几个方面可交叉使用。监督方法可选用检查、登记、书面汇报等。

考考你

1. 建立幼儿园组织机构的依据是什么？如何设置幼儿园的组织机构？
2. 规章制度有哪些作用？制定规章制度应遵循哪些原则？
3. 执行规章制度时应注意哪些问题？

实践训练

1. 对你实习所在幼儿园的组织机构设置情况进行分析。
2. 收集 2～3 所幼儿园的规章制度，进行认真阅读、比较和研究。

案例分析

案例 1　请假风波

一个星期六的傍晚，园长接到本园青年教师王老师的长途电话，提出请假，问其原因，王说因男友的弟弟要结婚，因此买了飞机票赶去参加婚礼，本想周日晚上赶回北京，但因买不到机票，所以提出请假。园长听了感到诧异，因是长途电话不宜多说，所以只告诉她去外地应该事先请假，并让她尽快买到机票赶回来。

第二天，园长将此事告诉了园领导班子其他成员，大家都认为过去园内从未发生过这样无组织无纪律的事情，应该严肃处理，并决定通知其家属转告她必须尽快赶回来，因园内近两天还有对外观摩任务。但通知家属也未能见效，第五天她才回来上班（她走了四天，恰好她有四天存假）。她上班后园书记和她谈话，指出她的错误，并要求她写出书面检查，可没想到她非但不承认错误，反而态度强硬，大吵大闹。第二天她也没来上班，说其因病请事假，并与其母到教育局反告园里的状，提出辞职，使问题的性质恶化，造成了僵持的局面。

分析与思考

评析：

从王老师的角度看，王老师作为一名年轻教师，在处理事情上缺乏预见性，对不可确定因素估计不足。但在买不到飞机票时能够及时打电话请假，说明王老师还是一个组织纪律观念较强的教师，并非有意先斩后奏，并不能定性为无组织无纪律。

从园长的角度看，幼儿园的管理应该以人为本，提倡人性化管理。园长接到电话后如果能低调处理，体谅一下王老师，直接给假就不至于发生后面的诸多情节。等王老师回来后，再和她详谈这样做事有失妥当，下次应引以为戒。

从幼儿园管理角度看，幼儿园的观摩课离开了王老师就没有人了吗？幼儿园不能把希望寄托在一个人的身上,不能以此为理由让王老师赶紧回到幼儿园,这也正是王老师左右幼儿园的原因,以为幼儿园离不开自己。幼儿园管理过程中应该储备人才,以备不时之需。

另外,从园书记的角度看,园书记找王老师谈话,本可以把已经产生的矛盾化解开,大事化小,小事化无,以理服人,让王老师自己认识到自己的错误,心悦诚服。但园书记激化了矛盾,致使问题越闹越大,使幼儿园的工作陷于被动局面,并造成不良的社会影响。没有任何一个管理者希望自己单位的人到上面告状,出现了上述僵持局面,园领导应该很好地反思自己的工作方法。

思考:

1.造成这位教师擅自离园的主要原因是什么?假如你是王老师当时应该怎样处理这件事?

2.事情发生后,你对园领导采取的措施有何看法?应如何妥善处理这种僵持局面?

案例2 制度是否该对她放宽

李老师是我园一位年轻教师,聪明、漂亮,能唱善画,素质全面,能力较强,曾被评为区骨干教师,但因家离单位距离较远,每天需乘车上班,因此经常出现迟到现象,每月几乎都因迟到被园内扣掉出勤奖,在园内产生了不好的影响,她自己也经常为此苦恼,并产生消极情绪。今年9月,我园召开职工大会,由教职工自下而上提出对各项制度的修改补充意见。李老师在讨论时提出家远、堵车,是客观因素造成的,应该给以照顾。按园内规定,一学期迟到超过3次者不享受半年全勤奖。李老师提出应该放宽一次,一学期超过4次不享受半年全勤奖。讨论时,有人提出家远造成的迟到应适当予以照顾,也有人认为对迟到的不罚就是对按时到岗的惩罚,且家离单位远的同志不止一个,有的同志就从来不迟到。那么,下一步园务会应如何对李老师的提案给予答复呢?

分析与思考 ●●●

评析:

幼儿园的奖惩制度是在全园教职工的参与下制定的,是全园教职工的行为准则,是幼儿园的大法。但制度执行时,经常由于种种原因不能实现其一贯性、一致性,本案例便是这种情况。

思考:

1.李老师迟到确实是有客观原因,你觉得该不该对她放宽要求?园务会下一步应如何处理教职工的这些提案?

2.怎样做才能既不伤害李老师的工作热情又能杜绝她的迟到现象,同时又能保证其他教职工没有怨言?

案例3 当孩子的利益受到侵犯时

去年六月份的一天中午,某园食堂发生了一起炊事人员集体吃孩子东西的事故(每人吃了一个大虾)。当时园领导没有发现,也没有人反映此事。事隔一个星期后,班长与副班长在工作中发生口角,副班长说出了此事,说食堂炊事员吃孩子的东西。听到此事,分管幼儿园后勤的副主任感到很吃惊,食堂从未发生过这样的事,我园的规章制度很严,不准任何人以任何理由侵占孩子的利益,怎么会出现这样的事情呢?

听到反映后,副主任深入到食堂了解情况。食堂的几位同志承认了此事,副主任又找到了班长,了解吃东西的具体情况。班长承认东西是她让吃的,各班分剩下的让大伙尝一尝,并表示自己做得不对。副主任对她进行了严厉的批评,并及时召开食堂班委会,让班长在食堂班委会上做了检查。为了达到教育目的,对所有吃孩子东西的人进行了罚款处理,班长罚得重一点,作为分管食堂后勤工作的副主任虽然未吃,但也有领导责任,自己主动交了罚款,罚款全部记到幼儿伙食账上。

这件事发生后,园领导非常重视,及时召开了园务会,通报了此情况,分析了事故发生的原因:虽有制度,但执行不严。今后,要严格加强职业道德的学习,不断提高自身的素质,决不允许此类事情再发生。

▌ 分析与思考 ●●●

评析:

该事故的发生是因为制度执行不严造成的。有令不行、有禁不止的情况经常在幼儿园的管理工作中遇到,一方面是领导对贯彻制度执行的力度不够,另一方面是教职工的职业道德素质欠缺。制度制定出来并不是万事大吉,还需要上至领导下至教职工一致地贯彻执行。

思考:

1. 如果发生上述事故,你会怎样处理?

2. 在以后的管理工作中怎样避免此类事故的发生?

案例 4 算不算旷工

暑假回园后,园里组织教师业务学习。某老师未出席,其部主任记录后按旷工处理。该老师不服从,道明原因:因病情突发,无法做到提前 4 小时请假,而且去医院前还给园里打过电话,但没人接(暑假末期无幼儿住宿,所以值班室没安排昼夜值班),并且出示了医院开的病假条。部主任仍坚持按旷工处理,与教师发生争执。于是,该教师找园长解决。园长分别听取了该老师和其部主任的陈述,认为这种情况下不应按旷工处理,并与部主任进行了较深入的交谈,肯定她执行幼儿园管理规章制度是对的,但遇到具体问题还要具体分析,不能草率处理,更不能主观臆断,作为管理者,既要坚持原则,也不要把老师作为自己的对立面,要相信人。

▌ 分析与思考 ●●●

评析:

这个案例围绕着某老师"算不算旷工"而发生了一系列争执,问题的最终解决还是通过园长的调解。该老师到底算不算旷工呢?是否该对教师处以惩罚?惩罚的原则与依据是什么?俗话说,"没有规矩,不成方圆",幼儿园虽小,但事情多、工作杂。如果没有规章制度,任何事情都需园长临时处理、酌情拍板,不可能产生效益;而各方面人员都各自为政、各行其是,将造成工作秩序混乱无序,园所保教好幼儿、服务好家长的任务和目标就无法完成。规章制度是幼儿园的"法",它规定了具有约束力的行为规范,是按园所发展的要求,将幼儿园的各项工作及对各类人员的要求加以系统化、条理化,规定为必须遵守的具体条文,它是保证全园工作顺利进行的基本条件。就这方面来讲,该幼儿园规定有事必须提前4小时请假的制度,可以说其"法"是很严格的,说明该园的管理者具有很强的管理意识。并且当该教师没有按时参加业务学习,也没有人获悉她提前4小时请假的消息时,部主任责其按旷工处理,说明该园的管理者在执行园所规章制度方面是一丝不苟的。从这两个方面来说,该幼儿园是有法可依、有法必依的。

但是,为什么会出现该老师和部主任的争执? 争执的焦点为该老师认为她不算旷工,而部主任认为她该算旷工,这种争执的症结在于幼儿园的规章制度还不是很完善,考虑问题不周详。没有在值班室安排人昼夜值班,致使该老师打电话向园里请假得不到反馈。从这个角度来说,该老师按园里的要求提前请假,部主任按规章制度办事,谁也没有错,只是园里的规章制度出了漏洞而已。

园长调解这种矛盾在具体做法上是合理的。她首先与部主任进行了深入的交谈,肯定了其贯彻规章制度的正确性。然后,园长向她说明,在执行园所制度时具体问题应具体分析,再行处理,不能草率处理,更不能主观臆断,作为管理者,既要坚持原则,也不要把老师作为对立面,要相信人。实际上,园长以提建议的方式向部主任提出委婉的批评,说明园长在管理方面很讲究批评的艺术。再者,围绕着这一事件,该老师、部主任、园长三者之间,最感到为难的要算部主任了。她一方面面对着该老师的病假条,有人情的一面;另一方面,她面对的是园所的规章制度,有"法"的约束,到底是"人"大还是"法"大,很明显,部主任最终还是偏向了"法"的这一边。面对这种情况,园长作为其调解人,应该怎么做才能既顾及部主任的面子,又顾及园所的规章制度呢? 也就是说,园长怎样想出一个两全其美的策略,既能平息这件事情又能引以为戒,使类似事情成为最后一件,做到防微杜渐呢?

1. 管理者要有预测性的目光。诚然,规章制度是园所正常运行的基本保证,但是作为上层管理者,在制定规章制度时,要有前瞻性的目光,要能预测某项规章制度在贯彻执行时可能会出现的纰漏。就如案例中,节假日由于没人值班,而引发了这场纠纷。因此管理者在这项规定后,可附设一些规定,节假日的规章制度可以另行规定或做适当的调整,真正做到具体情况具体分析。

2. 某项规章制度的出台要对其相应环节进行规定、调整。只有这样,才能做到管理制度的统一性、一致性,才能使全园步调一致地贯彻执行幼儿园管理制度。如案例中,幼儿园既然规定了教师必须提前4小时请假,那么,幼儿园就必须采取相应的措施,来保证这条规定的贯彻执行。所以,在节假日,必须安排人员昼夜值班,以免发生上述事件。

3. 管理者要引以为戒,不能重蹈覆辙。为了防止类似事件再次发生,管理者要进行查缺补漏,不断地完善、健全园所的规章制度。案例中,尽管园长针对这件事情进行了具体分析,并进行了比较妥善的处理,但是,她并没有从管理制度上找原因,更没有意识到如果不从制度上完善,类似事情可能层出不穷。因此,园长可利用这次机会,举行全园会议,让大家对园所管理制度某些不合理的地方提出意见和建议,以进一步提出改进措施,使类似事件少发生甚至不发生。

4. 园长作为幼儿园的最高管理者,要及时做好教师及工作人员之间的思想工作,发挥好桥梁作用。幼儿园管理最终还是人的管理。俗话说,"家和万事兴"。园长作为一家之长,是处理协调好各类矛盾的关键与桥梁,这就需要园长对幼儿园各工作人员都有一定的了解,并且具备一定的处事能力和交往技巧,这样,园长的管理才会得心应手,才能使人心服口服。上述案例中,园长把思想工作的重点放在部主任的身上,这是符合当时实际情况的。但是,园长似乎并没有考虑到,这件事是否会在部主任和该老师之间造成心理上的某种隔阂。园长在平息这件事后,可以找部主任和该老师一块儿谈谈心、聊聊天,三者开诚布公地向对方表达自己的想法,园长可事先向他们进行自我批评,向他们说明造成这件事的主要原因是由于园所的管理制度不健全,这不能怪他们,责任主要在园长。从而使部主任和该老师互相检讨,消除思想隔阂,以保障工作人员和教师融洽、和睦的工作气氛。

思考:

1.结合这则案例,分析该园规章制度有无不尽合理之处,进而提出改进、调整的设想,使之趋于完善。

2.该老师有病是事实,但没有及时请假也是事实。在通讯信息十分发达的今天,该老师只打了一个幼儿园的座机电话,没有接就理直气壮地与部主任发生争执,你认为这样做事妥当吗?

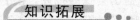 知识拓展

某幼儿园的岗位职责

幼儿园园长岗位职责

一、园长接受董事会的聘任,是董事会领导下的园长负责制,负责幼儿园的全面管理,主持全园工作。

二、认真学习党的教育方针和国家的有关法律、法规、政策,全面贯彻《幼儿园管理条例》和《幼儿园工作规程》。

三、热爱幼儿教育事业,爱护幼儿,努力学习专业知识和技能,不断提高文化和专业水平,品德良好,为人师表,忠于职责。

四、主持制定全园工作计划和各项规章制度,确立分级管理目标,建立结构合理、协调灵活、反馈及时的科学管理机制。定期召开园务会,深入第一线检查各项工作实施情况。

五、负责全园教职工的聘任,调整园内工作人员结构,定期对保教工作人员进行考核并做出正确评估。

六、全面了解教育、教研、卫生保健及膳食管理情况,并根据实际情况及时调整,尽量减少工作中的失误。充分发挥党团组织、工会及教代会的作用,发扬民主,尊重人格,加强"爱心、和谐、团结、向上"的园风建设。

七、全面掌握教职工的思想动态,开展经常性的政治和业务学习,提高修养。关心教职工的生活,改善生存环境,维护合法权益,增强向心力,提高凝聚力。

八、组织和指导家长工作,加强与社会、家长的联系,定期召开家长会,展示教育成果,宣传家教方法,听取家长意见,提高办园质量,争取社会各方面对幼儿园的支持和配合。

九、及时了解国内外幼儿教育动态,研究幼儿教育新成果,关注幼儿教育发展的新动向。

十、坚持勤俭办园的方针,管理好幼儿园经费、财产和园舍设备,美化、绿化园舍,不断改善办园条件。

幼儿园业务园长岗位职责

一、组织教师贯彻落实《幼儿园工作规程》和《幼儿园管理条例》及全园教学工作计划,结合本园特点,制订教育教学工作计划,合理安排幼儿一日生活并组织实施。

二、负责幼儿园保教工作。熟悉幼儿各年龄阶段生理和心理特点,熟悉幼儿园各年龄段教学内容及要求,定期检查教师月计划、周计划、备课本、教育笔记及个案记录,定期测查幼儿教学效果,并做好记录。

三、经常检查教师职责的落实情况,指导和审查各班学期工作计划,深入班级听课,检查指导教学,提高教育教学质量。

四、协助园长实施各项规章制度,建立正常的工作秩序,定期对教职工的工作进行检查、指导、考核和评估。

五、负责组织教师业务学习,提高教师的业务能力。组织保教人员外出参观学习,指导教师进行幼教改革与科研工作,组织教学观摩、总结交流经验、业务考核等各项评比工作,不断提高教师教育教学技能。

六、组织幼儿园内的各项活动,如组织全园性的运动会、联欢会、家长开放日、社会实践等活动;协助园长和老师召开幼儿家长会,搞好家长调查、社会宣传,积极与社区联系等工作。

七、指导教师完成保育任务。协助后勤园长指导教师认真做好卫生、保健、消毒工作及幼儿一日生活常规。

八、做好新生入园和大班毕业离园工作、幼小衔接工作,搞好对外的参观学习活动的接待工作。

九、做好特长班的招生、教师安排、特长教学检查指导工作。

十、协助园长搞好教职工队伍建设,做好教职工政治思想工作,关心群众生活,倾听群众意见,支持群众开展各种有益的文体活动。

十一、及时向园长汇报工作和提出建议。

十二、园长外出、临时缺编或暂时离园时行使园长职责。

幼儿园后勤副园长岗位职责

一、在园长领导下负责幼儿园保育保健、膳食营养、后勤保障工作,落实园务计划及管理目标。

二、认真贯彻宣传"预防为主、增强为辅"的方针,经常与保教人员了解分析幼儿健康情况,对保健工作提出管理措施,认真督促和检查卫生制度。

三、组织开展全园的保育工作,组织教师和后勤人员进行业务学习,开展园内保育活动观摩和专题研究,总结推广,交流经验,互帮互促,帮助保教人员提高业务水平。

四、贯彻保教结合方针,指导教师及后勤工作人员紧密配合教育工作,并经常检查督促，落实岗位责任制。

五、负责组织保健人员、后勤人员的学习培训，进行思想教育。检查各种制度落实情况，定期对后勤人员考核，整理保育后勤工作的文书档案。

六、负责全园园舍设备、绿化、环境卫生及园内物品的管理。及时督促维修指导，增加人员时及时增添教学设备、用品，经常进行安全检查。

七、与医务人员共同决定病儿和体弱儿童的护理与饮食。

八、督促检查各班工作人员对儿童护理工作及执行一日生活常规的情况。每周定期检查各班执行卫生制度的情况，并与医务人员定期检查厨房执行卫生保健制度情况。

九、做好安全防卫、防火、防毒工作，发现不安全因素及时采取措施。

十、做好教职工的考勤登记。

十一、制订后勤工作计划，并进行工作总结。

幼儿园班主任岗位职责

一、严格遵守幼儿园《教师行为规范》和各项规章制度。

二、全面负责本班教育和保育工作，根据《幼儿园工作规程》提出的要求，结合本班实际，制订教育工作计划（包括观察、分析、记录幼儿发展情况），并认真执行。

三、对幼儿态度要和蔼可亲，做到耐心、关心、细心、热心，与本班教师团结协作，搞好所在班级教育、卫生、保健及生活护理等工作。

四、认真执行幼儿的作息制度，认真安排好幼儿一日生活内容，做到动静交替，手脑并用，确保幼儿身心健康成长。

五、主持召开每周班务会议，共同确定下周工作重点，与本班教师和保育员共同搞好班内的工作。

六、坚持正面教育原则，尊重幼儿，积极启发诱导，严禁体罚和变相体罚。

七、努力钻研业务，积极参加教研活动及业务学习。积极创编教材，制作教具，不断提高自身素质及水平。

八、坚持做好交接班工作，一般情况口头交接，重大情况要作书面交接。家长特殊要求、患儿药品、物品要登记交接。

九、做好家长工作，向家长宣传正确的教养方法，每周向家长公布本周及下周的教育内容，以便家长心中有数，积极配合。

十、认真填写"家园互动手册"，经常与家长保持联系，及时交换意见。

十一、认真做好教研活动记录和每周教育小结，每学期写出质量较高的教育工作总结或论文一至两篇。

幼儿园高级教师岗位职责

一、思想上要热爱幼教事业、热爱幼儿，具有无私奉献的精神，一切以工作为重，不计较个人得失，与同事团结协作。时刻牢记自己站在高级教师的岗位上，时时处处都要对自己高标准、严要求，有困难抢先上，有荣誉诚心让。

二、业务上要不断学习，工作中不断进取，能够创造性地开展工作，切实起到模范带头作用。

三、全面管理所在班级,带领本班老师做好保育、教育、安全、卫生、家园联系等一系列工作,工作中遇到问题不能推诿,要勇于承担责任。

四、定期向园长汇报各项工作,并接受其检查和指导。

五、积极主动地协助园长工作,为幼儿园的发展壮大献计献策。

六、要有协作精神,把困难留给自己,方便让给别人,爱护同志,为人诚恳热情,不背后议论别人,不传话。

七、及时发现事故隐患,报告园长,管理本班工作,严格执行交接班制度,随时清查孩子人数,防止孩子遗留在室内外,防止孩子走失。

八、发生事故及时处理,立即汇报,较严重的(如缝针、烫伤、走失等)向园长汇报,一般事故(如破皮、起包等)自行处理,不得引起家长争议,一旦家长对处理结果不满,找到园长,则要对班级教师作相应处罚。

九、在特殊情况下,负责调配本班人员班次,保证本班工作正常进行,大胆进行班级管理,带领本班人员认真执行各项规章制度。

十、带领班内教师认真完成教育笔记和家园宣传栏的计划任务,对完成任务好的班级要进行奖励。同时要求班内教师写好晨检记录及小病观察记录,交接好体温、药物、病儿情况等,及时跟家长交流。

幼儿教师岗位职责

一、贯彻执行《幼儿园工作规程》和《幼儿园管理条例》,负责本班幼儿的全面教育、教养工作,使幼儿在体智德美方面得到健康发展。

二、认真执行生活日程,严格按照一日常规要求培养幼儿良好的文明生活习惯和独立生活能力,保证幼儿有足够的户外活动时间,做到动静交替,使幼儿保持良好的情绪。

三、根据《幼儿园工作规程》和《幼儿园教育指导纲要》的要求,制订教育工作计划(包括学期、月、周、日计划),并结合本园、本班的实际情况,做好教材教具的准备,认真备课,保证计划落实。

四、搞好教育教学。要采取直观和游戏的形式,让幼儿多看、多听、多想、多说、多做,调动幼儿的"三性"(积极性、主动性、创造性),注意个别幼儿的差异,不断提高教学和游戏的质量。

五、加强幼儿的素质教育,经常组织开展劳动、课外观察、游戏、娱乐、体育锻炼等活动,不断增强其自理能力。

六、作好晨检、点名、交接班工作。

七、搞好幼儿的卫生保健和生活护理工作,培养幼儿良好的进餐、吃药习惯。根据天气变化,及时为幼儿增减衣物、被褥,午睡时多加巡视,注意纠正幼儿的不良睡姿,及时解尿、擦汗和盖被。

八、认真钻研业务。按照纲要要求,结合幼儿的实际情况,编制教材,制作教具,充实教学内容,培养幼儿的创造性和良好的学习兴趣,使幼儿教育寓教于乐。

九、加强与家长的联系工作,及时沟通幼儿情况,争取家长对幼儿园班级工作的理解和支持。

十、按季节和幼儿的特点布置教室,积极做好室内外卫生,保持教室、幼儿园卫生整洁。

十一、作好幼儿的安全工作,加强幼儿自我保护意识教育,防止意外事故。

十二、热爱本职工作,按时上下班,不迟到,不早退,有事要请假;班中不脱岗,不干私活,集中精力搞好幼教工作。

幼儿园保育员岗位职责

一、热爱幼儿,关心、耐心、细心、热心对待幼儿,配合班主任和教师,全面、细致地照顾幼儿每日生活。做好保健、教育工作。

二、熟悉本班教育计划,做好活动前后的准备和整理工作。协助教师组织各项活动和游戏。教师因公外出时负责本班的带班工作。根据教育要求自制玩具并协助教师搞好环境布置。

三、严格执行安全、卫生等制度,做好幼儿的生活管理和卫生保健工作。根据天气变化,及时为幼儿增减衣物、被褥,午睡时多加巡视,注意纠正幼儿的不良睡姿,及时解尿、擦汗和盖被。指导幼儿洗脸,帮助幼儿剪指甲。每天及时统计幼儿人数。

四、随时观察幼儿情绪、食欲、睡眠及大小便情况并做好记录,发现病情及时报告保健医并通知家长。班上发现有传染病要及时对玩具、被褥、用具进行消毒,对体弱幼儿要作特殊照顾。

五、认真妥善保管班上幼儿衣物及本班设备、用品。负责领取和保管本班所需物品。每天幼儿起床后整理清洁好睡房,下午整理好幼儿离园的衣服和背包。

六、保持班内环境和设备的清洁、整齐,做好餐前餐后的准备和收拾,负责指导幼儿值日生工作。下午班保育员下班前要关好门窗、关闭电源和水龙头。

七、定期换洗被褥、枕套、桌布、窗帘等。

八、认真做好卫生包干区的卫生工作和保洁工作,每天下班前必须清倒垃圾,做到垃圾不过夜。

九、认真执行卫生消毒制度,填好消毒记录。

幼儿园值午睡人员岗位职责

一、热爱幼儿、忠于职守。上班时做到精神集中,不离岗,不打瞌睡,不做与工作无关的事情。15分钟一次巡视幼儿的睡眠情况,冬天为幼儿盖被,夏天为幼儿擦汗、换衣,及时纠正幼儿不良睡姿。

二、了解幼儿体质情况,按需要做好解尿工作。如有幼儿尿床,要及时换衣换褥,严禁责骂幼儿。

三、午睡期间幼儿发烧或不适,要立即通知保健医及时处理,不得随便给幼儿服药。

四、对幼儿睡眠时的特殊情况、服药情况等要认真做好记录,交班要交接清楚。

五、做好幼儿衣物、鞋的晾晒工作。

六、做好起床前后的床铺整理、卫生工作。

七、配合做好对幼儿的保育和教育工作,培养幼儿良好的行为习惯和生活卫生习惯。

幼儿园保健医岗位职责

一、负责全园幼儿及职工的保健卫生工作,贯彻"预防为主、治疗为辅"的方针。每学期制订保健、卫生工作计划，了解新入园幼儿的"三防"接种及体检情况，定期做好驱虫、矫正和治疗眼病、防治龋齿等工作。

二、全面了解幼儿生长发育情况，期末向家长汇报。

三、负责每天晨检，做到一看、二摸、三问、四检查，并监督指导教师做好午检和晚检工作。对患病幼儿及时做好妥善处理，指导体弱幼儿的护理工作。如发现传染病，应指导各班做好消毒工作并及时报告防疫部门，采取有效措施防止蔓延。每月公布一次幼儿发病率，找出发病率升降原因，及时总结经验教训，提出改进措施。

四、指导厨房人员搞好饮食卫生和检查饮食用具消毒工作，指导各班做好防暑降温和防寒保暖工作，定时检查各班体育锻炼及户外活动情况，了解幼儿的进步和睡眠情况，发现问题及时提出改进意见和建议。

五、负责保管医务室一切物品、用具、药物，做好卫生知识宣传、环境卫生、饮食卫生和灭蚊蝇工作。协助后勤园长检查、评比、落实各项卫生保健工作，按时送报表。

六、了解幼儿心理健康情况，对有不良习惯及心理障碍的幼儿，与班上的教师配合商讨矫正办法，并定期进行监测。

七、认真钻研卫生保健业务，学习规程，以进一步了解掌握幼儿教育工作特点，更好地搞好工作。

八、定期对保教人员进行有关"幼儿常见病"的知识讲授，定期在"家长园地"专栏中介绍有关育儿知识及保健卫生知识。

幼儿园财务人员岗位职责

一、贯彻执行会计法和财务工作方针政策，为教育教学服务。

二、做好幼儿园年度预决算的编制工作。编制好各种统计报表，做到准备充分、资料完整、报送及时。

三、核查、督促固定资产及其他财产的登记统计。

四、认真做好往来账目，做好现金收支和银行结算工作。

五、严格执行现金管理制度，做到日清月结，手续齐备，库存现金不得超过银行规定限额，数目清楚，不得以工作之便牟取私利。

六、认真履行监督职能，发现问题及时处理和向有关领导反映，坚持勤俭办园的方针，精打细算，定期向领导汇报财政开支情况，合理安排经费，计划开支。

七、严格财经纪律不许挪用公款，以身作则，办事公道，坚持原则。

八、每月及时统计幼儿出勤天数及职工出勤天数，计算幼儿伙食费并及时编制工资表。及时收结幼儿各项费用，按时发工资。

九、坚持原则，手续健全，发票必须有经手人、验收人、领导签名方能报销。

十、不断提高业务水平，熟悉各项费用支出，勤俭节约，工作热情、细心，态度和蔼。除做好本职工作外，服从园领导分配的其他工作。

十一、对家长、同事热情和蔼，不怕麻烦，虚心听取各方面意见，改进工作。

幼儿园保管、资料员岗位职责

一、对所保管用品心中有数，账物相符。

二、物品合理保管,保持卫生、整洁、不损坏。

三、出入库登记清楚,手续完备,避免财产浪费、丢失。

四、每学期期末清查账物一次,编制清单向分管领导汇报。

五、每月定期检查一次大型玩具、场地设备、房舍家具等情况,发现问题及时维修、更换。

幼儿园食堂管理人员岗位职责

一、认真贯彻执行幼儿餐饮工作的规定,安排和调配炊事人员的岗位分工,在园长的领导下,对食堂的工作全面负责。

二、负责组织炊事人员的政治和业务学习,采取走出去请进来及技术比武的方法,不断提高他们的业务能力,增加饭菜的花色品种,提高幼儿园膳食工作的整体水平。

三、根据幼儿的年龄特点组织保健医、会计、炊事员及伙委会成员制订幼儿园膳食工作计划和幼儿每周食谱,做到科学搭配、营养全面;监督检查有关人员的营养计算和伙食资料的保管存档工作,定期进行膳食调查,全面掌握幼儿膳食情况。

四、坚持周三说食谱例会,促使大家畅所欲言,各抒己见,达到相互学习、交流,共同提高的目的,促进工作的良性循环。

五、对食堂各岗位的工作随时进行检查、监督和指导,发现问题及时改进,严把各环节的食品卫生关,坚决杜绝食物中毒。

六、经常听取教职工及广大家长的意见和建议,不断改进食堂工作,提高服务质量。

七、负责食堂人员每年一度的考绩、考核工作。

八、负责食堂的各项安全工作。

幼儿园炊事班长岗位职责

一、具有良好的职业道德,热爱本职工作,责任心强,在园长的领导下,对食堂的日常工作全面负责。

二、尊重领导,团结同志,工作上请下达,协助园领导做好食堂工作,做好领导的参谋和同事的知心人,发挥桥梁和纽带作用。

三、充分调动班组人员的积极性,协调好个人与班级、班级与班级、班级与全园的关系,争先创优,使炊事班成为团结协作的集体。

四、负责班组成员的具体分工,职责到人,使班组各成员分工明确,配合默契,积极向上,凝聚力强。

五、结合幼儿园的园务计划和工作安排,带领班组成员认真贯彻领导交给的各项任务,争取优异成绩。

六、每周两次到各班了解各班幼儿进餐情况,广泛争取大家的意见,根据工作需要,开好炊事班会议,改进工作,不断提高服务水平。

七、带领大家做好班组的各项卫生工作。

八、做好班组财产物资的登记、保管、清理工作,保证财产不流失。

九、带领大家树立班组事情自己做的工作意识,不等不靠独立完成班组工作。

十、每月底和保管员一起负责库房物品的盘点工作。

十一、带领班组成员认真完成各项报表的填制工作,做到数字准确,报送及时。

幼儿园炊事员岗位职责

一、严格执行食品卫生法,遵守本园的各项规章制度,爱岗敬业,努力工作。

二、认真学习,钻研业务,不断提高饭菜制作水平。

三、严格按点开饭和按食谱制作饭菜,不能随意变更食谱。

四、严格按照消毒制度进行消毒,认真填写消毒登记表,做到准确无误,报送及时。

五、面食发酵适度,软硬适中,不断变换花样,适合幼儿的年龄特点。

六、蔬菜要择洗干净再切,菜要切得大小适中,咸淡适合幼儿口味,菜要烧得恰到好处,做到色香味俱全。

七、坚持食品验收制度,不买不做变质食物,严把"病从口入"关。

八、炊事人员要做到"四勤"(勤快、勤俭、勤劳、勤奋),上班要穿工作服,戴工作帽(要求头发置于帽中),工作服必须保持清洁整齐。

九、操作前即接触食物、分发饭菜前,要用肥皂彻底洗手,要带上一次性塑料手套。上厕所必须脱下工作服,便后用肥皂洗手后,方可进行工作。

十、在食物的加工过程中要采用科学合理的制作方法,避免各种营养素的流失。

十一、下班前认真检查天然气、电器、水的使用阀门,做到断气、断电、断水,关好所有门窗,确保万无一失。

幼儿园值晚班人员岗位职责

一、负责各班午点的分发工作,做到准确无误。

二、对照食谱领取第二天所需物品,保证工作的正常进行。

三、每天洗涤、消毒("84"浸泡)面食的盖布。

四、每天洗涤、消毒("84"浸泡)抹布,并按要求分别挂在指定位置(生、熟、白案、红案)。

五、负责餐具炊具(碗、盘、勺、桶、盆、刀、板等)的消毒工作。

六、负责伙房卫生区、更衣室的卫生清洁及整理工作。

七、负责各制作间的紫外线照射消毒工作。

八、下班前,认真检查天然气、电器、水的使用阀门,做到断气、断电、断水,关好所有门窗,确保万无一失。

幼儿园门卫岗位职责

一、遵守幼儿园各项规章制度,坚守岗位,按规定时间随时开关大门。

二、幼儿出入园门要有大人陪伴,防止幼儿独自跑出幼儿园。

三、非本园人员不能随意出入幼儿园,陌生人出入要询问,闲杂人员禁止进入,因公来访要详细登记方可入园。

四、携带包裹、行李及其他贵重物品,必须由有关负责人开出证明,门卫进行核对后方可带出。

五、做好幼儿园院内的环境卫生及绿化工作,保持美观整洁。

六、经常检查院内各处设施,发现有脏乱现象或不安全现象,及时采取相关措施。

七、夜间值班不得擅离职守、睡觉或聊天,应注意监听。每天夜间按时巡视,确保全园安全。

八、认真负责地为孩子以及教职工烧开水,在工作时间保证开水充足、新鲜。定期清理电锅炉中的水垢,并一定要冲洗干净。

九、熟记火警(119)、盗警(110)及单位领导电话,有事立即报告。

十、认真进行交接班,遇到可疑情况及时报告。

幼儿园司机岗位职责

一、遵守幼儿园各项规章制度。

二、工作时间不得喝酒,打麻将。

三、保证行车安全和车上幼儿的安全。

四、幼儿下车后要检查是否有没下车的幼儿,以确保车上无人时再关车门。

五、热爱幼儿,关心幼儿。

六、协助、配合园长和教师做好家长工作。

七、不私自用幼儿园的园车为个人办事。

第四章

幼儿园的班级管理

学习目标

1. 掌握幼儿园班级教师配备的原则,并能运用于实践。
2. 学会制订班级的学期工作计划、月计划、周计划和日计划。
3. 掌握各年龄班幼儿的心理特征和管理的基本技巧。
4. 掌握培养幼儿自我管理的途径。

第一节　幼儿园班级教师的配备与分工

班级管理是幼儿园管理的基本层次,离开了班级管理,幼儿园管理就成了空中楼阁。

班级是幼儿园的细胞,是保教任务得以落实的基本单位,幼儿园的许多工作都是通过班级来实现的。大部分学前教育专业同学毕业后,首先是做幼儿教师,要想成为一名合格的教师,就必须学习班级管理,掌握班级管理的特点和规律。

班级管理是幼儿园的微观管理层次,包括班级教师的配备与分工;班级计划的制订、执行与实施;班级对幼儿的管理等。班级管理是围绕幼儿园管理工作而展开的,其目的就是为了实现幼儿园管理目标。班级管理是教师的主要职责,并由教师来完成。

一、班级教师配备的原则

幼儿园的班级和小学不同,它不是由一名教师负责,而是由 2～3 名教师负责,这是由受教育者的年龄特点及幼儿的教育任务决定的。班级是幼儿园最基层的组织,它的功能的发挥直接影响着幼儿的成长。班级功能能否发挥出来,关键在于教师。将哪些教师安排在一个班,不是随意的,更不能完全自由组合,这涉及人力资源合理配置问题。许多园长都有这样的体会,班级教师配备的合理,幼儿园的保教任务就容易落实,工作就容易安排;否则,不但本班保教任务难以落实,还会影响幼儿园的整体工作。班级教师的配备是一门用人艺术,应坚持以下原则:

（一）整体互补原则

任何个体都不是孤立存在的,总是相互依存、相互联系制约的。班级作为一个最基层的组织,必须充分发挥每个人的积极性,优势互补,尽可能达到较高的整体效益。这条原则告诉我们要将个体放在一个结构中去考虑,因为每个人都有自己的优势和劣势,若能组合得科学合理,就可以获得两个最大限度的效果,即最大限度地发挥他们的优势和最大限度地遏制他们的劣势。贯彻这个原则,可考虑以下几个方面:

1. 专业方面的互补

在大中城市里,幼儿园的师资队伍比较整齐,大部分教师都是幼师毕业生。尽管如此,他们对专业的把握及侧重面也是不同的,另外他们在专业技能方面也存在着一定的差别,有的教师琴法强,有的教师美术强,各有千秋。所以,配备教师应该考虑他们专业方面的互补。

2. 能力方面的互补

能力有许多方面,如组织能力、语言能力、交往能力等。虽然,要求幼儿园教师应该具备较全面的素质,但是由于受到各种因素的影响,人的能力的发展总是不平衡的,会有不同的侧重面。如果我们将几位语言能力都不强的教师安排在一个班,就会使幼儿的语言发展受到影响。人的能力的提高不是一朝一夕的,幼儿是人生发展中的重要时期,是不容忽视的,也是一天都不能耽误的。这就需要我们运用管理的手段,将具有不同能力的人组合起来,以克服由于教师自身的原因给教育带来的不利影响。这既可以做到优势互补,又可以使教师相互影响。

3. 性格方面的互补

人的性格也是千差万别的,性格已经成为一个人较为稳定的特征,它常常潜意识地支配人的行为,如果将脾气急躁的教师配备到一起,可能在做事的周密性等方面会有欠缺。

4. 年龄和经验方面的互补

青年教师有朝气,易接受新生事物,但缺少经验,有时考虑问题不够全面;老年教师经验丰富,做事稳重,但有时思想较保守,不易接受新观点和新思想。如果我们将青年教师和老年教师结合起来,就可发挥他们各自的优势,形成整体效益。

（二）适度原则

人员的配备要与工作岗位相适应。人员的能力与岗位所需要的能力不能相差太大,因为这样易造成人员心理上的不平衡,使其难以安心工作。在挑选教师时,也要考虑到幼儿园的条件,可以安排一两个科研实验班,将科研能力较强的教师安排在这个班里。

（三）差距适当原则

同一个班的教师能力相差不能太大,否则配合起来较困难。班级教师的配备主要应考虑整体效益。

二、幼儿园班级教师的配备及分工

（一）班级教师的配备

为了配备好各班的教师,首先要把握每个教师的特点,建立教师档案,对教师的各个方面加以分析。一般可分为这样一些方面:

1.不同表现的人

(1)表现比较好的人。上进,对自己要求严格,有较强的事业心,工作积极主动。

(2)表现一般的人。能完成园长交给的任务,工作不够主动,缺乏自信心。

(3)表现较差的人。没有上进心,对工作应付,不负责任,工作拖拉。

2.不同能力的人

(1)能力较强的人。经验丰富,能力强,头脑清晰,有较高的悟性,能把握和控制自己的行为。

(2)能力较弱的人。不善于处理和解决工作中遇到的问题,点子少,独立工作的能力较差。

3.不同类型的人

(1)主动型的人。一般将追求激励因素的人称为主动型的人。他们有较高的追求,有奉献精神,工作热情高,有理想,有抱负,肯动脑筋,不满足现状,勇于开拓新局面。

(2)被动型的人。这种人更追求物质生活的满足,将保健因素放在首位。虽然他们也能很好地完成任务,但更多地表现的是责任心,而不是事业心。他们的思想内涵也比较简单。

4.不同年龄段的人

(1)年轻人。一般来说胆子大,精力充沛,顾虑少,有较强的开拓精神。

(2)中老年人。考虑问题比较严谨,工作扎实稳重,但思想较保守,不易接受新生事物。

(二)班级教师的分工

目前班级教师分工比较普遍采用的形式有两种:一种是两名教养员,一名保育员;另一种是两名教养员,保育员两班合一名。园长在安排班级工作时,保育员不管是一班一名还是两班一名,都是事先确定的。两位教养员可以自己协商或在园长的指导下确定一人为班级主要负责人(简称主班或班主任)。她们各自的分工如下。

1.保育员的职责

(1)负责本班房舍、设备、环境的清洁卫生工作。

(2)在教师指导下,管理幼儿生活,并配合本班教师组织教育活动。

(3)在医务人员和本班教师指导下,严格执行幼儿园安全、卫生保健制度。

(4)妥善保管幼儿衣服和本班的设备、用具。

2.教师的职责

(1)根据国家规定的幼儿园教育纲要,结合本班幼儿的特点和个体差异,制订教育工作计划,并组织实施。

(2)观察、分析并记录幼儿发展情况。

(3)严格执行幼儿园工作安排、卫生保健制度,指导并配合保育员管理本班幼儿生活、做好卫生保健工作。

(4)与家长保持经常联系,了解幼儿的家庭教育环境,商讨符合幼儿特点的教育措施,共同配合完成教育任务。

(5)参加业务学习和幼儿教育研究活动。

(6)定期向园长汇报,接受其检查和指导。

3.主班的职责

（1）统筹全班工作，协调本班幼儿教育、安全、卫生保健、财物保管等工作，主持班务会，制订班级计划，研究和改进本班工作。

（2）及时传达和贯彻园领导的决定，向园领导汇报本班工作。

（3）负责安排本班教师相互观摩，取长补短，主持研究全班每个幼儿的情况，针对每个幼儿的特点，采取协调教育措施，保持教育的一致性。

（4）帮助本班保育员做好保育工作、卫生保健工作。班上三位教师要相互配合，既有分工，又有合作，共同负责搞好班级的班容工作。

（5）做好家长工作，平时加强与家长联系，定期召开家长会，指导家庭教育。注意与班级保教人员共同研究家长工作，促进家长协助配合教育好孩子。对家长态度和蔼，尽可能帮助家长解决困难，搞好服务。

第二节　幼儿园班级计划的制订与实施

班级管理的含义是指教师通过组织、计划、实施、调整等环节，把幼儿园的人、财、物、时间、空间、信息等资源充分运用起来，以便达到管理的目标。这包含以下几层意思：

（1）班级管理的主体是人，是由教师去实施的。

（2）班级管理通常要经过计划、组织、实施、调整等几个程序。

（3）班级管理的对象是人、财、物、时间、空间、信息等。

（4）班级管理是有目标的活动，即为了实现管理的最终目标。

一、班级计划的制订

计划是确定行动的纲领和方案，促使行为趋于目标的管理活动。它是一种预先确定目标和实现目标的手段。幼儿园班级计划是班级管理者为班级的未来确立目标并提出达到这一目标的方法和步骤的管理活动。

（一）制订班级计划的依据

制订一份目标明确、措施具体、符合幼儿园班级实际情况，并具有可操作性的班级计划，需要有一定的依据。根据幼儿园工作实际，制定班级计划的依据主要有以下几方面：

1.幼儿园工作总计划

班级计划的制订首先要考虑到幼儿园总体的工作计划。一般来说，园务工作计划是在贯彻全局性或具有长期指导作用的有关方针政策，反映上级教育部门对某一个时期工作的具体指导和要求，它是结合本园实际情况制订出来的。它既保证了全园工作的总体方向，又具有该幼儿园的特点，对班级工作的开展具有直接的指导意义。班级计划是对总计划具体实施的结果，它要服从幼儿园的总计划。

2.班级教师的情况

制定班级计划无疑要考虑班级教师的情况，教师的素质、文化水平、教学经验、工作态度等直接影响到班级保教工作。比如，甲班教师制定了"改革小班音乐，运用预知学习理论"的目标，而乙班教师对什么是"预知理论"还不甚了解，所以这一管理目标还不能运用于乙班。经验丰富的教师,计划制订的可能比较周到、细致、富于操作性,而年轻教师由于缺少经验,制订的计划往往缺乏操作性。可见教师是制订班级计划的关键因素。

3. 班级幼儿的情况

制订班级计划还必须考虑班级幼儿的情况。幼儿是班级工作的主要对象,班级一切工作都必须围绕着幼儿来展开。因此,教师在制订班级计划的时候,要做到对班级幼儿的情况了如指掌,如幼儿个体的心理特征、身体发育状况、学习习惯、情绪控制以及班级整体的状态等,否则班级计划就没有实际意义。

(二)班级计划的内容及种类

1. 班级计划的内容

班级计划是班级工作的开端,它并非简单的形式,而是班级工作的重要依据,班级计划反映了教师对班级工作的设想与思路,它可以避免工作的盲目性、被动性。善于制订班级计划是教师的基本功。班级计划的内容主要包括班级情况分析、班级工作目标、实施措施、重要工作安排等。

(1)班级情况分析。分析并掌握班级情况是制订班级计划的前提。不了解班级情况,计划何从下手? 有的老师常常将制订计划看成是纸上谈兵,把自己关在屋子里冥思苦想,实在想不出来,只好照搬他人或凭空编造。这都是十分不科学的做法。每个班级的孩子不同,情况也是不同的。班级计划针对性很强,必须根据本班的情况来制订。为此教师首先要摸清以下情况:

①掌握基本情况,包括幼儿方面,如家庭情况、受教育情况、身体状况、个性特点等;班级方面,如本班的基本特点、优势与薄弱点等。

②对本班情况进行分析,包括存在的主要问题、原因分析、措施等。

(2)班级工作目标。目标就是通过努力在原有基础上可以达到的水平。确立工作目标时,目标的表述要鲜明、简要、一目了然。班级工作目标要与幼儿园工作目标相一致,每个阶段制定的目标不宜过多,因为目标过多易分散精力,结果什么都难以实现。有的年轻教师工作热情高,刚参加工作时恨不得马上改变班级的面貌,一学期确定了十几项目标,最后手忙脚乱,什么都没完成。俗话说,一口吃不成一个胖子。当你有什么事情需要解决时,就将它们按照轻重顺序排列出来,最后挑选出影响面大、最重要的事情。

(3)实施措施。计划要提出工作的基本思路,对那些亟待解决的问题,提出措施和办法,这是工作计划十分核心的部分。提出问题的目的在于解决,制定实施措施是解决问题的前提。对于比较重要的事情,可以同时提出几种方案,以备不测。如果涉及其他部门,应该事先沟通,以免出现不必要的麻烦。

(4)重要工作安排。那些对幼儿身心发展有直接影响的问题可视为重要工作,当然重要工作在解决时有先后顺序。为了使重要工作得到较好的解决,教师在工作计划中要做详细的安排,如时间安排、工作程序、应注意的问题等。

2. 班级计划的种类

依据不同的标准,可以将班级计划分为多种类型:

(1)按时间划分为长期计划(如三年规划或年度计划)、中期计划(如学期计划)、短期计划(如月计划、周计划、日计划)。

(2)按内容划分为教育工作计划、保育工作计划、卫生工作计划等。

(3)按范围划分为个案工作计划、小组工作计划、集体工作计划等。

(三)班级计划制订的步骤与方法

1.班级计划制订的步骤

班级计划制订大体上可以分为以下四个步骤：

(1)认真研究上学期工作总结。在班长的带动下总结上学期工作情况，分析哪些工作落实了，哪些工作还没落实，找出工作中存在的差距，分析原因，为制订计划做准备。

(2)认真学习研究园务工作计划。园务工作计划是班级计划的依据之一，班级计划要紧紧围绕园务工作计划。应该避免两种情况发生，一是完全脱离园务工作计划，自行其是；二是完全照搬园务工作计划，缺少创新。这两种做法都是片面的。园务工作计划为班级计划确定了方向，应该根据园务发展方向制订班级计划，从而做到园班一体，目标一致。但是各班的情况各不相同，所以各班还要结合本班的情况，创造性地工作。

(3)共同讨论，确定主要内容。班级计划要由班级全体教师共同讨论，最后形成较一致的意见。因为大家都参与工作计划的制订，才能对工作了如指掌，才具有较强的代表性，这样也易于落实执行。

(4)撰写班级计划。计划要形成文字，起到提示、监督、检查行为的作用。计划的文字不宜过于烦琐，要简练、明了，也可以用表格的形式表现。

2.班级计划制订的方法

(1)调查研究法。通过调查研究了解其他班的班级计划，了解本班的实际情况，由此制订本班工作计划。

(2)归纳总结法。吸收其他班级工作计划制订的优点，补充到本班工作计划中。其他班级的计划只能作为参考，不可照搬。

二、班级计划的执行

从某种意义上说，执行和实施计划比制订计划更重要。计划制订得再好，如果不实施，就变成了空中楼阁。班级计划的执行一般要经过以下几个阶段：

1.传达布置

把班级计划让每一个教师知晓，使她们明确班级计划的目标、工作重点、步骤安排等。这实际上是组织群众统一思想的过程，目的是使教师理解工作意图，明确制订班级计划的意义，从而自觉执行班级计划。

2.落实责任

把班级计划的要求、职责、任务等分解落实到每一个人头上，各司其职、各负其责，从而保证计划得到落实执行。

3.加强协调

为保证班级计划的实施，各位教师要加强协调配合。

4.深入督导

计划制订出来的目的在于实行，为了促进计划的落实，应该加强督导。

三、班级计划的效果检查

班级计划效果检查是对计划执行情况的检查。

1.检查落实情况

对照班级计划逐条进行检查,看看计划与落实情况有没有差距,若有,查明原因。

2.分析计划的可行性

执行后,对计划制订的合理与否,有了进一步的看法,这就为以后制订计划积累了经验。

3.追查责任

对应该完成而未完成的事,应该追查责任,以使计划更具有严肃性。如果是主观原因造成的,应该做检讨,避免下次再出现;如果是客观原因造成的,应该尽量协调。

四、总结

班级教师每学期应对自己的工作做较全面的总结,在各个阶段,也可以做一些小结。教师通过总结,可以吸取经验教训,探索保教规律。在总结中要注意以下问题:

1.实事求是

总结时要肯定主要成绩,发现存在的问题,弄清哪些是本质的、必然的、经常出现的现象,哪些是非本质的、偶然的、暂时的现象,并做出恰当的分析。既不要虚假夸大,也不要过于自谦。

2.要分清主次

在进行班级管理总结时,不要眉毛胡子一把抓,要在分析的基础上进行归纳、概括,找出带有规律的东西。总结最忌罗列现象,报流水账。

3.要注意积累经验

总结是对前面工作的分析和结论,教师应不断地积累,为今后的工作奠定基础,同时也为开展科研活动积累素材。

第三节　幼儿园班级对幼儿的管理

幼儿是幼儿园工作的主体,幼儿园的一切工作都是为了幼儿的成长与发展。善于管理幼儿是教师的基本职责。管理并不意味着权威。有的教师只会以教师的身份要威风,幼儿服从管理完全慑于教师的威严。应该说这并非真正意义上的管理。当然,我们并不反对树立教师的威信,但是威信不是仅靠严厉树立起来的,而且管理不能建立在威严的基础上。没有绝对的管理者,也没有绝对的被管理者。幼儿既是被管理者,又是幼儿园最基层的管理者。过去,我们强调了幼儿作为被管理者的角色,而忽视了其作为管理者的角色。幼儿是独立的个体,未来在他们面前展开了绚丽多彩的图画,他们将会成为建设祖国的栋梁,长大后也会成为各个层次上的管理者。我们知道管理不仅是管理者的任务,也是每个个体的职能。因为人人都应该管理好自己。

一、管理幼儿的目的与依据

班级管理是一种对班级集体的管理,同时也是对班级中个体的管理。通过班级管理,既要促进幼儿积极性、主动性、创造性、独立性的发展,又要要求幼儿努力适应集体的活动与生活,适应集体规则,努力成为集体中的一员。

(一)管理幼儿的目的

管理幼儿不是为了限制幼儿。在一些国外教育的书籍中,我们常常会看到"管教"一词,许多人情不自禁地会将这个词与打骂、训斥、教训等词汇联系起来,认为"管教"就是教育者用冰冷的面孔面对孩子。其实在西方"管教"就是管理和教育孩子,并没有对孩子横眉冷对的含义。管理幼儿就宛如栽培小树,时常给它培土、施肥、浇水,将它多余的小杈剪掉,使它能健康、苗壮地成长。如果不对小树进行精心的管理,任其东倒西歪,树杈横生,那么小树就难以成材,只能成为火中燃物。因此,管理幼儿是十分必要的。

1. 充分发挥幼儿的主动性

管理的目的在于给幼儿更大的空间。随着我国计划生育的成功推进,绝大多数家庭都是独生子女。这种家庭养育模式给教育者提出了一系列问题。由于每家只有一个孩子,不免备受宠爱。有人对我国部分独生子女家庭进行调查,发现宠爱孩子是一种普遍现象,它不受家长文化水平的高低影响,甚至学历越高的家长对孩子宠爱越严重。因为宠爱孩子,不仅受理性影响,更多还受感情支配。由于对孩子宠爱有余,致使一些家长代替包办过多,从某种程度上剥夺了幼儿自我发展的空间,造成幼儿心理和行为上出现了一系列问题,如过分依赖、独立生活能力差等。幼儿园除了向家长宣传正确的教育思想,更重要的是通过集体活动和班级管理激发幼儿的积极主动性。幼儿园是教育机构,保教人员是教育的实施者,他们会用科学的知识、理智的感情对待受教育者。同时,班集体为幼儿提供了与同龄人相处的机会,这种环境激发了幼儿的积极主动性和创造精神。

2. 掌握必要的规则,更好地适应社会

独生子女在家中的地位决定了他们受到的管束少,比较放纵自己的感情和行为。由于缺少兄弟姐妹,他们不知道如何与小朋友相处,常常只想自己,眼中没有别人。任何集体总会有共同的目标,为了实现这些目标,就会规定一些纪律和规则。幼儿在集体生活中必须学习这些规则,并遵守它们。在班级管理过程中,要使幼儿掌握一些社会规则。掌握这些规则不仅对他生活在班集体中很重要,而且对他以后的生活也是十分重要的。掌握并遵守集体规则是幼儿步入社会、适应社会的开始。

3. 自我管理的启蒙

管理幼儿既包括让他们的行为更加规范,同时还包括教给幼儿初步的管理方法,将管理意识潜移默化地浸透到幼儿的活动之中,对幼儿进行管理启蒙教育。如让幼儿管理好自己的物品,将物品摆放得井然有序,不乱扔东西,这些品质能影响到他以后的学习和工作。

(二)管理幼儿的依据

管理幼儿不是凭空而来的,它必须有一定的依据。每个教师在管理幼儿时都必须遵循这些依据。

1.遵循幼儿身心发展的规律

遵循幼儿身心发展规律是管理幼儿的前提。幼儿不同于物品、机器,他是有血有肉、活生生的人;幼儿期不同于其他年龄阶段,它有许多特点。因此,要想管理幼儿,首先要了解幼儿。如有个小朋友在集体活动中乱说乱闹,老师气得大声对他说:"请你不要乱闹,不要影响其他小朋友,放尊重点。"老师说完,那个小朋友无动于衷,因为他根本就不理解"放尊重点"的含义。有的教师认为了解幼儿无非是多看几本心理学的书,其实这是远远不够的,也是根本不能做到真正了解幼儿的。除了读书,更重要的是多观察幼儿,多参加幼儿的活动,多琢磨幼儿,并用心去分析、研究幼儿。

2.树立正确的儿童观、教育观

将幼儿看成独立的个体,尊重他们、爱护他们。在管理幼儿时不可摧残他们的心灵。管理应以保护、发展为出发点。有的老师在管理幼儿时更多地采用否定的口气,如"不能"、"不行"、"不要"等,根本不知道尊重幼儿;有的教师不倾听幼儿的意见,甚至不允许幼儿提出自己的主张,这些都是不尊重幼儿的表现。尊重幼儿既要尊重他们的思想、观点,也要尊重他们的年龄特点。

3.掌握发展目标

目标是行动的航标。目标既包括教育目标,也包括管理目标;既包括幼儿园发展目标,也包括班级发展目标。保教人员要了解幼儿园总体发展目标与规划,以此确立本班发展目标。管理幼儿的目的在于实现各项目标。通过管理使幼儿尽快接近预期的目标。如某幼儿班将发展幼儿的语言表达能力作为本学期的教育目标,那么在管理幼儿时,要特别注意对幼儿语言方面的管理,为幼儿安排更多的语言表达机会,使管理工作有的放矢。

4.将素质教育放在首位

素质教育是幼儿教育的核心,是保教人员最重要的任务。管理幼儿的最终目的也是为了培养出高素质的人才。我们在管理幼儿的时候要常常问自己:"这样做对吗?有利于幼儿素质的提高吗?"如果回答是否定的,我们就要放弃已经做过或正要做的事情。当然,素质教育是十分宽泛的,但是它的基本点就是发展幼儿的生存能力、适应能力和基础能力。

二、管理幼儿的技巧

管理技巧在管理学书中可谓不胜枚举,但是,对于幼儿这个特殊的群体,我们尚需运用适合幼儿年龄特征的管理技巧方可奏效。如何激发幼儿的兴趣,如何说服幼儿,如何与幼儿更好地沟通,这些都是管理技巧应该解决的问题。

(一)如何说服幼儿

善于说服幼儿是管理者的基本技巧。说服不等于命令、压抑、强权。它是管理者通过循循善诱的启发、引导使被管理者接受管理者的意见。我们常常听家长们议论:"这孩子谁的话都不听,就听老师的。""老师说什么孩子都听。"真的像家长形容的那样吗?孩子为什么听老师的,是因为老师善于说服孩子,还是因为孩子迫于老师的威严?仔细分析,我们不难发现,孩子听老师的更多是由于教师的威严。当你问孩子:"为什么听老师的?"他会毫不犹豫地告诉你:"害怕挨老师批评。"这种仅靠威严说服幼儿的方法不是真正的管理,也不存在更多的技巧。

管理幼儿,让幼儿听话,形成良好的班级常规,常见的管理方法有这样两种:第一种方法是根本不说服,只要我说你就得听,利用权力、威严。这种方法十分专横,没有任何道理可讲。第二种方法是循循善诱地给被教育者讲解、说明,并结合被教育者的接受水平和能力去说服他。这种方法完全是站在尊重被教育者的角度上,体现了现代教育观点。这正是我们提倡的观点和方法,也是说服幼儿的出发点。说服幼儿通常采用以下技巧:

1.告诉幼儿为什么

不能只告诉幼儿怎样做,还要让他知道为什么,这样他更易接受。比如,小朋友在活动中抢他人的玩具,如果我们采用罚站或强迫他将玩具还给被抢者,那么他下次还会抢人家的玩具,甚至会做得更隐蔽。这种做法几乎没有起到管理的作用。保教人员应告诉他,别人正在玩这个玩具,你去抢,会影响别人,如果想玩可采取跟别人商量的办法,征得他人的同意。

2.采用情感迁移法

有的孩子年龄小,不明白道理,这时可采用对比的方法,增强幼儿的感受,动之以情。可以让幼儿设身处地地想想,如果你的东西被别人抢了你愿意吗?我们不愿意让别人抢自己的东西,那么也不能去抢别人的东西。

3.榜样法

幼儿善于模仿他人,可以在幼儿之间树立较好的榜样。幼儿学幼儿比较容易。因为儿童之间年龄相同,他们互相学习感到亲切、自然。所以当难以说服时,可以为幼儿树一个榜样,让他去模仿。我们常说:"榜样的力量是无穷的。"对幼儿而言,更是如此。如果我们不为幼儿树立好的榜样,他们就会去学坏的榜样,因为模仿是幼儿的天性。

(二)如何与幼儿沟通

幼儿有独特的视角,有他自己的世界。成人最易犯的错误就是,以成人的世界与眼光看待幼儿,结果错误百出。为了与幼儿沟通,我们必须站在幼儿的视角上,跳进幼儿的世界里。

1.体态沟通

这是一种非言语沟通。从某种意义上说,非言语沟通对年龄较小的幼儿而言比言语沟通还重要。一是幼儿对语言的理解能力还十分有限,而非言语沟通,比起言语沟通更直观、更形象,更容易被幼儿接受。二是身体上的接触有利于幼儿的发展。心理学研究表明,身体肌肤的接触有利于安定幼儿的情绪,让幼儿感受到温暖、安全,消除紧张。比如刚入园的孩子常常处于焦虑、紧张、不安的状态,教师亲切地搂抱一下,他会感到温暖、踏实。体态言语包括一切用于交往的身体动作,如点头、微笑、抚摸、搂抱、蹲下、注视、各种手势等。许多教师更重视言语沟通,而忽视了非言语沟通,因而错过了大量的教育和管理机会。有时当我们难以用言语与幼儿沟通时,不妨使用非言语沟通,用动作向幼儿释爱,让幼儿感受到情感的真实性和具体性。教师要学会使用目光、动作,通过目光和动作向幼儿传递自己的爱。这种沟通方法可以培养有爱心的孩子。

2.言语沟通

言语沟通就是教师通过与幼儿交谈来达到沟通的目的。它在沟通中占有较大的比重。一般可将言语分为三种：一是陈述，通过陈述与幼儿交谈某件事，表明自己的观点，要求幼儿倾听，培养幼儿善于倾听的习惯；二是问答，通过一问一答，回答幼儿提出的问题，这种方式能起到启发思维的作用；三是感叹，用强烈的口气表明自己的态度，如"你真是个好孩子！""这个东西太美了！"从而强化幼儿的行为。

教师在运用言语沟通时，常会犯以下错误：

(1)过于简洁。幼儿对语言的理解还十分有限，如果不进行详细讲解，他们会很难理解。比如，我们指着某个物品说："请把它放进去。"虽然，我们感到很明确，可是幼儿常常不知所云，一脸迷茫。教师应该明确地告诉幼儿将什么东西，放在什么地方，以免引起幼儿的歧义。

(2)忽视了交往。教师仅将语言作为传递信息、下命令的手段，而忽视了它的交往作用。言语沟通更多应体现出相互作用，如果只听教师自己说，而没有幼儿的参与，它则成了教师单方面的活动。有的教师总考虑到如何将自己准备说的话说出来，而没有或很少考虑与幼儿的沟通。

(3)缺乏启发性。具有启发性的语言才能激发人的思维，如果只满足于一般的交谈，则难以引起幼儿的思考，这样的交谈常常延续时间短，效果一般。

(4)站在教师的角度上。不了解幼儿感兴趣的话题：一味地与幼儿谈自己感兴趣的话题，致使幼儿索然无味，不愿意继续交谈下去。激不起幼儿交谈的兴趣，交谈只能中止。

为了提高与幼儿言语沟通的质量，必须纠正以上错误。最根本的就是要努力培养以下四种技能：

(1)引发幼儿交谈兴趣的技能。要了解幼儿感兴趣的话题，激发幼儿谈话的兴趣。幼儿对自己熟悉的事情感兴趣，另外对小动物等话题感兴趣。教师在与幼儿交谈时，可用夸张、拟人、比喻等方法。

(2)倾听技能。言语沟通不仅包括说，也包括听，只有善于倾听，才能达到沟通的目的。试想大家都想说，谁都不听，那么怎么可以沟通呢？沟通应该是互相的，有人听，有人说。有的老师没有耐心听幼儿说，总是自己说，这不仅失去了沟通的作用，也不利于培养幼儿学会倾听的习惯，因为在老师身上就没有善于倾听的品质。

(3)扩展谈话的技能。教师是谈话的引导者，应该善于用幼儿理解的方式延伸谈话，比如在教幼儿整理物品时，可能会告诉他哪些东西放在什么地方，如果谈话就此结束，也很难达到沟通的目的。教师为了进一步与幼儿沟通，可以让幼儿说说自己家里的物品是怎么摆放的，还可以由此引发出某个故事的角色。

(4)因人而异的交谈技巧。幼儿的水平各不相同，他们掌握的词汇量、对语言的理解程度、受教育的背景也迥然不同，因此教师在与幼儿交谈时不能采取一种方式，要对不同水平的孩子进行不同方式的交谈。

教师要掌握以上沟通的技巧，关键是要多实践，多与幼儿交谈，要与各种不同水平、不同类型的孩子交谈。同时还要多观察幼儿，用爱心了解他们的感受。

(三)如何培养幼儿的习惯

培养和形成幼儿良好的习惯是幼儿园教育的重要内容，有人将其称为养成教育。习惯无形地约束着人们的行为。有研究表明，人的大部分行为都源于习惯，包括生活习惯、学习习惯、思维习惯、交际习惯和语言习惯。人们的行为不自觉地受各种习惯的影响。某人原家住五楼,且住了十几年。后来,他们家搬到三楼,他又情不自禁地走到五楼,这样的错误他连续犯了好几次。可见,习惯对人的影响多么根深蒂固。培养幼儿良好的习惯,既是教育内容,也是影响班级管理的重要因素。善于管理幼儿的教师都十分重视幼儿习惯的培养,这是管理幼儿的重要技巧。

1. 建立良好的习惯体系

幼儿期主要是培养良好的生活习惯,包括吃饭、睡眠、卫生、排泄、活动等习惯。从幼儿入园起,就要着手培养他们的习惯。

(1)饮食习惯。有的孩子在家已养成一些不良的习惯,这不仅影响了孩子的生长发育,也不利于孩子基本生活习惯的培养。教师要帮助孩子形成良好的习惯,包括:

①独立进餐;

②不偏食;

③不吃零食;

④良好的饮食行为习惯。

(2)排泄习惯。对年龄越小的孩子,排泄习惯越重要。生活中可以从以下几个方面训练孩子的排泄习惯:

①能自我控制大小便;

②大小便有规律;

③自己会大便;

④大小便后知道洗手。

(3)睡眠习惯。幼儿正处于生长发育阶段,尤其是幼儿好动,活动量大,更需要充足的睡眠和良好的睡眠习惯。如果睡眠不足,孩子会表现出精神不集中,懒懒洋洋,无精打采,思维迟钝。可从以下方面训练孩子的睡眠习惯:

①自己独立睡觉;

②睡觉前不吃甜食;

③按时睡觉、起床;

④睡前养成漱口、洗脸、洗脚、洗屁股的习惯。

(4)清洁卫生习惯。清洁卫生习惯有利于保持和增进健康。爱清洁不像吃饭、睡觉具有强烈的生理欲望,因此更需要通过教育来培养。为了培养幼儿爱清洁的习惯,教师要有针对性地训练幼儿:

①饭前、便后洗手;

②学会自己擤鼻涕;

③学会漱口;

④学会整理自己的物品。

(5)活动习惯。活动是幼儿生活的重要组成部分。活动习惯是幼儿习惯体系中的重要组成部分。我们可从以下几个方面训练幼儿的活动习惯:

①喜欢有益的活动;

②自觉遵守活动规则;

③在活动中注意自我保护；

④掌握活动必需的技能。

2.随时强化幼儿的良好行为

习惯不是一朝一夕养成的，而是逐渐形成的。幼儿习惯形成的过程是：行为——刺激——行为——刺激——习惯——刺激。幼儿的行为常常受外界因素影响，行为转化为习惯需要反复刺激。一个好的行为，如果不及时刺激，就会消失，就不可能形成习惯。所以，习惯的形成是从不断强化行为开始的。

比如，幼儿便后自觉洗手，教师马上给予表扬，幼儿受到表扬后，仍然坚持洗手，教师再表扬他，在做——表扬——再做——再表扬，多次循环后，便后洗手就变成了习惯。强化的方式有很多，包括表扬、奖励、赋予责任等。教师要善于运用强化手段。幼儿的行为常常会出现反复，教师要特别注意，及时给予鼓励，并持之以恒地加以强化，使其成为习惯。在培养幼儿习惯时，教师要有耐心，不要着急，更不要以为习惯是一蹴而就的事。

3.形成良好的氛围

班级管理的最大优势就是集体，在集体中对幼儿实施教育。教师要为班集体创造良好的氛围，让幼儿认识到，生活在集体中的每个人都应该养成良好的习惯，谁没有好的习惯，谁就不会受欢迎，也不会受到别人的喜爱。良好的氛围，可以成为无形的教育力量。

4.尽早纠正幼儿不良的行为

因为习惯是经过多次反复而固定下来的动作，它具有很强的自动化倾向，所以一经养成，改变起来很困难，特别是孩子自控能力弱，要纠正坏习惯就更不容易了。若发现幼儿有不良的行为，就应及时加以纠正，幼儿阶段的养成教育十分重要。

(四)如何激发幼儿的兴趣

爱因斯坦说：兴趣和爱好是最好的老师。兴趣和爱好是行为的动力，也是教育的前提。激发幼儿的兴趣是保教人员的管理技巧之一。教师要寻找一条可以使幼儿潜能得以发挥的途径，从而激发他们的兴趣。如果幼儿能在自己的特长方面施展才能，那将是他终身的幸福。达尔文在追溯自己的成长过程时，曾深有感触地说：就我记得我在学校时期的性格来说，其中对我后来发生影响的，就是我有强烈而多样的兴趣，沉溺于自己感兴趣的东西，深爱了解任何复杂的问题和事物。在这种执著的追求下，他终于成为一名伟大的生物学家。教师有责任了解、发现并激发孩子的兴趣。

1.以成功事例激发幼儿

心理学研究表明，在个人经历过的事物或活动中，曾经获得成功的事物或活动容易激发人的兴趣。我们可以借助幼儿成功的事例激发其兴趣。如幼儿画了一张画，教师可以表扬他，并将他的画展示出来，他会感受到成功的喜悦。因为幼儿有被肯定的需要，当他的需要得到满足后，他将更有兴趣做这件事。

"成功"对幼儿来说意义十分广泛，可以是做对了某件事，可以是某种有益的尝试，有的教师会发愁"幼儿哪有什么成功的事？"其实，幼儿的成功事例每天都发生在我们身边，教师要以宽容的心来看待幼儿的成功，这样你就不会再为找不到幼儿的成功事例而苦恼了。发现了成功事例，要及时把握住，并善于用它来激励幼儿。教师一般性的赞扬最初还可收到激励的效果，但时间长了效果会逐渐减弱。兴趣的培养是一个长期的过程，教师要不断地激发幼儿的兴趣,并将他们的兴趣逐渐引向健康的轨道。

2.帮助幼儿看到成功的希望

幼儿不是什么事都经历过,对那些未曾经历过的事情或活动,教师可以通过各种途径,让幼儿看到成功的希望,从而激发他们的兴趣。比如插积塑片,有的孩子不会插,摆弄一会,就感到索然无味,如果教师不加以引导,他们对插积塑片就很难产生兴趣。教师可以先插一些简单的物品,或者给他看其他小朋友插的东西,然后再手把手地带他插,让他感到不但不难插,且很有趣。幼儿在教师的指导下,兴趣会越来越浓厚。

3.选择适宜幼儿水平的事情或活动

如果幼儿原有水平较低,我们想马上让他达到很高水平,自然很难实现。幼儿由于不能完成,也失去了进一步从事这种活动的兴趣。如果为幼儿提供能力相当的活动,他们容易获得成功,兴趣会随之产生,如果幼儿不断地去做,兴趣会越来越浓厚。我们会听到有的教师抱怨说,幼儿对某件事情或某种活动不感兴趣。若仔细分析,不难发现他们给幼儿安排的活动太难了,远远超出了幼儿的水平。由于幼儿不理解,所以难以做到,就不能产生兴趣。

4.多让幼儿感到愉快

一般而言,愉快的事容易激发人的兴趣。因此要想激发幼儿的兴趣,首先要让他们感到愉快。这看起来容易,做起来却不是一件容易的事。我们常常会更注意教育的结果,而忽视教育的过程。只关注"做完了吗"、"做对了吗"、"做得好不好"等问题,却不太注意"喜欢做吗"、"快乐吗"、"以后还想做吗"等问题。不同的关注点反映了教师对幼儿和教育的理解,必须要让幼儿感到快乐。

5.增加活动的新意

新奇的事物易引起幼儿的兴趣,这是由幼儿的年龄特点决定的。如果教师总是以一种方法教学,用一种方式提问,久而久之幼儿就会产生厌倦情绪,这是不利于幼儿兴趣的激发和培养的。目前,我们发现有些教师组织活动已形成固定的模式,千篇一律,根本不能引起幼儿的兴趣。试想引不起幼儿兴趣的活动怎能调动他们的积极性呢?

第四节　幼儿园各年龄班幼儿的管理

每个年龄班都存在着很大的差异,带过托班、小班、中班、大班、学前班的老师都会有这样的体会,各年龄班特点不同,带班的方法也不同,若用一种方法带不同年龄班,势必收不到好的效果。年龄越小的孩子越影响其发展,也就是说年龄越小,年龄特征表现越明显。如1岁的与1岁半的孩子从各个方面都有明显的差异,3岁与4岁的孩子也是这样。因此,带不同班应采取不同的管理方法。

一、对2岁左右幼儿的管理

进入21世纪以后,由于早期教育的迅猛发展,越来越多的家长认识到教育的重要性,传统意义的入园年龄已经被打破,2岁幼儿出现了入园高峰。

2岁是一个不安分的人生年龄。有一些人称这一时期为"讨厌的2岁"。实际上,2岁的幼儿并非真的那么令人讨厌,虽然没有人称之为"奇妙的2岁",但是它确实是一个非常了不起的阶段。在这个时期,幼儿正开始形成自我,并且学习成为一个独立的人,语言表达能力和思维能力也在快速提高。但是毕竟对这个世界的认识非常有限,所以在幼儿的眼里,世界是可怕的。

(一)2岁幼儿的心理特点

1. 充满依赖与独立的矛盾

对于2岁的幼儿来说,他们同时具有许多明显矛盾的特点:既有依赖性,又有独立性;既可爱又可恶;既大方又自私;既成熟又幼稚。另外,他们还总是处于两个世界中:温暖安逸并且依赖父母的过去世界和充满刺激、独立自主的未来世界。由于许多令人兴奋的事情都发生在这个阶段,所以该阶段无论对父母、教师还是对幼儿都是一个挑战。但是,这并不是一个令人讨厌的阶段,而是一个令人惊异的阶段。

2岁的幼儿在某些方面依赖心理很强。这些幼儿看起来非常明白谁能给他带来安全感,而且还会以不同的方式表现出来。一位母亲曾经这样抱怨说:"我2岁的宝贝快成'小尾巴'了。我出门的时候她总是拉住我的裙子;有人过来跟我讲话时,她就藏在我的身后。"2岁是一个爱啼哭的年龄,这正是一种依赖性很强的表现。

2岁左右,幼儿独立行动的愿望更加强烈,表现为固执,不听从成人的吩咐,有时不让他做的,他偏要做。他经常会一扭身子,表示不采纳成人的建议。在外面玩久了,成人对他说:"回家吧!"他会说:"我不回家,我还要玩呢。"这些行为将会发展成任性、执拗等不良品质。所以说,2岁既是人生的第一个转折期,又是第一个"危机期"。

2岁幼儿一般不在一起玩耍,各玩各的,这也正是他们独立性的一面。虽然他们喜欢看着别的孩子玩耍,但是在大多数的情况下,他们都喜欢自己玩自己的玩具。这种行为被称之为"各玩各的"。

2岁幼儿的词典里没有"分享"这个词。他们不会把自己的东西给任何人,而只会说:"这是我的。"但是,这并不意味着我们需要费力去教一个2岁的幼儿懂得"分享",因为这样做违背了幼儿的天性。幼儿在2岁时是否懂得与别人分享与他长大后能否成为一个慷慨的人并无任何关系。当然,即使幼儿还不懂得为什么自己从小伙伴那里抢玩具时爸爸妈妈认为是不对的,但这并不是说父母必须接受孩子的不良行为。相反,家长应该坚决而又和气地把玩具拿走,并还给它的小主人,同时还应该马上用另一个使幼儿感兴趣的东西来分散他的注意力。只有在幼儿真正明白"分享"这个概念以后,他才能与他人分享。

2. 害怕分离

许多正常的幼儿在1岁左右时,都有一种害怕与爸爸和妈妈分离的心理。这表明幼儿对寻找安全感的程度有了新的认识,即在父母身边就感到安全,能得到保护。也许就是这种本性,使得其他动物的幼崽总是紧紧跟随在妈妈的身后。例如小羊羔就是如此,一旦与母羊分开,就会低声咩咩地叫唤。小羊羔从一出生就具有这种焦虑感是很自然的,因为它们一出生便会走失。但是人类的孩子到了1岁左右的时候,也就是他们学会了走路的时候,才具有这种恐惧感。这样,一旦他们离开了大人,就会急于马上返回。

一个2岁幼儿在晚间会经常爬出小床,再次回到家人中间,否则他就会在自己的房间里哭闹,这是因为幼儿被单独放在一个地方而感到胆怯的表现。如果爸爸妈妈,或者其他人离开他几天，或者是搬进一所新房子，都会使他感到心烦意乱。所以，无论家人有什么小小的变动，都要把幼儿放在心上，这才是明智的做法。

孩子在睡觉前最害怕同父母分手。因此，他会极力拒绝上床睡觉。如果妈妈强行走开，孩子就会害怕地哭上好几个小时。如果妈妈坐在小床旁边一动也不动，孩子也能老老实实地躺下来。但是，只要妈妈一朝门口走去，他就会立刻站起来。

另外，有的孩子可能会害怕尿床，所以他在睡觉时会不停地说："尿！尿！"或者用他表达要撒尿的别字。但是当妈妈把他带到厕所以后，他却只尿几滴。可是等他刚回到床上，他就又嚷嚷着要撒尿。你也许会说，他这是为了不让母亲离开而找的借口。情况确实如此，但是又不仅仅如此。实际上，类似这样的孩子确实会担心自己尿床。由于他们总是害怕尿床，所以晚上每隔两个小时就会醒一次。这么大的孩子尿了床以后，父母总是表现出不满意的态度，因此孩子担心尿了床以后爸爸妈妈就不再那么爱他了，并因此而更可能离开他。由此看来，孩子害怕睡觉是两个原因造成的。如果孩子担心尿床，那就设法打消他的顾虑，并告诉他尿床没有什么关系，爸爸妈妈仍然会喜欢他。

3. 通过模仿进行学习

2 岁幼儿是通过模仿来进行学习的。在一家诊所里，一个 2 岁的小女孩认认真真地用听诊器的探头试探自己胸部的各个部位，然后又戴上耳塞，可是她什么也听不到，因此便流露出困惑的表情。在家中，小女孩跟着大人到处转——父母扫地时，她也拿起扫把扫地；父母擦桌子时，她也拿起一块布来擦；大人刷牙时，她也拿起牙刷刷牙。这一切她都做得极为认真。通过反复不断地模仿，小女孩在技能上和理解力上均有了很大的进步。

（二）对入园时的管理

1. 运用转移注意力的方法

对于入园哭闹不止的幼儿，要坚持运用多种能够转移注意力的方法，比如，给孩子准备一点儿小点心、小糖果、新颖的玩具，多抱抱，多走走，到室外大型玩具那儿玩一玩等。用科学的方法帮助幼儿度过入园的焦虑期，避免孩子上火，减少疾病的发生，让家长放心。

2. 要求家长配合

家长每天送完孩子出门时要亲切地向孩子说"再见"，要表现得愉快，态度要坚决。如果妈妈脸上挂着一种苦恼的表情，那就只能加重孩子焦虑不安的心情。家长可以承诺下午早一点儿来接。

对于幼儿特别依赖的家长，可以采用更换其他家人的方法来接送。

（三）对睡觉的管理

2 岁幼儿害怕睡觉怎么办？最有效、也是最难实施的办法就是放松地坐在他的小床边，一直陪他睡着为止。在他入睡前，教师不要急于悄悄离开，以防再一次引起孩子的警觉，从而使他更难以入睡。要坚持陪伴一段时间，这样，孩子就会慢慢地顺利入睡了。对于依赖性特别强且非常胆怯的幼儿，可以抱着他直到睡着为止。

如果孩子由于爸爸或者妈妈离开过家而受到过严重的惊吓，由此而产生的分离焦虑，建议家长在数周内尽量避免再次外出。

二、对3～4岁幼儿的管理

小班幼儿通常为3～4岁。3岁,对于多数幼儿来讲,是生活上的一个转折年龄。很多幼儿正是从3岁起,才开始正式离开父母进入幼儿园,过起集体生活。这个变化比较大,儿童要有一个适应过程,而适应的关键在于使幼儿与老师、与幼儿园、与其他小朋友建立感情,建立了感情就容易适应集体生活。

(一)小班幼儿的心理特点

小班幼儿有一个突出的特点——情绪性强。

1.小班幼儿的行为常常受情绪支配,而不受理智支配。情绪性强,是整个幼儿期儿童的特点,但年龄越小越突出。小班幼儿情绪性强的特点表现在很多方面。高兴时听话,不高兴时说什么也不听,如因为痛恨大灰狼,把画书上狼的眼睛都挖掉,戳成洞洞;喜欢哪位老师,就特别听哪位老师的话等。小班幼儿的情绪很不稳定,很容易受外界的影响,看见别的孩子都哭了,自己也莫名其妙地哭起来,老师拿来新玩具,马上又破涕为笑。

2.小班幼儿的独立性差,爱模仿别人。看见别人玩什么,自己也玩什么,看见别人有什么,自己就想要什么,所以小班玩具不必很多,但同样的玩具要多准备几套。

3.小班幼儿的思维很具体,很直接。他们不会作复杂的分析综合,只能从表面去理解事物。因此,对小班幼儿更要注意正面教育,讲反话常常引起违反本意的不良效果。例如,上课时,有的孩子要上厕所,其他几个孩子一个跟着一个学,也要去。老师不高兴了,说:“都去都去!”结果孩子们一下就全跑光了。对幼儿提要求也要注意具体,最好说“小眼睛看着老师”,“请你像我这样做。”

4.小班幼儿已经能够自如行走,用语言表达简单的意思,从事一些初步的活动,包括生活活动与游戏活动。

小班幼儿管理的好坏直接影响到以后各年龄班的管理,如果幼儿在小班没有养成良好的习惯,会给中大班的管理带来一定的困难,因此加强小班的管理是十分必要的。有的人总认为小班孩子什么都不懂,老师让做什么,他就做什么,很好管,不必太费心,这种认识是片面的。我们一定要重视小班的管理,开个好头,为中大班管理奠定良好的基础。

(二)小班班级的管理内容

1.让幼儿尽快适应环境

幼儿园的环境与家庭有了很大变化:

第一,相处对象不同。在家里主要与自己的亲人或保姆相处,教养者长期与幼儿相处,他们之间的关系十分密切。幼儿园由教师承担教育幼儿的任务,教师不是面对一个孩子,而是面对一群孩子,这些孩子都是教师的关注对象。

第二,气氛不同。在家里生活气息较浓,生活的计划性不是很强,幼儿的活动比较随意,自己想做什么就做什么。幼儿园是正规的教育机构,它的目的性、计划性都很强,幼儿要按照教师的要求从事各种活动。幼儿生活在班集体中,要受到集体纪律的约束。

第三,要求不同。在家里教育的内容较少,而幼儿园有系统的教育教学要求。幼儿在园内要学习集体生活的规则、自我服务的本领,这些学习需要幼儿付出一定的努力,这与家庭要求不同。

以上种种不同,导致幼儿入园后的不适应,造成他们情绪不稳定,不愿意上幼儿园;不善于与小朋友友好相处,争执、攻击行为较多;生活不习惯,生活自理能力差;不善于管理自己的行为。为此,首先要让小班幼儿适应环境。

(1)要培养幼儿喜欢幼儿园的积极情感

为了让幼儿喜欢幼儿园,必须让他熟悉幼儿园的环境。心理学研究表明,当人来到陌生环境时,会产生恐惧感。幼儿年龄小,对父母的依恋感强,刚到陌生环境,充满了恐惧,消除恐惧的最好办法就是让幼儿熟悉环境。开学前可让家长带着幼儿到园里走走,现在大部分幼儿园的做法是,孩子没入园前,不能随便来园,这使幼儿入园前几乎没有机会了解幼儿园。幼儿园应该更多站在幼儿与家长角度上考虑问题,可否给那些将要入园的幼儿提供参观的机会,让他们有更好的心理准备。幼儿入园后,教师不要急于教他们各种知识和技能,而首先要带他们到各处走走、看看、玩玩,熟悉本班和周围环境。

在培养幼儿积极情感中,教师是最关键的因素,教师对幼儿要耐心,态度要温和,要及时帮助幼儿解决困难,赢得他们的信任。试想,如果幼儿刚到一个陌生环境,就看到一副冷面孔,他们怎么会喜欢幼儿园呢?入园头几天,幼儿的"分离焦虑"很强,教师要特别关心他们,想尽一切办法让他们放松,以积极的情感代替消极的情感。

(2)多与家长沟通

幼儿刚入园,经常会大哭大闹,家长没有经验,也会心神不安,甚至会打退堂鼓,不送或间断地送幼儿入园,这很不利于幼儿战胜消极情绪,早日适应环境。教师应与家长建立紧密的联系,随时了解幼儿的动态,做好家长工作,争取家长的配合,以便共同帮助幼儿克服不良的情绪。教师可做家访,也可请家长来园,还可以召开家长会,请他们相互交流经验。

2.狠抓常规管理

俗话说:"无规矩不成方圆。"家庭对幼儿的要求不像幼儿园那么严格,加上有些家长溺爱孩子,包办代替较多,致使孩子缺乏良好的生活习惯。常规训练既可以帮助幼儿养成良好的生活习惯,又可以使幼儿生活具有节奏性。

常规包括生活常规和教育常规两方面。

(1)生活常规

生活常规包括盥洗活动常规、饮食活动常规、睡眠活动常规、卫生习惯常规、入园离园常规、散步常规。幼儿应该按照各项常规的要求去做,逐渐养成良好的习惯。生活常规的养成需要反复强化,多次练习。教师要讲究方法,对幼儿要有耐心,可采用示范、模仿法,也可用文学作品或游戏活动。

(2)教育常规

教育常规包括教学活动常规、游戏活动常规、班级环境管理常规、家园活动管理常规等。各项活动都有自身的规律,教师要根据各自不同的规律训练幼儿的教育常规,为今后的学习奠定良好的基础。

三、对 4～5 岁幼儿的管理

中班幼儿通常为 4～5 岁。中班管理在幼儿园教育中起到承上启下的作用,是幼儿身心发展的重要阶段。常听有的老师说:中班的孩子最不好带,不像小班孩子那样听话,也不像大班孩子那样懂事。这说明中班孩子的发展很有特点,只有认真观察和分析,才能掌握中班幼儿发展的特点,使班级管理收到更大的成效。

(一)中班幼儿的心理特征

1.中班幼儿自我服务能力明显提高,生活处理能力增强,穿衣服、吃饭等简单动作不再需要成人帮助,他们有了很强的为他人、为集体服务的意识,愿意承担教师布置的任务,并努力去完成。

2.中班幼儿的注意力、观察力及语言表达能力都有明显提高,游戏活动更丰富,与同伴交往的能力更强,也有了一定的创造力。

3.中班幼儿活动的目的性明显增强,当他们接受一定的任务时,能坚持较长的时间,初步的责任意识和任务意识开始萌芽。

4.中班幼儿爱告状、攻击行为严重,致使班级冲突性行为较多。

根据这些特点,教师要为幼儿创设良好的教育环境,并加以正确的引导。要充分考虑幼儿的兴趣、爱好、需要,为他们提供创造的空间和条件,以有趣的活动吸引他们的注意力,以减少他们之间的冲突。同时也要为幼儿安排好各环节活动,确保幼儿的活动程序,降低攻击性行为的出现。

(二)中班班级的管理内容

中班班级管理与小班一样包括生活常规管理与教育常规管理两部分,但与小班的要求有所不同。

1.生活常规包括:清洁卫生习惯,如洗手、大小便、正确使用手帕、保持清洁等;饮食习惯,如进餐的情绪、文明习惯、坐姿、卫生习惯等;睡眠习惯,如睡眠姿势、睡眠时间等;来园离园要求,如穿着、语言、行为等。对中班幼儿可采用行为练习法,有针对地加以训练,帮助他们养成良好的习惯,纠正不正确的行为。

2.教育常规包括:集体活动常规,如上课、参观、劳动、操作、体育活动等;游戏活动常规,如培养游戏活动的兴趣、掌握游戏规则、积极开动脑筋等;其他教育活动常规,如阅读、散步、参观等。教育常规的掌握是在从事教育活动中进行的,离开了教育活动,单纯记忆教育常规是毫无意义的。

班级的教师要通过各种教育活动,帮助幼儿掌握教育常规,并逐渐形成自觉的行为。教师给幼儿提出的要求要具体、明确,并要坚决执行,达到教育的一贯性和一致性。

四、对5～6岁幼儿的管理

大班幼儿通常为5～6岁,有的幼儿园也把大班叫做学前班。5～6岁是幼儿在园的最后一年,他们显得比以前更懂事、更聪明了,他们的精力更加旺盛,接受能力不断增强,学习能力明显提高,并表现出各自不同的风格和个性差异。大班幼儿是心理形成的关键期,特别是语言与自我意识的发生与发展,为其社会化的发展提供了条件。

(一)大班幼儿的心理特征

1.大班幼儿的知识面不断扩大,语言表达能力明显增强,他们对许多事情都表现出强烈的兴趣,已不满足于"是什么"问题的回答,更要求对"为什么"问题的回答。

2.大班幼儿归属感增强,他们知道自己生活在哪个班里,一旦有人说自己所在的班级不好,他会非常生气,他认为自己的班最好。如果参加比赛,他们总是希望自己班能赢。

3.大班幼儿的责任心明显增强,对教师布置的任务能认真对待,努力完成,如果没能完成教师布置的任务,他们会感到不安。

4.大班的幼儿特别重视结果,如比赛结果、评比结果、获奖结果等,有时为了结果,会忽视过程。

(二)大班班级的管理内容

1.进一步加强常规教育,逐渐养成幼儿良好的习惯。

2.要培养幼儿自我管理的能力,让幼儿学习管理自己,包括管理自己的行为、自己的生活、自己的物品、自己的语言等。

3.要让幼儿学会正确处理自己与集体之间的关系,意识到自己是集体中的一员,应该遵守集体规则与纪律,增加责任感。在活动时不仅要考虑自己,也要考虑他人。教师应组织集体竞赛等活动激发幼儿的集体意识和责任感。

4.要为幼儿入小学做准备。在生活环境布置、活动形式和要求、师生关系、教学方法方面作相应的调整,还可以与小学建立联系,带幼儿到小学去参观,让他们与小学生接触,了解小学生的学习与生活,并让小学教师了解幼儿园的教学,以此缩小幼儿园与小学之间的差距。

五、培养幼儿自我管理能力

培养幼儿自我管理能力是教育的最终目的。幼儿不仅是被管理者,也是管理者,他将管理自己的方方面面,使自己能更好地适应社会。长期以来,保教人员只重视教育教养工作,忽视了对幼儿的管理,更忽视了对幼儿管理能力的培养,致使幼儿缺乏管理自己的意识,不善于管理自己,依赖思想严重,缺乏独立性。家长面对自己的孩子容易缺乏控制力,会不由自主地包办代替。幼儿园作为教育幼儿的机构,有条件也有责任培养幼儿的自我管理能力,为幼儿今后步入社会奠定良好的基础。

(一)培养幼儿自我管理能力的意义

自我管理是适应社会必备的能力。我们曾看过这样的报道,某学生因学习优秀被派往国外深造,可没待几天,他不得不回来,因为他离开了父母就无法生活,不会管理自己的生活,不会管理自己的学习,也不会管理自己的情绪,难以适应环境的变化。自我管理意识与能力是从幼儿开始培养的。可以说,只注意教知识,不注意自我管理能力的培养是一种本末倒置的做法。自我管理能力是人生存的基本素质,学会生存才能立足于社会,才能谈得上发展。

1.培养幼儿的独立性

有的父母怕累着孩子,有的父母嫌麻烦,不知不觉将本该孩子做的事情包办了,归根结底是没有认识到培养孩子独立性的意义。的确,由于孩子年龄小,教他们做事情,还不如家长帮他们做了更省事。但是,这就使孩子失去了锻炼的机会,缺乏独立活动能力,更不幸的是形成了他们过强的依赖心理,缺少独立意识,这不仅影响着他们的今天,而且会影响他们的明天。幼儿园通过培养幼儿的自我管理能力,发展了他们的独立性,克服了他们的依赖心理，让幼儿学会自己做自己能做的事，培养自我管理的意识和能力。独立性和创造性是紧密相连的，因为创造意味着创新，意味着与他人不同，没有独立性的人只能人云亦云，不断地重复别人的行为。如果我们的孩子失去了创造性，我们的民族也就失去了创造性。

2. 培养幼儿动手操作能力

心理学家的大量研究都向我们重申了这样的事实，幼儿的发展离不开动手操作。自我管理就是让幼儿自己动手，管理自己力所能及的事。幼儿在动手的过程中，不断掌握自我管理的方法。比如，整理自己的衣物，将它们摆放整齐，这都是通过具体的动作来实现的。动作的熟练是由动作的反复而实现的。经常动手做，可以积累经验，这些经验对幼儿未来的生活与学习都是十分重要的。动作可以促进思维的发展，尤其是幼儿，因为他们年龄小，思维常常以外显的形式存在，也就是通过动作表现出来。动作既是思维的反映，也是促进思维发展的重要途径。

3. 懂得劳动的意义

一个人的生存离不开劳动，只有将劳动变为人的本能，他才会获得真正的幸福。幼儿在自我服务、自我管理过程中，认识到劳动的意义，感受到劳动带来的变化和喜悦。劳动要付出一定的努力和辛苦，幼儿从中就体会到了劳动的艰辛和不易，他们会更加珍惜自己和他人的劳动。小朋友自己动手整理玩具，他们将零乱的玩具分门别类摆放整齐，看到面貌一新的玩具柜，孩子们的心情非常好，虽然付出了辛苦，但是也感受到劳动带来的喜悦。再玩玩具时他们会特别小心，努力不将玩具柜弄乱，如果有小朋友乱扔乱放，会遭到许多小朋友的强烈不满和反对，因为他们十分珍惜自己的劳动成果。

4. 发展幼儿的思维

幼儿思维的最大特点就是直观形象，他们概念的形成常常会依靠直观的动作。幼儿在管理自己的行为时，常常会遇到各种问题，如先后顺序，先做什么，后做什么；为什么先做这件事，后做那件事；前后事件存在着什么关系，通过反复动作，幼儿逐渐认识了事物与事物之间的关系，逻辑思维得到了发展。俗话说"心灵手巧"，可见思维与动作是紧密相连的。

5. 有利于幼儿社会适应能力的培养

让幼儿适应社会是教育的根本任务。幼儿终究要走上社会，他们不可能永远生活在父母的襁褓中，学会自我管理是幼儿参加集体生活，走向社会的基本条件，一个连自己都管理不好的人怎么能适应社会呢？社会有其运行的规则，只有遵守这些规则，才能顺利地加入到社会的大循环中，才能适应社会的生存环境。培养幼儿自我管理能力为其适应社会奠定了基础。

（二）自我管理的内容

自我管理的领域是十分广泛的，这就意味着自我管理的内容也很广泛。由于幼儿年龄小，尚不可能形成所有的能力，对自我的管理也是这样。况且自我管理能力是一个不断形成的过程，幼儿期只是自我管理能力的启蒙期，主要侧重在自我管理意识的培养、基本的自我管理能力的训练方面。具体包括如下内容：

1. 生活管理

生活管理是自我管理的基本内容。它包括对自己睡眠、吃饭、排泄、卫生等与生理活动息息相关的管理。生活管理有利于幼儿养成良好的生活卫生习惯。一个不善于管理自己生活的人,其他的管理也就根本谈不上了,生活管理是生存的前提。生活管理与一般的行为不同。

第一,生活管理是一种有意识的活动,它是主动、自觉的行为,不是在别人的监督、强迫下完成的。睡觉时自觉地闭上眼睛,不与他人交谈,这一切都是靠自我管理实现的,而不是靠教师监督。生活管理的目的就是要达到让幼儿逐渐能自觉、主动地管理自己的生活。

第二,生活管理是由一系列行为构成的,它不是偶然的行为,而是具有一定体系的行动链。吃完饭,知道该去洗手,洗完手知道将手擦干,然后安静地等着其他小朋友;玩完玩具后,主动将玩具放回原处,桌面收拾整齐;当看到别人玩玩具很有趣时,不会去抢,而是与小朋友协商,争取与小朋友一起玩。

当然,幼儿的生活管理能力还不强,他的管理行动链连接得也不够紧,有时会脱钩,但毕竟是在形成过程中,随着不断强化,会逐渐牢固。

2.物品管理

物品管理主要是幼儿对自己经常使用的物品进行管理,例如玩具、衣服、盥洗用品等。幼儿应该懂得,自己使用过的物品应该摆放整齐,放回原处,不能随手乱扔。摆放物品有一定的方法和顺序,可以从上到下或从下到上,也可以从左向右或从右向左。总之,应掌握一定的物品摆放方法与技能,这是实现物品管理的前提。

过去,我们常常认为收拾东西是女孩子的事,所以比较重视训练女孩子这方面的能力,认为男孩子有没有这种能力都无所谓,这就造成了许多男孩子不善于整理自己的物品,这种恶习甚至会影响他未来的家庭生活。社会似乎形成了这样的观念,男性应该干大事业,会不会收拾东西都无关紧要。更有甚者,有些男性会以不会整理物品为荣。这些观念是十分片面的,学会管理自己的物品是一种生活能力,不管男性女性都应该具备。教师对男孩女孩都要进行物品管理的训练,万万不可认为这只是女孩子的事,男孩子学不学都行。

3.交往行为的管理

幼儿生活在集体中,要与其他小朋友交往。我们常常会发现小朋友之间会发生争执、攻击或其他纠纷,一般遇到这种情况,常由教师出面解决,幼儿处于被动状态。幼儿是教育的主体,教师应该在最大限度内充分调动和发挥幼儿的积极主动性。如果幼儿之间发生矛盾都由教师出面解决,是不利于幼儿自我管理的。当然,由于幼儿年龄小,有些问题自己还难以解决,需要教师帮助,但教师帮助幼儿的目的应侧重让其学习解决矛盾方面。告诉幼儿应该如何与他人交往,别人拿了自己喜欢的物品应该怎么办,别人抢自己的玩具怎么办,别人干扰自己行动怎么办,自己能否抢别人的东西,自己受委屈了怎么办,幼儿通过学习,学会管理与他人交往的行为。

(三)培养幼儿自我管理能力的途径

自我管理能力可以通过教育和训练得以提高,教师应有意识地培养幼儿的自我管理能力,为其今后的生活和工作奠定良好的基础。

1.培养自我管理意识

培养自我管理意识也就是让幼儿认识到自我管理的重要性,有自我管理的愿望。如果我们什么都代替幼儿做了,他就不知道这些事应该自己做,也不会形成自我管理的意识。意识是行为的指挥官,没有意识就谈不上行动了。所以萌发幼儿自我管理意识是培养其自我管理能力的关键。在幼儿园里,我们常会发现有的孩子吃完饭后主动将碗筷摆放到盆里,自觉地擦嘴、洗手;相反,有的孩子只会被动地等待,老师不说他就不知道应该干什么。显然,前者有较强的自我服务、自我管理意识,他们不是消极等待,而是主动管理自己的行为;后者与前者形成鲜明的对比,他们根本没有意识到应该对自己的行为进行管理,似乎这些事都不应该自己做,故显得十分消极被动。一般来说,幼儿有无自我管理意识与教育关系密切,如果我们不注意培养幼儿自我管理意识,他们则很难形成。

2.为幼儿提供自我管理的机会

自我管理能力的形成离不开练习,如果没有练习的机会,自我管理对幼儿而言只是一个名词,不能成为他的能力。首先教师要认识到培养幼儿自我管理能力的重要性,认识到培养幼儿自我管理能力是幼儿教育的重要组成部分,是每个教师的重要职责。如果只教幼儿进行文化课知识的学习,而忽视了对他们自我管理能力的培养,那么教育的任务就没有很好地完成,也不符合《幼儿园工作规程》的精神。其次要面向全体,有时教师会让一些能力强的孩子做这做那,而对能力弱的孩子没要求,甚至将他们的机会也给了能力强的孩子,这无疑会形成两个极端,即强的更强,弱的更弱。自我管理是每个幼儿应该具备的能力,教师应站在幼儿的角度上看待这个问题,要给每个幼儿锻炼的机会。

3.教给幼儿自我管理的技能

自我管理能力与自我管理技能是分不开的,想做而不会做与不做的效果是一样的。自我管理技能通过以下训练可以更快地掌握。

第一,教师做示范,手把手地告诉幼儿应该怎样做,不应该怎样做。教师要有耐心,不可着急,对那些幼儿难以掌握的技能多重复几遍。

第二,树立榜样,表扬做得好的小朋友,并告诉他别的小朋友能做到的,你也能做到。树立榜样对幼儿更亲切、更直观,更容易让幼儿接受。

第三,用图画讲解。将幼儿常做的事用图的形式表现出来,并挂在墙上,起到随时提醒的作用。由于图画具有连贯性,容易帮助幼儿形成自我管理行为链。

考考你

1.制订班级计划的依据是什么?班级计划的内容有哪些?班级计划制订的步骤是怎样的?

2.管理幼儿的目的和主要依据是什么?

3.幼儿自我管理的内容有哪些?

4.对不同年龄班幼儿应该怎样管理?

实践训练

1.2岁的婉儿入园时哭得特别厉害,声嘶力竭,不吃不喝,连踢带打,就是要找奶奶,你遇到这种情况会怎么办?

2.小红是中班的孩子,游戏活动时她抱着一个娃娃,就是不给其他小朋友玩,如果你是她的老师,你准备怎样说服她?

案例分析

案例1　孩子升中班后为何不爱来幼儿园

明明的爸爸下午四点来接孩子,园长问:"今天怎么这么早来接孩子?"

明明的爸爸边顺窗口寻找着儿子的身影边说:"我儿子在小班挺爱来幼儿园的,有时我休息他也不肯留在家里。可是升中班后,这些日子天天磨我,不愿来幼儿园。"

园长问:"您问过孩子为什么吗?"

家长答:"我儿子说中班老师厉害,我也觉得中班老师没有小班老师有耐心。"

园长听后向家长介绍了班上三位教师的情况,并表示会向老师了解一下明明的情况,尽快帮助孩子转变现状。

园长找到了明明的老师了解情况,老师说:"他动作太拖拉,我说过他。""他明明自己能完成的事却要老师帮助他,我要求他自己做,他就哭了。""上诗歌课我要求他正确发音,他就是不肯大声练习,还对小朋友说明天不来了。"

园长听后,让老师认真地分析一下明明为什么这样做,并建议老师应该根据明明的发展水平逐步提高要求,要从明明的特点出发,不要性急,耐心地帮助他适应中班生活,转换教育方式,让他能够接受老师的要求。

接着园长又找到家长,向他说明了孩子升中班后常有的一些情况,承认并道歉幼儿园没有做好衔接工作,向家长承诺一定会让明明再高高兴兴地上幼儿园。

分析与思考

评析:

和其他行业不同,幼儿教师更要具有爱心、耐心和责任心。明明刚升上中班,对教师不熟悉,教师要以极大的爱心和耐心来亲近幼儿、关心幼儿和教育幼儿,建立起良好的师幼关系,让幼儿喜欢自己,了解自己,听从自己的管教。为了管理好幼儿,作为中班教师应该主动向小班教师了解每位小朋友的特点,做到心中有数。另外,中班教师也要不断改进自己的教育方法,因人因时因地制宜,做到有的放矢,使教育效果事半功倍。

思考:

1.案例中老师对明明的做法有何不妥?园长对她的这种行为应采取什么措施?

2.你认为这位园长对此问题的处理合适吗?幼儿园对幼儿升班时教师的交接工作应如何改进?

案例2　幼儿被咬以后

有一天下午,中一班的党老师神色紧张地来向园长报告说,她班的林子文被一名叫许嘉敏的女生咬了。令园长大吃一惊的是,林子文被咬的地方竟然是他生殖器的包皮部分。这是园长从事幼教工作8年来从没有遇到的事。园长急忙到她班上去了解情况。但是,园长无法查出事情发生的经过,因为值下午班的党老师说她完全不知情,上午班的王老师也说不知道事情是怎么发生的。再加上林子文当时也没有向老师投诉,使得事情更为棘手。

第二天一早,园长便向林子文的妈妈诚恳道歉并向她了解林子文的情况。据她了解,事情的经过是这样的:当嘉敏和几个同伴在玩玩具时,子文走过去想加入,嘉敏不愿意他加入便向前一口咬下。由于当时嘉敏是坐着而子文站着,便正好咬在包皮上。所幸咬得轻,子文没哭。但他的包皮上却也留下了一个牙印。从子文妈妈的叙述来看,事情发生的时间大约是在两位老师交接班的时段,但园长也不能完全确定。过后,两位老师竟然双双拒绝写报告。因为她们都认为事情不发生在自己的课时里,不应负责,争执时还差点儿吵了起来。最后,园长只好决定自己写报告。事情也就这样不了了之了。

分析与思考 ●●●

评析:

1.从这个案例看出幼儿教师的责任心是非常重要的。发生了事故两位教师都全然不知,并且没有人愿意承担责任,甚至到了吵架的地步。如果有一位有责任心的教师,就不会发生这样的事故。

2.从这个案例看出该幼儿园的管理缺乏明确的岗位责任制,如交接班制度、主班教师和副班教师职责,致使责任不清,无人认错。

3.本案例中园长自己代教师写检查写报告,对两位教师没有任何批评处理意见,最后不了了之。由此可见,这是一个是非不分又缺乏管理力度的园长。

思考:

1.你对园长的处理方法是怎样看的?假如你是园长你应该怎样处理?

2.两位老师都说不是自己的责任,她们真的没有责任吗?你又是怎么看待这件事的?

知识拓展 ●●●

1.5～3 岁幼儿游戏的设置

幼儿在游戏中学习,在游戏中增进知识、增长才干,又在游戏中启迪智慧,通过游戏幼儿还学习到与人交往的本领。可以这样说,游戏是幼儿接受早期教育的一把金钥匙。游戏是幼儿喜爱的活动,他们每时每刻都离不开游戏,因而它又是进行教育的一种重要手段。如果从科学的长远教育角度出发应做如下较为科学的安排:

一、安排自由分散的户外游戏

1 岁半的幼儿刚入园时,走路歪歪倒倒、跌跌撞撞,动作很不协调,而幼儿动作的发展又必须通过自身的不断实践才能掌握。2 岁以上的幼儿动作已经稳健,他们需要尝试自己的力量,扩大自己的视野,加强与同伴的交往。安排幼儿分散的户外游戏可以充分满足幼儿的需要和愿望。有的幼儿在场地上拉着玩具慢慢地走来走去,有的幼儿三三两两地在一起,有的幼儿在用力摇船,有的站在滑梯顶上登高望远,有的坐在滑梯下窃窃私语,有的躲在小房子里玩家家。在这里,幼儿的童心得到了充分的显露,他们毫无拘束,自由自在,惬意极了。

搞好幼儿的户外游戏,必须有一定的运动器具和玩具作保证。在户外备有滑梯、摇船、攀登架、荡船、小房子、大象、唐老鸭、人手一个的皮球、拖拉玩具、塑料套圈等,充分满足幼儿活动的需要,使他们无须为玩具发愁、争吵。为了保证幼儿的安全,使体力小、体弱的幼儿有休息的机会,在运动器具旁边放上了垫子,在小房子里铺上地毯,在场地四周备有长条凳,幼儿可以根据自己的需要,采用不同的姿势进行休息。

在户外游戏时,教师在游戏开始前要交代游戏的规则,讲清每种玩具器具的玩法和注意事项。在游戏进行中,要来回走动,不断巡视,随时制止幼儿的危险举动,保证幼儿的安全,同时还要指导不会玩的幼儿,带领胆小的幼儿。经过教师的教育、帮助和锻炼,使幼儿的动作、胆量、能力、彼此间的关系都得到不同程度的提高,将纠纷和事故减少到最低限度。

二、组织好个别、自选的桌面游戏

为幼儿提供形状、质地不同而颜色又鲜艳的玩具可以诱发幼儿的兴趣和愿望。3岁前的幼儿处在直觉行动思维阶段,他们的思维直接依赖于玩具。他们边玩边想象、思考。玩具收掉,动作停止,思维也就中断。这时的幼儿以自我为中心,他们不会与同伴交往、合作。虽然他们可以在同一张桌子上玩,但彼此并无多少联系,各玩各的。2岁以上的幼儿自主性、自信心、独立性和创造性都有了不同程度的发展,他们会根据自己的愿望去选择自己想玩的玩具,因而在组织游戏时应该让幼儿自选。在玩桌面游戏时注意做到:

1.掌握好游戏的时间。1岁半幼儿自控能力差,注意力容易分散,因而玩的时间很短,一般在5分钟左右。时间稍长,他们就会把玩具乱丢或转到另一种玩法上去了。而幼儿的这些玩法又不利于良好行为习惯的培养,教师要把幼儿的注意力引到收拾玩具上来,让他们将桌上的玩具放到桶里,再更换新内容。到了2~3岁,幼儿自控能力增强,手眼动作进一步协调,认识的事物逐步增多,游戏时间也可逐步延长,桌面游戏时间调整为20~30分钟。这样,使会玩的幼儿充分发挥自己的潜能,玩出花样,玩出水平;对不会玩的幼儿,教师可引导他们观察、模仿同伴的游戏,在他们失去兴趣,影响别人游戏时,就让他们到别的地方去玩别的玩具,使游戏开展得井然有序。当然在具体掌握时,既不能死守时间,也不可无限延长,必须根据全班幼儿的实际情况灵活掌握。

2.丰富游戏内容。托儿所幼儿的桌面游戏内容多种多样,十分丰富。供给一个娃娃、一把勺子、一只碗或一个瓶,幼儿就玩简单的娃娃家游戏;供给一团面泥,就玩捏泥、搓长、搓圆和压扁;供给纸笔就学画画;供给串珠,训练手眼协调;供给拼板,训练目测;供给套盒,比较大小;供给各种形状、各种质地的建筑玩具,培养动手能力和丰富的想象力、创造力;供给放大镜、磁铁,培养其对科学的兴趣;供给敲击乐器,培养其节奏能力等。以上游戏材料不是在同一时间出现在幼儿面前的,而是根据幼儿的年龄、能力、需要和玩具的难易程度先后出现的。根据幼儿的人数,一般安排3~4种玩具,供给的数量要充足,保证每个幼儿都有玩具玩。玩过一段时间,幼儿兴趣不浓了,再及时更换别的玩具,使幼儿觉得常玩常新。

3.幼儿可自选游戏。组织游戏时,尽量让幼儿自己选择,以保证他们对游戏有兴趣。自选有两种形式:2岁左右的幼儿一般是教师在桌面上放上3种左右的玩具,幼儿根据桌面上的玩具搬椅子坐到想玩的桌子旁边去玩;2岁半以上的幼儿,教师通过与幼儿共同协商,征得大多数幼儿的同意把内容确定下来。这样做,既符合了幼儿的实际需要,又充分发挥了幼儿的主动性和积极性,体现了幼儿的主体地位。

在幼儿自选游戏中,有时会出现有的桌旁幼儿特别多,挤得大家玩不起来,有的桌旁却坐不满。这时,教师应及时提醒挤不下的幼儿先到空的地方去玩,等别的幼儿走了以后再去玩。在一般情况下,幼儿是乐意听从教师的话的。在幼儿玩了一段时间,又有相应的成果以后,可以搬椅子到别的桌子上去玩。对主动谦让的幼儿,教师应着力进行表扬,幼儿就无须教师提醒会自觉地去做了,这样可增进幼儿间友好交往。

幼儿经过不断操作,反复练习,运用物体的能力得到了提高,智力得到了初步的发展。桌面游戏时,一是要加强指导,帮助个别不会玩或玩中碰到困难的幼儿。二是要及时了解幼儿的心愿。"你想搭什么?""你搭的是什么?"从而使幼儿把游戏开展起来,并达到一定的目的。三是要及时评价。对动手能力强、肯动脑筋又搭得好的幼儿及时进行表扬、鼓励,起到激励作用。对在原有水平上有提高的幼儿给予充分肯定,树立他们的信心。对自觉遵守游戏规则,又乐意谦让的幼儿给予鼓励。四是要展览幼儿的作品,供观赏,起到示范作用,以利于整体的提高。

三、组织好集体参加的教学游戏

集体参加的教学游戏是根据托儿所教养大纲,有目的、有组织、有计划地对幼儿进行教育的一种手段。托儿所的教学游戏是和发展幼儿语言、认识、动作等紧密相连的,它的内容非常广泛。

通过集体参加的教学游戏的组织,使每个幼儿都有锻炼的机会,从而培养他们对集体活动与学习的兴趣。集体游戏是多门类、多角度、多方位进行的,有利于幼儿体、智、德、美全面发展。集体游戏又是有一定的规则和要求的,有利于幼儿良好行为习惯的培养和交往能力的发展。

第五章

幼儿园的园务管理

学习目标

1. 了解幼儿园人员的层级聘任。
2. 掌握调动教职工积极性的若干方法。
3. 理解幼儿园财、物管理的注意事项。

第一节　幼儿园人员的管理

人是生产力诸要素中最活跃、最积极的因素。因此,幼儿园管理的关键就是对人员的管理。

随着社会主义市场经济的发展,公办园所逐渐减少,民办园所不断增加,幼儿园教师流动性大,选择园所的机会越来越多,这给幼儿园传统的用人机制带来了挑战。怎样才能留住人才,如何调动教职工的积极性已成为幼儿园亟待解决的问题。

一、人员的选聘

做任何事都离不开人,但不是每个人都可以承担任何事。十个手指头还不一样长,一个人的各方面能力也并非齐头并进,有的人这方面能力强些,有的人那方面能力强些。管理就是要根据每个人的特点,充分发挥他们的长处,为每个人的发展创造适宜的条件。园长对员工应有全面的了解,在此基础上更好地选用人才,使所有员工都能人尽其才。

（一）人员选聘的原则

人员选聘要讲究科学方法,不可随意搭配。在人员的选聘上应遵循以下原则:

1. 全面了解的原则

管理者对选聘的人员应该有较全面的了解,可以从工作能力、专业知识与技能技巧、工作态度、个性及兴趣爱好、家庭情况等多方面进行了解。通过对以上这些方面的了解,概括出选聘人员的特长、优缺点,从而为他安排适合的岗位。当然,工作岗位与人员之间存在着相互协调的关系,管理者不仅要为工作人员选择适合的岗位,工作人员也应主动调整自己,使自己全面发展,能适应各种岗位的需要与要求。

随着民办幼儿园的迅速发展及我国人事制度改革的不断深化,幼儿园的用人制度发生了很大的变化,聘用制将逐渐取代终身制,幼儿园将根据其表现,决定是否聘用及聘用期限的长短,如果表现不好,幼儿园有权将其辞退。

采用聘用制更需要园长掌握选聘人员的原则及基本方法。要对应聘人员有全面的了解,可以通过书面材料、面谈、测试等方法了解应聘人员的情况。不要依赖个人的直觉或第一印象对应聘者下结论,因为在个人判断中会存在主观倾向性,很难保持客观的看法;另外,也不要道听途说,在对应聘者没有任何了解的情况下,不要妄下结论,应该经过大量的调查分析后,再作判断。

2.宁缺毋滥原则

管理者不要企图在"百坏中挑一好",如果你明知道某人不合适,但加以录用,那就等于在欺骗自己,不久之后你就会遇到新的苦恼,甚至选聘工作将重新进行。录用不合适的人员,使选聘人员的工作经历更长的过程,降低工作效率,影响其他人员的工作情绪。有时幼儿园会遇到急需用人的情况,园长无奈,饥不择食,只好放松聘用人员的标准。为了避免这种情况的出现,园长事先应做好充分的准备,对缺岗情况有一定的预测,同时储备一些人才,随时可以调用。

目前,幼儿园教师流动性很大,幼儿园应该建立自己的人才库,为聘用优秀人才创造条件。在社会主义市场经济体制下,幼儿园应该改变以往被动等待的选用教师的模式,应该积极主动地与有关部门或个人建立联系,拓宽幼儿园人员选用的空间和机会,为选聘人员疏通渠道。

如果幼儿园临时找不到合适的人员,宁可暂时缺岗,也不要滥竽充数,否则,后患无穷。某所幼儿园,会计突然辞职,园长急得团团转,急于找一名会计顶替。经人推荐,聘用了一名会计,聘用前园长就感到此人对工作不太认真,但转念一想,可以让她先干着,不合适再换。由于太着急,对新聘用的会计也没做过多的了解。几周后,他们发现新聘用的会计不见了,再检查保险柜,发现刚收的托费不见了,园长这才意识到问题的严重性。后经了解才知道,他们选用的会计以前就有过前科,由于聘用人员的不慎重给幼儿园带来了巨大的损失。

所以,在选聘人员时一定要特别慎重,必须在对应聘人员全面了解的基础上进行选聘,因为人员选聘的好坏对工作有直接的影响。

3.发现长处原则

人无完人,每个人都有自己的长处,应将每个人的优点进行比较,看主流。同时还要分析他的长处是什么,这些长处是不是工作中必需的,它对工作有什么促进作用。如果发现他的长处占优势,且这些长处又是工作中不可缺少的要素,那么就应该选用。

如果准备在本园教职工中选聘管理人员,也要善于发现他们的长处。平时多注意观察,留心他们的表现。

首先,应注意发现他们工作中的闪光点,因为工作是他们表现的主要阵地,可以通过观察他们的工作发现他们的长处。

其次,可在日常行为中寻找他们的长处,人的品质和能力常常会透过细微的小事反映出来。

再次,可通过侧面加深对他们的认识,因为工作比较局限,难以展示人的各方面才能,可通过非工作场所或时间了解他们,如他们在与同事的交往中、在家庭中等。

另外,也可在成果中发现人的长处。这是一种普遍采用的方法,成果往往是人在某一方面较高境界的展现,其中凝聚着个人的心血、才华。当然,如果管理者没有一双"慧眼",没有发现人才的意识,"人才"就会从身边溜走。"千里马"没有"伯乐",可能会永远默默无闻。

(二)层级聘用

人员的聘用应按层级进行。任何组织总是由不同等级的职位构成,如幼儿园由园长、副园长、组长、班长、教职工等几个层级构成。在人员选聘时,应根据他们的能力、水平、长处、弱点等多方面表现加以考虑。同时幼儿园各层级对人员素质的要求是不同的,应按照个人条件及每个层级的要求,有针对性地选聘人才。

1. 园长的聘用

园长是幼儿园管理的关键人物,一所幼儿园能否搞好,在很大程度上取决于园长,这已被许多幼儿园的发展实践证明了。作为一园之长,其主要职责是抓大事、管好人。为了完成这两项重要职责,园长必须具有较强的指挥、组织、决策、协调等能力。园长应该组织全园教职工制定未来发展目标与规划,并领导大家早日实现目标。园长应该抓影响全园发展的大事,而不应陷于具体的事务中,要有统筹和驾驭全局的能力。决策是园长重要的职责,要善于决策、敢于决策。在聘用园长时,主要应考虑其是否具备以上方面的能力。

2. 副园长的聘用

副园长是实施计划、落实决策的执行者。角色要求副园长具有较强的协调能力,并善于将决策转化为具体的行为,使决策可操作、可实施。副园长要有较强的悟性,能很好地领悟园长的意图及群众的意愿,善于找出两者之间的联系和桥梁,使园长的意图受到群众的拥护,并得以实施。所以,副园长应该具有善解人意、善于沟通、敢于管理等方面的品质。

3. 年级组长、班长的聘用

年级组长和班长既是管理者,又是基层工作者,他们的主要职责是带领全体人员坚守岗位,完成各自的任务。这就要求他们具有较强的业务水平和工作能力,踏实肯干,起到带头作用。在聘用年级组长和班长时,更应该注意他们实干、肯干的品质,以及他们的专业水平及认真负责的态度。

4. 教职工的聘用

教职工是幼儿园工作的主体,没有全体教职工的共同努力,什么事情都很难完成。教职工的主要职责就是完成本职工作,积极主动地为幼儿园的发展献计献策。每个教职工对自己的业务应该熟练掌握,要热爱自己从事的工作,肯于钻研,勤于思考,对本职工作精益求精。

不同层级对人员有不同的要求,管理者应根据各层级的要求选聘人员。这样既有利于调动教职工的积极性,又有利于提高工作效率。选聘人员是一门艺术,每个管理者都应该学习并掌握这门艺术。

二、人员的任用

人员的任用是与人员的选聘密切联系的。选聘侧重于人员的选拔和挑选,任用侧重于人员的安排和使用。

一旦管理者决定选用某人,就应该委其重任,给他提供发挥才干的机会与空间。人员任用是人才管理的重要环节,如果不能很好地任用,不仅是人才的浪费,更是管理工作的最大失误。一个濒临解散的幼儿园,一换园长,可能立刻会起死回生,面貌一新,这是最好的证明。

(一)人员任用的准则

人员的才能千差万别,在任用时要因才使用。如果你将善于总务后勤工作的人员安排到保育员的岗位上,就难以发挥他的作用;相反,如果你将适合做保教工作的人员安排到总务后勤工作上,他可能也无法胜任这项工作。由此可见,掌握人员任用准则是人才管理的前提。

1.任人唯贤

人员任用的最基本准则就是任人唯贤,也就是说,任用管理人员时关键要看他的贤能、德才。只要他有才能,幼儿园的工作需要他,就不应该考虑其他因素。

"任人唯贤"与"任人唯亲"是完全不同的,前者只考虑任用者的才能,不考虑他与自己的关系;后者只考虑他与自己关系的疏密,不考虑他的才能,只要与自己关系好,即使无才也会重用,这是封建社会与计划经济的产物。封建社会官官相护,他们之间有千丝万缕的联系;而计划经济人与人之间缺少竞争,这样组织就无须更多考虑人员的才能,只要与自己关系密切就可以了。

市场经济引进了竞争机制,组织工作的好坏直接影响着经济效益,而组织工作的好坏又是由任用的人员决定的。管理者更关注组织工作的效益,这样他们就会任用有才能的人员,那些与自己关系好,但能力差的人他们一般不会轻易任用。

我国市场经济发展初期出现了一批私人企业,它们大多数采用"家族式"管理方式,企业的管理者及重要岗位都由同族人担任。随着企业规模的不断壮大,他们已认识到"家族式"管理的弊端,并开始冲破"家族式"管理模式,大量引进家族外的人才担任要职。

"贤"是任用人员的最客观、最真实的标准,也是事业发展的需要。任何有识之士在任用管理人员时,都应遵循"任人唯贤"的准则。

2.用其所长

分析一下发展较好的幼儿园就不难发现,这些园长的基本经验之一就是大胆将重大的工作交给员工去做,他们尽可能去看员工的长处,而淡化他们的短处。

第一,因为只有看重员工的长处,才能放心地任用他。如果园长只看员工的短处,则不但不能放心用人,而且会因为一直担心那个人会失败,而加倍操心。同时,如果总是担心手下人会犯错误,就会变得缩手缩脚,管理的勇气会大大下降。员工因长期不能受到重用,积极性会相应下降。

第二,为手下人短处而操心的人,不会有太大的发展。园长能看到员工的长处,是非常幸福的事情。因为幼儿园有许多事情要做,靠园长一个人是不能完成的,一个人再能干,他的能量也是有限的。管理者的本领并不在于他本身有多能干,而在于他是否能把组织中每个人的能量都发挥出来。

第三,要尽可能看员工的长处,但不是无限的,应该有一个极限。不要以长处掩盖他的短处,长处就是长处,短处就是短处,长处不能弥补短处。园长要多看员工的长处,并不等于不了解他们的短处。对员工的缺点不能听之任之,应该帮助他们改正,扬长避短。

3. 充分信任

用人要建立在充分信任的基础上,信任体现了园长对员工的肯定和尊重。员工受到信任,他们会感到自己存在的价值,这会成为激励他们的巨大动力,为了回报园长的信任,他们会加倍努力地工作,进而向园长证明自己是值得信任的。如果园长让员工承担某项任务,却又不信任他,不时地提醒他应该这样做,应该那样做,结果会让员工感到十分反感。他会感到园长不敢放手让他做,对他十分不放心,他认为既然事情交给我,就应该信任我,如果不停地予以提示、叮嘱,那是对自己的不尊重,他会感到自尊心受到伤害。由于心里不痛快,可能降低了他工作的热情。另一方面,如果园长老是跟在后面不停地指挥,会使受任用的员工依赖感很强,难以独立完成任务。

著名的教育家马卡连柯在自己的学校收留了许多流浪儿、孤儿,其中有一些是少年犯。有一次马卡连柯让一名曾偷过东西的孩子帮他去送一笔钱,当他将任务布置给这个孩子时,这个孩子自己都不敢相信。但是马卡连柯眼里充满了对他的信任,这个孩子十分感动,暗暗下决心一定要完成马卡连柯交给他的任务。最后,他果然没有辜负马卡连柯对他的信任,圆满地完成了任务。

当我们将某件事交给员工去做时,就要充分地信任他,让他放手去做,不要有任何顾虑,从而使其逐渐树立起自信心。当把事情派给年轻人时,不能撒手不管,而应密切注视着,注视的目的不是为了干涉,而是为了帮助他解决困难,使他的工作能顺利地完成。把工作抛出去不管,那是不负责任的表现。

4. 委任与受任

委任就是派人担当职务。受任就是接受职务和任务。园长向员工委任工作,会使员工产生责任感。当我们设定工作目标后,就应该信任员工,必须将职权大幅度地授予承担其责的员工,包括命令权、决定权、行为权。下属员工因为被赋予职权而感觉到园长对他的信任和期望,所以为了一心一意地报答这种信任,就会拼命努力地去完成工作。

委任工作时,必须有明确的目标,当然方法和手段可以灵活运用。即要尊重个人的自主性,发挥个人的积极性、主动性,把一切都交给员工,使员工产生强烈的责任感和使命感。只有这样员工才会产生完成任务的巨大热情,进而摆脱日常习惯和惯性思维的束缚,想出新的方法和创意,这样才能培养出优秀的工作人员。

权限虽然委任下去,可是责任仍然在园长身上。仅把权限委任下去,然后对结果严加批评或指责,那么员工的能力就会得不到施展,因为他害怕犯错误,不敢放开手脚干。所以园长将权限委任给员工后,仍然要掌握大的原则与发展方向,若发现中途出现错误,应及时加以纠正。如果员工尽了最大努力仍然难以克服困难时,就要多替他想想,从各方面给他支持。这样做还可以培养员工对园长的信心。员工也应多与园长商量,尤其是那些影响面大、难度大的事情。如果园长发现任用的员工在工作进行中有困难,不要着急,要耐心、具体地指导他,使他的工作能顺利地进行。越是积极工作的人,工作就会越做越好,信心也会越来越足;相反,越是不积极工作的人,工作就越不能做好,自信心也难以树立起来。

委任和受任是相互促进的,园长越是信任员工,员工就越是努力完成委托给他的任务;员工任务完成得越好,园长就越愿意将权限和工作委托给他。

(二)建立人员任用动态机制

人员任用应该是一个动态过程,任何职位都不是终身的,而是流动的。能胜任可以继续干,不能胜任就要调整。只有这样才能使受聘人员时刻处于危机状态,他们对工作不敢放松,居安思危。建立人员任用动态机制主要目的在于形成竞争和激励机制,为广大员工提供施展才能和成长的机会。通过竞争上岗和优化组合,加大职工的流动量。

长期以来,幼儿园人员任用处于较稳定状态,干部基本比较固定,论资排辈,年轻的教职工当干部的机会较少。随着用人制度的改变,特别是竞争机制的引进,在人员任用上出现了许多新的做法,为年轻教职工提供了更多的机会。

1. 建立竞争机制

在计划经济体制下,大家干好干坏都一样,干得好的人得不到鼓励,干得差的人受不到惩罚,长此以往,干得好的人失去了积极性,干得差的人心安理得。员工在工作中没有追求,没有渴望,得过且过。这种工作态度十分不利于幼儿园的发展。为了改变这种现状,一方面应加大干部淘汰率,给更多的员工提供晋升的机会,可以缩短干部任职期限,建立动态的干部任用机制,还可以精简机构人员,人员越少组织就越灵活;同时,人员少,每个岗位则更加珍贵,人们会更加珍惜自己的职位。另一方面,竞争上岗,每个岗位都有自己的岗位职责和要求,各个岗位的人员都不是随意安排的,应该慎重考虑。当一个岗位有很多人希望承担时,就不再由园长指定人员,而是采取竞争上岗,可以采用公开答辩的方式,也可以采用考试的方法,还可以采用民主推荐的方式。

这样做的作用有三:一是对在岗人员构成了巨大的压力,为了保住自己的岗位,他们会尽全力工作;二是为广大员工提供了机会,使他们能看到希望,调动其工作积极性;三是将优秀人才选聘到岗位上,使岗位人员更加优化。

2. 建立激励机制

激励是激发员工工作积极性的过程。为了激发员工的积极性,应该建立激励机制。首先,任用的干部应该能上能下,如果不合格,就要随时调整,然后将符合条件的人员推举上来。其次,要制定相应的奖惩政策,对认真履行职责的人员要给予奖励,对不能认真履行职责的人员要给予相应的惩罚。奖惩政策可起到导向的作用,它明确告诉人们多劳多得,少劳少得,不吃"大锅饭",不搞平均主义。这种导向再一次向人们说明,劳动是有价值的,它鼓励了认真工作的人。当然奖励的方式多种多样,可以是物质方面的,也可以是精神方面的,还可以两者兼顾。

许多专家认为,目标对人们的行为可以起到激励作用。当我们确立了某种目标后,它就会对人们的行为产生作用,人们开始寻找目标、朝向目标、最终达到目标。随着目标的达到,需要逐渐得到满足,动机逐渐减弱,活动将趋于停止,只有当新的需要出现后,才会有新一轮活动。幼儿园应该有明确的奋斗目标，且让每个员工都十分清楚。目标对员工可起到激励作用，有的幼儿园总是留不住人，其中一个非常重要的原因就是没有具有吸引力的目标。被日本尊奉为"经营之神"的松下幸之助先生说过："企业的目标是吸引人的强力磁场，所以经营者应该找出一个最适当的目标。"有的幼儿园虽然有目标，但是十分笼统，难以起到激励的作用，如"本园今后三年继续提高保教质量，做好保教结合工作，力争成为省示范园"，这个目标过于宏观，员工很难找到自己的位置，很难将自己与幼儿园挂钩，根本起不到激励作用。还有的园宣传不够，教职工对本园的目标一知半解，缺少明确的认识。曾有人对此进行过调查，发现许多幼儿园都存在这样的现象，确定了目标，但是没向员工广泛宣传，员工基本不能说出所在园的目标。

三、人员的培训

决定幼儿园各项工作质量高低、任务完成好坏的决定因素，最重要的不在于物质条件（如房舍、设备、资金），而在于掌握和使用这些物质条件的人，在于人的素质。曾有这样两所幼儿园，它们的物质条件基本相同，但教学质量却截然不同。究其原因，主要是员工的素质不同；同一个幼儿园在不同时期，由于人员素质的不同，保教水平会有很大的差别。物质条件与保教质量并不成正比，有的幼儿园物质条件很好，但工作散漫，保教质量不高；有的幼儿园因陋就简，勤俭办学，保教工作井然有序，生机勃勃。可见，改善工作状况，提高保教质量关键在于提高全体人员的素质，人员素质是影响幼儿园保教质量的决定因素。人员的素质是可以通过培训提高的，一个优秀组织不仅善于使用和选拔人才，而且可以成为人才成长和培养的摇篮。

松下幸之助曾这样向人介绍自己的公司："松下电器公司是培育人才的公司，并且兼做电器商品的生意。"在他看来，有人才，才有事业，没有成功的人才，就没有成功的事业。正因为如此，松下幸之助先生认为："我们公司急需人才是绝对必要的，因此培育人才必须优于任何事情。"在这种思想的指导下，他白手起家，创造了商业的"神话"。

（一）人员培训的意义

人力不是天生就是一种资源，只有当人掌握了工作必需的知识与技能后，才能成为真正的资源。对人员进行培训是发挥人力资源作用的重要举措。

1. 提高人员的素质

我国地域宽广，各地区幼儿园师资情况不同。城市幼儿园师资情况普遍比农村好，教师基本上都受过专业训练。但是素质是一个综合概念，它既包括专业知识与技巧，也包括品质素养与各方面能力。

幼儿园的培训针对性很强，常常是根据教师在工作中出现的问题进行培训。在工作中教师感受到了自己的不足，如知识面窄等问题，她们会结合幼儿园的培训，有意识地充实自己。另外，幼儿园的培训目的性、计划性较强，教师通过较系统的培训，对自己的工作、对幼儿都会有进一步的认识。

培训就是有组织的学习，只有通过学习，才能提高人员的素质。两所幼儿园，一所很重视师资培训工作，常抓不懈，有计划、有目标，教职工队伍总是处于动态的学习之中；另一所不重视培训工作，对培训工作没有计划，想起来就做，想不起来就不做，十分被动，教职工没有学习的热情和习惯。

　　幼儿教师是十分崇高的事业,也是十分辛苦的职业。幼儿教师必须具备良好的职业道德,这是其基本素质。在培训时既要重视业务水平和专业技能的提高,又要注重职业道德的培养,加强思想品格与道德修养的塑造,必须坚持又红又专的方向与标准,这一点在市场经济时期显得尤为重要。

　　2.激发人员的上进心

　　学习是永无止境的,这种认识是在学习中产生的。通过学习,人们会发现自己的浅薄和无知。培训向广大教职工敞开了知识领域的大门,教职工会听到许多自己以前不知道的知识,这大大激发了她们的学习热情。有一些教师也很有学习的热情,但是工作和学习、家庭和学习之间都存在着矛盾,学习时间难以保证,所以学习只停留在愿望上,难以得到落实。幼儿园组织大家学习,有计划地对教师进行培训,使学习有了保证。有组织地学习还可以营造一种学习的氛围,这种氛围无声地激发着人们的学习欲望,大家会对某些问题展开讨论,为了提出自己的看法,教师们会主动查找资料,积极探讨疑难问题。在讨论中,教师们互相启发,起到了个人学习无法达到的效果。

　　除了专业方面的培训之外,还可以结合本园的情况,对员工进行培训。如向员工介绍本园发展的宗旨、目标、发展规划和远景等,员工通过对本园发展的了解,增强了信心。员工认同了幼儿园的目标、发展规划,有了使命感,这种使命感召唤着全体人员共同努力。管理成功的幼儿园总是能将员工利益与幼儿园利益结合起来,每个员工能视幼儿园的使命为自己的使命。这是组织管理比较理想的境界。为了达到这个境界,需要对员工进行培训。过去更重视专业知识与技能技巧的培训,而对幼儿园理念与使命感的培训很少,虽然员工的专业水平提高了,但是由于她们对所处的幼儿园缺少使命感,工作水平并没有明显的提高。严格地说,这种培训是本末倒置的。因为一个人对自己所处的组织没有很好的认同,她的专业水平再高也难以发挥作用。所以,增加员工对幼儿园的认同感、使命感是培训的重要内容,是幼儿园培育人才的要点。当员工认识到幼儿园的命运与自己命运之间的联系,她们就会将个人的命运系在幼儿园命运上,积极主动地为幼儿园的发展献计献策,幼儿园的凝聚力就会大大加强。

　　3.不断更新知识,适应环境的变化

　　现在是信息社会,知识的更新率极快,学习的概念已发生了天翻地覆的变化。由于知识更新快,一次性学习已经远远不能满足现实的需要,人必须终身学习。现代人的生活节奏、工作节奏都很快,知识更新的速度也是惊人的,可能你今天学的知识,明天就会成为过时的知识,如电脑、电讯等方面的知识。当然不是所有知识的更新都达到了这个速度,但是知识更新的频率将越来越快,期限越来越短。如果不及时学习,原已拥有的知识就会落后。

　　幼儿园有老教师、中青年教师。老教师的知识比较老化,加之老年人观念比较保守,如果不经常学习,她们就难以跟上新形势的变化和发展;中青年教师虽然知识、观念较新,但是在经济转轨时期,幼儿园的理论和实践都有许多新的变化和发展,需要及时了解,另外国内外对幼教理论的研究成果层出不穷,如果不了解这些新的理论,就不能推动幼儿园进一步发展。所以,不断地学习,更新自己的知识是十分必要的。通过培训可以将一些新的知识引进幼儿园,及时为教职工"充电"。

4.促进保教质量的提高

(1)培训的最终目的就是提高全园的保教质量

培训可以有多种形式,走出去,请进来,传、帮、带,专题讨论等,无论哪种方式都是希望通过培训使员工更好地工作,从而推动保教质量的提高。业务学习是培训的主要内容。各园会根据本园的情况,提出培训的专题。提高保教质量是幼儿园管理工作的核心。只有把教学质量搞上去,才会得到家长和社会的认可,才能保证生源。有了生源,幼儿园的工作才能继续下去。保教质量不高,家长就不愿意将孩子送来,幼儿园没有生源,也就谈不上发展了。

(2)培训可以帮助教师转变观念,树立现代儿童观和教育观

受传统教育观念和教育实践惯性的影响,一些教师仍然抱守着传统的教育观念,将幼儿看成接受知识的容器,不知道尊重幼儿,更不注意培养他们的独立性和创造性,这对幼儿的成长与发展极为不利。经过培训可以帮助教师转变观念,充分认识到幼儿是独立的个体,教师的作用在于挖掘他们的潜力,激发他们的积极性、主动性的发挥。当然,具备了一定的观念并不意味着就会出现相应的行为,但是如果没有正确的观念,行为就会出现偏差,所以,帮助教师转变观念是十分必要的。正确的观念是提高保教质量的前提。观念的形成不是自然而然的过程,它需要反复地学习和强化,培训是帮助教师观念形成的重要途径。

(3)培训可以帮助教师掌握专业知识

专业知识是教师组织活动的重要条件。幼儿不同于成人,他们在认知、个性、兴趣、动机等方面都存在着自己的特点。要更好地完成保教任务,不了解幼儿身心发展的特点是不行的。通过培训可以向教师介绍专业知识,边学习边实践,加深了对理论的理解,有利于保教人员及时将所学习的知识运用到教学实践中去。掌握专业知识是为了更好地指导教学工作,为教学实践服务。专业知识应与教学实践相结合,决不能游离于教学实践之外。

(4)培训可以帮助教师提高技能技巧

技能技巧是教师组织教学活动的重要条件,因为幼儿园的课程与小学不同,它总是将各学科融为一体,音乐、舞蹈、美术不仅是独立的学科,也是帮助幼儿学习的重要手段。所以幼儿园对教师技能技巧要求较高、较全面。通过培训可以帮助教师提高技能技巧水平,使她们能更熟练地运用各种技能技巧。

(二)人员培训的方法

人员培训与教职工队伍的建设是一项长期的工作,不是一蹴而就能完成的事。一个具有战略目光的园长,应该将人员的培训纳入到幼儿园发展规划之中,有计划、有目的、有系统地建设教职工队伍。幼儿园的发展离不开硬件和软件,硬件主要是指园舍、资金、设备等物质条件,软件主要是指师资队伍的水平。软件不像硬件那么直观,常常被忽视。加之幼儿园的资金有限,顾了东、顾不了西。只好把钱先用在最直观的事物上,如修缮房屋、配备设备等,而软件比较隐蔽,不像硬件那么显眼,容易被忽视。但是幼儿园的保教质量与未来的发展关键在软件。园长要注意到软件的特点,安排好教师队伍的培训工作,为幼

儿园的长足发展积蓄力量。由于每个教职工的情况不同,培训可以采用多种方式。

1. 教研活动

教研活动是教职工结合教学所从事的研究。它与教学紧密相连,是围绕教学而展开的,既是教学的开始,又是教学的延续,也是教学的分析、总结和评价。教研活动是一项既有效又便利的提高保教质量的方法。

教研活动的内容十分广泛,可以是专题的,也可以是综合的;可以是知识方面的,也可以是技能方面的;可以是观念的,也可以是行为的。教学中所遇到的问题都可在教研活动中进行探讨。教研活动的范围可大可小,可在班级进行,也可在年级进行,还可在全园展开,范围的大小视题目而定。一般而言,题目不宜过大,因为题目太大,讨论难以集中,效果会受到影响。

有些教师不重视教研活动,把教研活动单纯理解为备课,这是十分片面的。教研活动的主要目的在于,通过大家共同讨论、相互交流、多向沟通,更好地把握教学要求及教法的运用,使教学收到更好的效果。如游戏活动的组织与开展,大家可以交流自己的教学经验,并提出疑问和难点,在共同讨论中加深对游戏的理解,更好地组织和指导幼儿从事游戏活动。再如,大家共同探讨环境的布置,如何使环境成为无声的教育语言。

目前,幼教领域有许多热点问题值得探讨,如双语教学问题、幼儿创造力的培养、识字教学的研究等。将教学上升到研究的高度,既可以提高教师的教学质量,又可以激发教师钻研业务的积极性。

为了使教研活动更有效,要事先列出讨论的题目,大家围绕这些题目有针对性地展开讨论,这样往往可以使教研活动开展得比较深入。另外,在开展教研活动时应有专人负责,如班长、组长或保教主任,她们应该负起责任,要积极组织大家开展教学研究,而不应放任自流,尤其是对新来的教师,更应该让她们积极参加教研活动,不断积累教学经验。

2. 观摩活动

观摩活动也是一种教学交流形式,由一个或几个教师组织活动或上课,其他的教师看、听,并进行评价分析,以达到相互学习、相互交流、相互促进的目的。这种形式比较直观、生动,易收到好的效果。做观摩活动的教师有压力、有动力,通过大家的评价进一步认识到自己教学的优势及存在的不足,有利于教学水平的提高;听课的教师从别人身上学到了长处,也看到了自己的不足。组织观摩课可以有以下几种不同的目的:

第一,推广教学经验。在幼儿园树立几名典范,她们教学效果好,深受幼儿喜爱,有独特的教学方法。请她们讲观摩课就是推广她们的教学经验,让其他教师向她们学习,同时也可进一步调动她们的积极性,感受到自己存在的价值。这种形式应该经常搞,它对教师业务水平的提高十分有益。

第二,改善教学效果。有的教师教学效果不好,虽然她很努力,但教学效果没有得到根本改善,为了帮助她提高教学水平,改善教学效果,可以在小范围内进行观摩,如班长或组长参加,主要目的就是帮助她找出影响教学质量的症结,经过分析研究使她认识到自己教学中存在的不足。为了维护她的自尊心,观摩的范围不宜太大。

第三,检查教学质量。管理者应该了解教学情况,检查教学,目的在于促进教学水平提高。可以采用抽查的方式,随机抽取几名教师,请她们讲观摩课,因为观摩课是教师教学水平综合能力的体现,通过观摩可以比较全面地了解教师的教学状况。抽取的面不要太小,要有一定的代表性。观摩活动是对教师组织教学活动综合能力的考验与训练,应该多给年轻教师提供这种机会,使年轻教师能迅速地成长起来。

3. 专题讲座与研讨

专题讲座是指针对工作中存在的实际问题,聘请有关的专家学者或本园富有经验的教师讲解。专题讲座的最大特点就是及时,有针对性。教职工在工作中会遇到一些带有共性的问题,这些问题成为她们工作的绊脚石,她们急需得到指导,此时可以开办讲座。聘请的主讲人很重要,园长应事先向他说明讲座的议题、目的及教师在工作中遇到的难点,让主讲人做好充分的准备。聘请的主讲人应该有一定的实践经验,了解幼儿园的实际工作,只有这样才能了解教师所需。开办讲座必须考虑到效果,不要只追求形式,因为如果效果不好,就会打击教师学习的积极性,并成为以后组织这类活动的障碍。专题讲座可以是遇到问题随时安排,也可以有计划地安排。前者比较灵活,不一定很系统,只是为了解决困扰教学的问题;后者比较系统,可能会由几个讲座构成一个系列。为了鼓励大家自学,也可让几名教师分别准备,在幼儿园形成钻研业务、积极上进的气氛。

4. 开展竞赛活动

开展竞赛活动有利于激发教职工积极进取的精神,通过竞赛,加强了教师之间的相互交流和相互了解,对能力强、业务好的教师是一种肯定。树立了良好的风尚,大家争当业务骨干和业务能手,学知识、比业务蔚然成风。这虽然不是一种直接的培训方法,但起到了交流、沟通的作用,达到了培训与教育的目的。

5. 以老带新

合理的教师队伍是由老、中、青三个年龄阶段构成的。各年龄阶段有各自的优势和特点。三者的结合是最理想的教师队伍。以老带新就是对教师队伍年龄优势的充分利用。俗话说:"熟能生巧"。熟练是经验的积累,经验是巨大的财富。老教师经过多年的积累,有非常丰富的经验,这些经验在书本上是学不到的。青年教师刚刚上岗,缺少经验,不能独立完成工作,此时十分需要老教师的指导。园长可有意识地将青年教师与老教师分配到一个班上,老教师手把手地教青年教师,起到传、帮、带的作用,这是非常好的培训方式,也是幼儿园管理工作的优良传统。

四、调动教职工的积极性

调动教职工的积极性是管理工作的核心。任何管理工作都离不开人,没有工作热情和积极性的群体是很难完成组织任务的。幼儿园的各项工作都是由人来完成的,能否调动教职工的积极性是幼儿园成败的关键。人的积极性不是自然存在的,也不是组织的必然,它是需要激发和调动的,正确的方法能调动积极性,错误的方法会抑制积极性。谁不善于调动人的积极性,谁就不能做好管理工作。

我国正处于经济大发展的时期,外界诱惑越来越多,人们的心态更加复杂多样。幼儿园教师接受过音乐、舞蹈、美术等多方面的训练,虽然不是专业训练,但也为她们就业提供了更多的出路。在这种情况下如何稳定教师队伍,调动她们的积极性是十分关键的任务。

（一）影响教职工积极性的因素

对症下药，方能治病。调动教职工的积极性，首先要了解影响教职工积极性的原因，这是调动积极性的前提。管理学家、心理学家、教育学家和社会学家都十分重视研究人的积极性的成因。研究表明，人的积极性来自于人的需要，需要是激发积极性的原动力，也就是动机，即教职工积极工作的动机来自某种需要。

美国著名的心理学家马斯洛的需要层次理论认为，只有在低层次需要得到满足后，才会出现高一层次的需要。高层次需要的满足能给人更深的幸福体验，使人觉得充实和宁静。高层次需要具有更大的价值，它代表着人的一种健康的趋势，高层次需要的追求与满足导致了更伟大、更坚定以及更真实的个性。马斯洛的理论告诉我们，管理者应该善于了解并注意满足教职工合理的需要，注意激发高层次需要，从而有效地调动他们的积极性。

人的各种需要，概括起来主要有三个方面：

1. 物质利益方面的需要

将工作定位于最大限度地满足物质需要，工作的目的就是为了获得更多的物质财富。物质需要的满足可分两个层次，一是基本物质条件的满足，基本物质条件是生活的保障，如住房、生活条件、工资等；二是无限度的物质条件的满足，在基本生活条件得到满足后，追求更高的物质条件。物质条件的满足是无限的，一味地追求物质只能变成物质的奴隶，就像巴尔扎克笔下描写的吝啬鬼葛朗台，活着就是为了钱，全身上下充满了铜臭味。这种人没有精神上的追求，挣钱是他生活唯一的目的，是十分可怜和可悲的。一般而言，对物质的要求应有一定的限度，其目的也是为了实现更高层次的需要。

2. 良好人际关系的需要

人不仅具有自然属性，还具有社会属性，人的成长就是从自然人走向社会人的过程，是一个不断社会化的过程。如果一个人在社会上没有朋友，没有自己的交际圈，他会感到十分压抑、苦闷。人需要得到团体的认同，有归属感、安全感、受到尊重、得到承认的需要。这是产生积极性的团体动机。幼儿园是女性集中的地方，常言说"女人堆里是非多"，认为女性多的地方人际关系比较难处。其实人际关系的好坏不在于性别，关键是管理者。园长应该将教师的积极性引导到工作中，创造相互帮助、相互理解的友好气氛，使幼儿园教师生活在宽松、愉快的人际关系中。

3. 精神上的需要

精神上的需要是高层次的需要，是个人对自己承担的社会义务、社会责任的理解，从而形成一定的理想、信念、责任感和使命感。这是激发人的较深的社会动机，它表现出极大的自觉性和强烈的震撼性。精神需要将组织目标与个人目标紧密地联系在一起。人的最大满足不在物质方面，而是在精神方面。这是人有别于其他动物的重要标志。

以上三种需要是相互交叉，同时存在的，只是在不同时期会有某种动机表现得更为强烈，更为突出一些。比如，工资比较低时，生活难以得到保证，工作动机就是多挣钱，改善生活条件，这时其他两种需要并非不存在，只是表现得不突出，一旦生活条件得到改善，它们就会显露出来，而追求物质利益的动机会降低。

当然三种动机对每个人的影响也是不一样的。有人更追求物质方面，有人更侧重人际关系方面，还有人侧重精神方面。人的动机体系存在着很大的个体差异。

（二）调动教职工积极性的方法

教职工的积极性可以通过有效的方法调动起来。管理者应该学会并掌握这些方法，以便在工作中更好地调动员工的积极性，提高管理的效率。

1.了解各种类型的教职工的不同需要

教职工的需要各不相同，要想调动他们的积极性，必须采用相应的方法。我们可把教职工大体分为九种类型：

（1）积极上进型

表现：工作主动，上进心强，积极主动承担园长布置的任务，认真、负责、勤奋，有理想、有抱负。注意提高自己的专业水平和各方面能力，有极强的事业心。

需要：这种人的需要是自我价值的实现，希望受到园长的重视和重用，有发挥才能的机会和条件。

调动积极性的方法：大胆使用，创造机会，委以重任，让其独当一面。

（2）尽职尽责型

表现：恪守职责，认真完成本职工作，有一定的工作能力，对园长布置的事都能较好地完成，但不会主动完成自己分外的事。有些事不关己，高高挂起的味道。

需要：求稳定，不愿意成为众矢之的。

调动积极性的方法：压担子，派任务，激发他的上进心，充分发挥他的才能。

（3）天真活泼型

表现：缺乏责任感，受情感支配，理智性较差，活泼爱动，天真幼稚。

需要：有人欣赏他的纯真；尽快进入角色。

调动积极性的方法：保护他的天真和纯情；帮助他尽快进入角色。

（4）得过且过型

表现：家境较好，心思不在工作上，对工作采取应付态度，过一天算一天，没有什么追求；工作能力较差。

需要：保持现状，环境宽松。

调动积极性的方法：帮助他提高业务能力；让他感受到工作的乐趣，逐渐将他的注意力转移到工作上。

（5）自我表现型

表现：自我感觉良好，表现欲极强，经常向园长反映情况，但能力较弱。

需要：引起别人的关注和注意。

调动积极性的方法：正确加以引导。

（6）搬弄是非型

表现：喜欢打听别人的事，敏感、精力旺盛。

需要：发泄过剩的精力。

调动积极性的方法：转移他的注意力，将他的精力吸引到工作中。

（7）小肚鸡肠型

表现：计较、多疑，喜欢算计，最怕吃亏，心胸不开阔，心眼较小。

需要：个人利益得到满足。

调动积极性的方法：为他提供更宽的视野；配班要大度，且有一定的影响力。

(8)心灰意冷型

表现：受过打击，看破红尘，对什么都不感兴趣。

需要：给以生活的勇气和希望。

调动积极性方法：帮助他解决实际问题，调动其积极情感。

(9)盛气凌人型

表现：事事占上风，霸道，不让人，有一定的能力；虚荣心强，不愿意承认自己的错误。

需要：自卑心理得到满足。

调动积极性的方法：以真诚换真心，以事实说话。

2.激发人的成功欲

每个人都有获得成功的欲望。不同的人成功欲的强度和表现形式是不同的。有的人成功欲表现得比较强烈；有的人成功欲表现得比较弱。我们不能仅凭外在表现判断其成功欲的强弱。其实每个人都有成功欲，只是有人的成功欲被激发出来了，有人的成功欲没有表现出来，似乎还处于沉睡状态。管理者的任务就是将所有人的成功欲都激发出来。

(1)让全园教职工认识到成功掌握在自己手上

能否成功关键在自己。心理学家研究表明，成功者与失败者的主要区别在于，前者总是将自己的失败归结为主观原因，后者则将自己的失败归结为客观原因。对失败的不同归因影响了人的成功与否。园长要在幼儿园形成这样一种气氛，即谁努力了，谁就能获得成功。为此必须杜绝不正之风，以贡献论成败，而不考虑其他因素，如与自己的亲疏、是否有"后台"等。每个人的成功不在别人，只在自己，只有将命运放在自己手上，才能获得成功。任何人，只要他将成功寄托在别人身上，他就不会获得成功。

(2)帮助教职工想象成功

可以让教职工想象自己成功后的情景，通过想象激发他们的成功欲。想象不是事实，但想象可以成为人们行为的先导。如想象自己的某项科研成果获得了成功，受到了全园和同行的赞誉，自己成为某领域的专家。让教职工插上想象的翅膀，追逐并向往成功。没有梦想的人就不会有希望。

(3)为教职工树立成功的典范

为了让教职工感受到成功，可在幼儿园树立成功的典范，这些典范就生活在他们周围，他们十分熟悉，也感到很亲切。有人感到成功是可望而不可即的，如果在教职工中树立起成功的典范，让大家认识到成功并不神秘，成功既可望也可即。

(4)让教职工经历成功的感受，体验成功的喜悦

自己体验过的感受印象是最深刻的。成功可大可小，一篇观察日记写得好，受到表扬，这就是一种成功。园长应该多表扬教职工，让他们经历成功的感受。这种感受会给他们留下美好的印象，激励他们获得更大的成功。

(5)将幼儿园变成成功者的沃土

幼儿园是个巨大的舞台，它应该为全园教职工提供各种机会，帮助他们获得成功，实现自我价值。只有这样幼儿园才能成为一块磁铁，紧紧地吸引着教职工。激发教职工的成功欲是调动其积极性的重要途径。

3.调动教职工积极性的艺术

调动教职工积极性要讲究方法和艺术。方法运用得好,教职工的积极性就容易调动起来;方法运用得不好,教职工的积极性就会受到压抑。在此给大家介绍几种调动教职工积极性的方法,仅供参考。

(1)送上真诚的赞美

喜欢赞美是人的天性。赞美会给人带来快乐,快乐的情绪易产生积极的态度。园长应多留意教职工的优点,并及时给予表扬。表扬要真诚,不要敷衍了事。如某老师教室环境布置得好,受到了园长的表扬。一种表扬是随口说:"不错。"另一种是说:"××老师你布置的教室真好看,这幅画的颜色很谐调,充满了童趣。自然角布置得也很有特色。应该让其他老师到你这来参观参观。"前者简单、随意、漫不经心;后者具体、明确,充满激情。两种表扬,效果截然不同。

(2)对不同年龄的教职工要采用不同的激励方法

不同年龄的教职工有不同的需要,激励方法也应有所区别。老教师希望受到尊重,幼儿园应树立尊重老教师的风尚;中年教师追求真实,幼儿园应帮助他们解决实际困难;青年教师希望得到发展的机会,幼儿园应为他们创造条件。总之,激励要因人而异,不要千篇一律。

(3)适度的压力

心理学研究表明,压力太大或太小都不利于调动人的积极性,只有压力适度才最有利于调动人的积极性。幼儿园管理者应该善于运用压力,以适度的压力调动教职工的积极性。可以将各项任务分解,委任给教职工,这样既可以让教职工感到园里对自己的信任,又可以感到担负的重任,信任和重任就构成了压力。压力变成了动力,教职工的积极性就调动起来了。

(4)物质奖励

物质既可以成为一种直接的激励因素,又可以成为一种间接的激励因素。人的生存离不开物质条件。另外,物质条件可以成为一种媒介,它向人们传达了这样的信息——我的工作得到了承认,我的存在是有价值的。当然,物质奖励要适时、适度、适量。

4.降低消极情绪的影响

消极情绪是一种负面情绪,它不利于人的积极情绪的产生。消极情绪可来自于主观,也可来自于客观,如工作条件,与同事、园长的关系,专业水平和专业能力等。

第二节　幼儿园的财、物管理

财产和物品是幼儿园的重要资源,也是办园的物质保障,没有了财产和物品,幼儿园的任何活动都难以开展。目前,大部分幼儿园经费比较紧张,如果不善于理财,不会管理物品,就更难以发展。因此,管理好财和物是园长必备的管理能力。

一、对财的管理

对财的管理主要是指对钱财、资金的管理。没有必要的财,组织的生存与发展将成为一句空话。在计划经济条件下,幼儿园的经费全部由上级行政主管部门划拨,对财的管理工作相对比较简单,加之经济活动较少,许多园长理财的意识和能力都比较弱。随着市场经济的发展,幼儿园必须自筹资金,自己养活自己。这就要求园长不仅要懂业务,还要懂经济,要了解财务管理工作的规律。

(一)管理内容

幼儿园对财的管理包括以下几个方面:

1. 积极筹措资金

资金是财产管理的主体,没有资金,财产管理也就不存在了。筹措资金将成为园长一项十分艰巨的任务。资金来源有多种渠道,主要有托费、赞助费、其他创收。幼儿园是一项教育事业,因此通过提高教育质量吸纳资金是筹措资金最主要的渠道。园长有责任开通吸纳资金的各种渠道,积极筹措资金。

2. 合理分配资金

提高资金使用效率,是财务管理的根本任务之一。幼儿园的各项工作对资金的需求不平衡,园长在支配资金时就要本着照顾重点、兼顾一般的原则,将有限的资金合理分配,以确保幼儿园能稳步、高速、全面地发展。

幼儿园经费支出项目主要有人员费和公用费两项。人员费也就是大家常说的人头费,包括职工工资、奖金、保险费等;公用费包括办公费、业务培训费、水电煤气费、维修费、设备费、资料费等。

做好经费分配工作,关键要把好预算关。加强对资金使用的计划管理。

首先,分清主次,保证重点。将幼儿园的各项工作按照轻重顺序排列好,首先保证最重要的事情的完成。最重要的事情即是指那些直接影响幼儿园目标实现的事。

其次,考虑到特殊需要。预算要留有余地,不要计划得太满。另外,要有规范的预算程序,即由财务人员制订,园务会讨论通过,最后由园长审批。

3. 健全财务制度

要使财务管理有章可循、有据可依、杜绝漏洞、合理支出,必须建立和健全财务制度,如各项经费入账制度、报销制度、财务和出纳制度、财产分类制度等。财务制度既要严格,又要合理,既要相对稳定,又要根据实际情况进行必要的调整和修改。

4. 加强财务监督

加强财产审计和财务检查,避免盲目花钱、不讲经济效益的情况。幼儿园的资金来之不易,必须加强监督,严格管理,以杜绝损公肥私、贪占挪用等违法乱纪行为。

(二)注意事项

随着幼儿园经营活动的增加,幼儿园管理人员必须学习财务管理知识,使有限的资金发挥最大的效益。在财务管理工作中应该注意的事项有:

1. 处理好收入与支出的平衡

每年做好预决算,分析收入与支出的情况,不断总结收支平衡中存在的问题,积极探索幼儿园经费使用特点,摸索出幼儿园资金分配和运用的规律。

2. 处理好投入与效益之间的关系

幼儿园投入与效益的关系是指培养人才的质量数量要求和工作成果的关系。教育成本与生产成本不同,它是一种软性因素,不像生产成本那样可以测量,所以容易被忽视。

在进行成本核算时要注意将教育成本纳入到财务管理之中,科学地计算成本,充分发挥各种资源的优势,努力降低成本,挖掘教育资源的潜能,使其发挥最大的效能。

有些幼儿园盲目追求高档次,不注意投入与效益的关系,如将幼儿园室外大面积铺上大理石,减少了幼儿园的绿地和花草。幼儿园不同于宾馆,追求豪华不是方向,幼儿应多与大自然接触,不要人为地将幼儿与大自然隔绝起来。经济学有一条很重要的原理,就是以最小的投入获取最大的效益。对幼儿园而言,效益既包括经济效益,也包括社会效益。

3. 处理好开源与节流之间的关系

在市场经济条件下,开源已成为幼儿园一项十分艰巨的任务,园长不仅要考虑教育教学质量,还要考虑多种渠道筹措资金。开源要与节流结合起来,只开源不节流就成了败家子,开源是十分不易的,它凝聚着许多人的辛苦,应该珍惜它。不能因为有钱就浪费,就大手大脚,一个不懂得节约的集体是不会有更大的发展的。相反,只知道节流而不善于开源,也是不能适应市场经济发展的,这是一种十分被动的做法。因此,开源和节流缺一不可,它们是幼儿园财务管理的两大“法宝”。

4. 处理好长期目标与近期目标之间的关系

幼儿园应该有自己长远的规划,这些规划可能不是短期内可以实现的,需要长期的过程。如师资队伍的建设,这不是短期内可以完成的,教师数量的多少不能等同于师资队伍的建设,师资队伍的建设包括更广泛的内涵,其中提高教师的素质与水平是最核心的问题。平时就要注意教师队伍的建设,要有计划、有投入,不要认为它周期长,不易见效,就不给予投入,眼睛只盯着那些短、平、快的项目,例如装修、购买大型玩教具。既要有远见,又要解决好当前出现的问题。财务预算要处理好长期目标与近期目标的关系。

二、对物的管理

对物的管理是指幼儿园对各种物质条件的管理,包括环境、房屋、玩教具及其他物品。对物的管理是总务后勤管理工作中一项十分重要的内容,也是一项比较烦琐的工作。

(一)管理内容

1. 对环境的管理

环境是幼儿园的门面,环境管理的好坏直接影响着幼儿园的形象。幼儿园的环境应该是清洁、安全、美化、充满童趣的。幼儿园的环境包括室内环境和室外环境。

室内环境要根据各年龄班幼儿不同特点进行布置,要有幼儿的参与。材料的摆放要适合幼儿动手操作,材料的数量要多、种类要丰富。环境布置要有动感,可以根据需要进行改变和调整。比如,春天应该是春天的景象,秋天是秋天的景象。不能已经是夏天了,墙壁上还挂着堆雪人的图画,这是十分不和谐的。环境不是摆设,应为教育服务,成为教育的重要手段之一。

室外环境要尽量扩大绿地面积,做好绿化工作。让幼儿置身于充满生机的自然环境中。另外,室外环境要有总体规划,大型玩具的摆放要整齐、错落有序。有条件的幼儿园可以开辟幼儿种植园、动物饲养角,为幼儿提供观察、饲养的机会。对大型玩具要定期维修,保证幼儿安全,各玩具在摆放时要隔一定的距离,以免离得太近,幼儿玩时过于拥挤,发生危险。

2. 对房屋的管理

房屋要配套,主要包括活动室、寝室、卫生间。房屋的装修要美观、实用、方便。有些幼儿园盲目地追求豪华,不考虑教育的特点。对房屋要定期维修,以免发生危险。要充分提高房屋的使用率,尽量不造成浪费。床可以采用布床或推拉床,用完之后可以直接摞起来放在一个角落,少占空间;也可以采用垫子床,即每个幼儿一个厚垫子,用完之后摞起来不占空间(深圳某幼儿园就采用这种方式)。

3. 对玩教具的管理

幼儿园各班应配备一定数量和种类的玩具,若有条件可以多配一些,基本能保证班里的孩子人手一份。目前,市场上的玩具很多,价钱较贵,幼儿园要量力而行,买不起进口的玩具,可以买国产玩具,甚至也可以收集废旧物品,只要安全、无污染即可。玩具应摆放整齐,定期检查,定期清洗,经常消毒。要注意培养幼儿自己收拾、整理玩具的习惯和能力。要教育幼儿爱护玩具,不乱扔乱摔。

各园应有存放教具的地方,并有专人管理。各类教具应根据教学需要按作业、游戏、劳动等分类编号,分柜陈设。作业可按不同主题活动或学科分类,做到件件有固定位置,存放方便,便于取用和复原。分类柜上应贴上编号或教具名称,编号或教具名称要醒目,以便于寻找。

4. 对图书资料的管理

有条件的幼儿园都设有图书资料室。图书资料室是用来存放报纸杂志、教学参考书、各类图书以及各类工作计划和总结的地方。没有条件设图书资料室的幼儿园,可将图书资料室与教师备课室结合使用。图书资料室应有专人负责管理,在管理上应做到:

(1)定时开放图书资料室。图书资料室的钥匙应由图书管理人员掌管,并在规定时间内开放。

(2)图书资料室要保持干净、整齐、安静。图书资料应分类存放,摆设有序、整齐,使读者一目了然,查阅方便。

(3)严格执行图书资料借还制度。

5. 对其他物品的管理

幼儿园管理的物品很杂,除玩教具外,还有一定数量的食品、生活用品和办公用品。这些物品应有专门的地方和专人管理,要制定相应的管理制度。

(1)物品采购制度

建立健全物品采购制度是物品管理的重要环节。

①及时、按时报账。要求采购员按照规定的时间报账,不得拖延,否则追究责任。

②遵守"一清二结"规定。采购制度应规定采购员报账要日清、周结、月结,使账不积压,以免丢失或忘记。

③手续健全,符合财务要求,数额精确,不可含糊。

④物品采购要保证质量,不得行贿受贿。

⑤公私分明,不给私人代购东西,更不能将公家物资占为己有,一旦发现应给予严厉处罚。

(2)验收制度

各类物品只有验收后才能入库。新购入物品凭发票入账,管理人员要核对发票的物品品种、数量、质量,并严格把好验收关。管理人员对购买的物品要登记。在购买物品时要注意多比较,尽量做到物美价廉。另外,一次不要购买太多,以免积压,造成浪费。购买物品要有计划性,有备无患,不要临时"抱佛脚",想起什么买什么。

（3）严格物品供应制度

幼儿园的物品繁多,为了保证物品供给,应该建立物品供应制度。

①指定专人负责物品供应工作。各部门、各班级所需物品的种类、数量应由负责人统一登记、分配。

②定时供应物品。由于物品种类繁多,各部门需要的物品又不同,很难统一发放解决,所以每天应安排1～2小时领取物品,这样可以随时满足各部门对物品的需求。

③定量供应。物品供应不是无限量的,物品供给员要根据各部门、各班级的实际需要发放物品,若不够可填写物品申请表交给供给员。供给员要严格按照园内规定分发物品,决不能用公家财产做人情。

④及时保证物品供应。物品供给员每日、每周、每月都应有物品供应计划,并做好各类物品供应表,这样一旦发现哪类物品不足就可以及时采购,不耽误使用。

⑤建立领物登记簿。要求领取者填写物品领取的时间、种类、数量、姓名,这样便于核对物品的供应情况。每个班级一份表,这样便于统计管理和监督,详见表5-1。

表 5-1　　　　　　　　　　　　　　班领取物品登记表

时间	物品名称	数量	金额	用途	签名
	合计				

（二）注意事项

1. 为教学服务

幼儿园物品管理是教学的物质保障,幼儿园对物的管理的目的在于更好地搞好教学。总务管理人员要根据幼儿园教学要求,有计划地改善教学条件,在教学工作的各个阶段,保证所需要的各种教学设备用品供应,努力创造良好的学习和工作环境,使教师能够心情舒畅、专心致志地完成教学任务。总务管理人员要多了解教学,掌握教学的实际需要,想教学之所想,急教学之所急。

2. 勤俭节约

总务人员要精打细算,不铺张不浪费,当好"管家"。要严格执行物品管理制度,使全园教职工都形成艰苦奋斗、勤俭办园的行为习惯。采购员采购物品时要货比三家,尽量多为幼儿园省钱。有些物品可反复使用,如纸张画完画后,还可折纸。

3. 逐步走向社会化

随着我国机构的调整,幼儿园的许多问题可通过社会化来解决。如物品的采购,可以通过电话订购,上门服务,这样既避免了浪费,也杜绝了不正之风的出现。

考考你

1. 如何建立人员任用的动态机制?
2. 人员培训有哪些方法?
3. 影响教职工积极性的因素有哪些?
4. 对幼儿园财的管理内容及注意事项有哪些?
5. 对幼儿园物的管理内容及注意事项有哪些?

实践训练

1. 以你的思路谈谈,幼儿园怎样才能广开财源?
2. 请对你熟悉的幼儿园的层级聘任情况加以分析。

案例分析

案例1　副园长的烦恼

某幼儿园的副园长小孟,自从被提拔当上副园长之后,工作特别努力,她心里特别感谢老园长对她的知遇之恩,所以工作上特别积极主动,有活抢着去做,不管分内分外的工作她都主动去做。可是过了一段时间以后,她发现老园长对她的态度不像以前那么好了,而且有时还给她话听"你想置我的颜面何在?"小孟越想越委屈,自己本来是好心要替老园长多分担一些工作的,怎么搞成了现在这样? 小孟苦恼极了,真的不想做这个副园长了。

后来小孟经专家指点,恍然大悟,她主动与老园长进行了诚恳的交谈与沟通,自己主动承认了错误,同时也笑呵呵地对老园长说:"你发现我的问题为什么不直接批评我?"老园长也承认自己做得不对,两个人冰释前嫌,重归于好。

分析与思考

评析:

老园长提拔小孟,知人善任,做得无可厚非。在幼儿园的领导班子中,助手作用发挥好的副职,对正职领导来说如虎添翼。副职作用发挥得不好,就像一块绊脚石。副职作用发挥得好与差,除与其自身素质有关外,在很大程度上也取决于正职领导对他如何使用。明智而优秀的正职领导,总能使他的副职在工作中尽职尽责。对于正职来说,要做到以下几点:

1. 授权。正职应授予副职两方面的权力:一是协助正职考虑全面工作的权力;二是主管工作方面的权力。真正使副职有权、有责,让其从内心确定感到自己手中的权力不是假的、虚的,位子不是多余的。这样副职在下属面前说话才理直气壮,办事才大胆泼辣,有敢做敢为之勇。

2. 支持。授权固然是对副职的信任和理解,但更重要的是在实际工作中给以支持。要使副职真正感觉到自己在工作中不是单枪匹马,孤军奋战,而是身边有依托,有靠山,有一种强大的力量作后盾。

3.依靠。副职是正职的参谋、助手、左膀右臂。正职在工作中要处处依靠副职出谋划策,使工作出成果,依靠副职排除阻碍,克服困境,共渡难关。

4.揽过。智者千虑,必有一失。任何高明的领导者在工作中都会有这样那样的失误。正职要为副职创造宽松和谐的局面,允许副职在工作中出现失误和差错,并能主动为其承担责任,帮助其总结工作的经验教训。对副职在工作中出现的失误和差错,不能责备、挖苦和讽刺,而应在谅解和安慰的同时,巧妙地帮助他将挫折、失败化为新的起点,进而去赢得成功。

作为副园长应该善解人意,具有较强的沟通和协调能力,同时要注意不能越职越权越位。

思考:

1.副园长小孟错在哪里?老园长又错在哪里?

2.当你做了副手之后,应该怎样注意配合工作?

案例2   她为何拂袖而去

某幼儿园在聘任主班教师,因为班里的老师都是新教师,就采用了轮换制,一个人一个月主班。经过了一段时间的观察以后,A教师不仅课讲得好,而且沟通能力强,家长也比较喜欢。B教师课讲得也很好,很实干,管理班级也很好,但就是嘴笨,不会与家长沟通,家长来接孩子转身就走,不会和家长多说一句话,提醒后也不见起色。另外在她任主班期间发生过幼儿骨折事故。最后园长和副园长经过权衡,还是聘用了A教师作为主班教师。B教师听了宣布之后,气的拂袖而去。

园长与B教师进行了沟通,B教师说出了让其感到气愤的原因,理由之一是聘任主班没有和她商量;理由之二是,A教师来园的时间没有她长,她比A教师早来一个月。她说:"我不就是嘴笨吗,我管理孩子比她强,班里的活都是我干的,这个班离开我她根本就管不了。"

园长肯定了B教师的优点,也肯定了她的工作,同时也指出了她的不足,劝她回来,有意见可以提,并限定她回园的时间,如果在规定的时间内不回来,就算她自动离职。B教师很倔,没有回幼儿园。就这样B教师一直在家待了三个月,没有找到工作,后来又申请要重新回幼儿园。

分析与思考

评析:

由聘任主班教师引发了矛盾,这件事情是完全可以避免的。在两个教师能力相差不是很悬殊的情况下,仍然使用轮换制,给每个人都有充分表现的机会,再进一步观察,根据她们的工作业绩,然后再确定谁来当主班教师。

主班教师的选拔也可以通过自荐,再加上民主选举的方式来定夺,这样可以避免B教师与园长之间直接发生矛盾,造成尴尬被动的局面,使幼儿园工作受损失。B教师的离职,势必会引起一些幼儿家长的猜疑和不满,因为家长不希望幼儿园总换教师。

对于主班教师的聘任,园长和副园长还是操之过急了。这种轮换制只要是对工作有利,就可以继续实施,不必急于聘任谁来做主班教师。

思考：

1.B 教师处理问题的方式你赞同吗？如果你在幼儿园工作遇到类似的情况,你会怎样处理？

2.假如你是园长还会重新让 B 教师回到幼儿园工作吗？

案例 3　游泳班该不该开

某幼儿园大一班有几个幼儿在每周二、四下午要到游泳馆游泳,幼儿园怕幼儿在离园期间出危险,便与游泳馆签订协议,由游泳馆负责接送幼儿。协议一签,更多的家长要求报名让幼儿参加游泳,园里年轻教师也想参加。于是,园长公开通知,办起了两个游泳班,由年轻教师负责幼儿的接送与安全。家长和幼儿都对此举动表示欢迎,认为为幼儿提供了锻炼的机会,也掌握了一门技能,解决了家长没时间带幼儿游泳的困难,而且认为幼儿园这样和游泳馆联办非常安全。但是,过了一段时间,教育局知道了此事,要求停办游泳班,并告之协议无效。因为有文件规定,幼儿园不得开设其他任何收费项目。经教育局同意把这一学期办完,以后再也不准办此种游泳班。

分析与思考 ●●●

评析：

社会主义市场经济早已经替代了计划经济,幼儿园在办园方面有较大的自主权。游泳馆面向社会收取一定的费用这是合理合法的,游泳馆把其中的一部分收入补贴给幼儿园,这不能算作幼儿园乱收费。况且本案例只是谈到与游泳馆签协议的事,并没有谈到收取费用的问题。就本案例而言,幼儿园既满足了家长的需求,又为幼儿园的发展筹措了资金。这的确是一件很不错的事。

幼儿期学习游泳不仅对身体有利,由于四肢的协调运动,对开发大脑增长智商也十分有利。另外,从小培养孩子学会游泳的体育技能,也是为祖国培养体育人才。

思考：

1.你认为幼儿园开办游泳班的行为适当么？是否违反了上级有关规定？

2.当幼儿园的行为与上级行政部门的规定相悖时,你认为幼儿园应该如何处理？

3.根据你的工作经验,谈谈上级行政部门的规定有没有不合理的地方。

知识拓展 ●●●

幼儿园的总务工作

幼儿园的总务工作与保教工作一起共同担负着对学前儿童实施保育和教育的任务。但总务工作与保教工作不同,总务工作侧重于管理过程,其管理职能更突出,属管理性的工作,是为其他工作服务的工作。

一、幼儿园总务工作的任务

1.创造良好的幼儿园环境,为保教工作服务,保证幼儿园保教任务的完成；

2.完善幼儿园的保教设施、设备,做好幼儿园保教工作的先行工作；

3.为师生服务,改善幼儿和教职工的生活福利；

4. 管好幼儿园的财务、财产,充分发挥有限经费的经济效益。

二、幼儿园总务工作的特点

1. 幼儿园总务工作具有服务性

总务工作的服务性是总务工作客观规律的反映。幼儿园总务工作要为保教一线工作服务,为师生服务,要为办好幼儿园提供物质基础和保证,要保证保教中心工作的顺利开展。总务工作的服务功能必须贯穿在幼儿园教育、教养工作过程的始终和各个方面。

2. 幼儿园总务工作具有广泛性

幼儿园总务工作涉及人、物、事等各方面,面广量大,需要与社会上各个方面广泛接触。因此,幼儿园总务工作繁杂、琐碎,具有广泛性。必须加强总务工作的计划性,要对财、物的需求做出全面规划。

3. 幼儿园总务工作具有先行性

幼儿园总务工作必须总是走在幼儿园各项工作前面。如开学前,总务部门应该做好物质方面的准备,如修缮房舍、维修设备、添置用具等;又如防暑、防寒、防流行病等,都要求总务工作有预见性,提前采取有效措施。没有总务工作的先行,幼儿园各项工作都难以展开,保教质量和幼儿园工作效益就会受到影响。

4. 幼儿园总务工作具有全局性

总务工作的好坏关系到幼儿园各项工作能否顺利开展,保教质量能否提高,关系到组织成员的工作、学习和生活,是涉及面最广的一项全局性工作。因此总务工作宏观上受园工作目标、计划和要求制约,微观上又同各项工作、各个部门甚至个人紧密联系、相互制约。这就要求总务工作要着眼全局、考虑整体,以保证幼儿园整体工作目标的实现。

第六章

幼儿园的教研与科研管理

学习目标

1. 了解教研活动的意义和任务。
2. 了解教研制度的内容,教研组织的建立与形式。
3. 理解教师教研活动的自我管理。
4. 掌握科研活动常用的方法。

第一节 幼儿园的教研管理

有目的、有计划、有组织地开展教研与科研活动,探索教育与教学规律,总结工作经验并上升到理论高度,使之更有效地指导教育实践,是提高教育质量和幼儿园管理水平的重要途径。幼儿园应广泛开展群众性的教研和科研活动,并加强管理。

一、开展教研活动的意义和任务

(一)意义

没有研究的工作是不能深化的,没有研究的工作是不能前进的,没有研究的工作是难以保持旺盛的生命力的。

教研活动既是幼儿园提高教学质量的重要环节,也是幼儿园保教工作不可缺少的组成部分。幼儿园一切教育、教学研究活动都被称为教研活动。

教研活动产生于教学,服务于教学,它与教学密不可分,好像一对双胞胎,相伴相随。幼儿园教育教学有许多规律和特点,如果不研究,就难以更好地认识和把握这些规律与特点。如小班幼儿说话有哪些特点,虽然有些书籍谈到了,但是幼儿存在着个别差异,要想更好地提高幼儿语言表达能力,教师应深入地研究本班幼儿,有针对性地提出意见和建议。

1. 教研活动有利于提高教育教学质量

教研活动往往具有很强的针对性,主要解决教育实践中存在的问题和难题,具有极强的实用性。通过研究可以提高工作效果，促进教育与教学活动。

如某教师发现本班幼儿社会交往能力较差，不知道如何与其他小朋友相处。针对这一情况，她做了更深入的调查，找出了原因，并提出了解决措施，即多为幼儿提供交往的机会，教给他们交往技能。经过一段时间训练，幼儿的交往能力有了明显的提高。教师将自己的教学与研究结合起来，既解决了现实存在的问题，也推动了教学质量的提高。

有的教师总是为如何提高教学质量发愁，她们绞尽脑汁，冥思苦想，其实提高教学质量必须与研究活动结合起来，这是解决教学中出现的实际问题、推动教学工作的最好的手段。

年轻教师刚到幼儿园时常常满腔热情，但是却不知道从何开始，工作显得比较盲目和被动。对于刚参加工作的青年教师，首先要熟悉自己的工作，然后就要为自己制订工作计划，教研应成为工作计划中的重要组成部分。由于教研活动比较具体，有很明确的目标，操作性强，有利于教师把握和实现，这就改变了工作的盲目性，使教育教学工作更加有序、有效。教师通过有计划、有目的的教学活动，可以更好地落实教育方针，完成教学任务，进一步推动教育教学的改革。

2.教研活动有利于促进教师业务水平的提高

教师的业务水平直接影响着幼儿园的教学质量。教研活动是提高教师业务水平的重要途径。

教研活动大体可分为五个阶段：

(1)发现问题。这需要教师平时注意观察，了解各方面的情况，这是业务水平提高的前提。因为没有观察，就没有了解；没有了解，就谈不上提高。发现问题等于解决了问题的一半。

(2)提出解决方案。结合实践中存在的问题，提出解决方案，这是理论在教育实践中的综合运用，是理论联系实践的过程。

(3)方案实施。通过分析研究，提出解决措施，教师在这个过程中加深了对理论的理解，提高了运用理论的能力。方案在实施中还会遇到各种问题，需要灵活处理和解决，这个过程既积累了教师的工作经验，也提高了教师的业务能力。

(4)得出结论，将结论运用到实践活动中。将上述过程加工、整理、分析，得出结论，并运用到教学工作中，使教学得到进一步升华。教研注入教学工作之中，教学的目的性、指向性增强了，教师的理论水平得到了提高。

研究促进了思考，在思考中教师自身的教育观念与态度都会发生变化，她们会用更加正确的眼光看待幼儿教育和幼儿，用更加科学的方法从事教育和教学活动。幼儿园教师是一支庞大的研究队伍，她们身在基层，了解实践，研究的问题具有很强的现实意义。她们的参与壮大了研究队伍，使教育研究更具广泛性和群众性，有利于改变理论脱离实践的状况，也增强了她们的研究意识和研究能力。教研活动提高了幼儿园的教学层次，极大地提高了教师的业务能力和理论水平。

3.教研活动可以激发教师的敬业精神

兴趣是最好的老师。虽然研究工作很苦，但也很有趣味。研究总是围绕一定问题展开的，问题常常会引起人们的关注，激发人们的兴趣。人们会不断地寻求解决问题的办法。当问题解决后,会给人们带来极大的乐趣,这种乐趣会变化成新的动力,促使人们进一步地去研究。另外,由于教研活动目的性很强,为了实现目标,教师会更加积极地投入,甚至会达到忘我的地步。明确的目标具有很强的激励作用。一个人如果没有目标,就会迷失方向,不知道该怎么走,当不知前方是什么的时候,人就会变得无精打采,百无聊赖;相反,有了目标,人就有了明确的奋斗方向,这将成为极大的动力,人们会精神百倍地去实现预定的目标。

(二)任务

1.组织教师业务学习

学习国家的教育政策、方针和有关的法律,把握国家的大政方针,提高教师的政策水平和运用政策的能力。认真学习幼教方面的政策、理论及发展动态,及时了解幼教发展的热点问题。学习最新的幼教理论,树立正确的教育观、儿童观。

2.组织交流活动

为了提高教师的业务水平,应该让她们经常交流,相互促进,相互学习,可采取多种形式,如观摩课、交流学习体会、专题讨论、竞赛等。交流活动关键在交流,幼儿园每学期都要有计划、有组织地安排一些交流活动,为教师相互学习提供机会,创造条件。通过交流活动将教师的精力和注意力吸引到学习业务、钻研业务上。交流的面要广,不要仅局限在几个人身上,在交流中增加教职工之间的相互了解。交流活动也可以跨园、跨地区,既可走出去,也可请进来。每次交流活动要有一定的目的和结果。交流的目的是为了提高教师的业务水平,因此不要摆花架子,也不要搞形式。交流要有丰富的内容,要有效果。有些幼儿园只注意交流的数量,而不注意交流的质量,这样往往不能取得很好的效果。

3.集体备课

平行班的教师可以一起备课,俗话说:三个臭皮匠,合成一个诸葛亮。大家在一起共同探讨,可以加深对教学内容的理解。老教师可带动青年教师,起到传、帮、带的作用。通过集体备课,大家可以认真钻研教材,研究教育对象,对教学中的重点、难点可以共同研究,为教学做好充分准备。这种方式对能力较弱的教师可起到带动作用,达到共同提高的目的。

4.研究教育实践中遇到的热点问题

热点问题往往也是难点问题,是还没有定论,需要进一步探讨的问题。由于没有定论,大家会感到很迷茫,不知如何是好,因此有必要讨论、研究。比如,幼儿学识字好不好,是否可以教幼儿学识字。通过讨论大家会更加关注这些问题,会主动地寻找各种材料。由此会产生一系列针对性极强的科研课题。园长或保教主任要多留心幼教发展的动态,及时掌握热点问题,编出热点问题纲目,发给教职工,请她们展开讨论。

5.创作、编写教材,设计教学活动

各地区、各园有很大的差别,任何一本教材都难以完全符合本园或本班幼儿的特点,有必要组织教师自己编写一些补充教材,这样既提高了教师的教研能力,又丰富了教学内容。随着教学改革的不断深入,教学内容有了很大的变化,原来的教学活动比较陈旧,难以适应幼儿园教育教学的发展,因此教师应发挥主观能动性,结合教学实际,创作一些新的教学活动。

6.组织幼儿教育活动

教师的教育对象是幼儿,应研究教育幼儿的规律,不断地积累经验,并将其上升到理论高度。组织幼儿教育活动要根据其身心发展特点,不要凭主观想象,要注意观察幼儿。游戏是幼儿的重要活动,教师要认真研究幼儿的游戏活动,并结合幼儿游戏活动的特点,摸索指导游戏活动的方法。

二、教研制度的建立

教研活动除要加强教师的主动意识,还应建立相应的制度,以确保教研活动的顺利进行。

(一)建立教研制度的依据

教研制度的建立要有一定的依据,应该建立在科学的基础上,只有这样才便于执行。教研制度不能凭空想象,也不可照搬其他园。为了更好地发挥教研制度的作用,建立教研制度要依据以下几个方面:

1.提高效率,追求实效

教研活动的目的是提高教学质量,教研制度就是为了保证教研活动的顺利开展。因此,在制定教研制度时,一定要考虑到如下几个方面:

(1)要具有实用性。制度不要太烦琐,脱离实际,要注意它是否有用,在实践中能否发挥作用。比如,要求教师每学期设计 100 个教学活动,这就很不实用,定了也不能落实。

(2)要具有实效性。制度确定下来后,要落到实处。通过制度的执行,确实可以保证教研活动的开展,提高教研活动的水平。为了确保教研活动的有效性,教研制度要详细、具体,如听观摩课,不仅要确定开观摩课的次数,还要制定对观摩课的分析、评价等方面的制度,以取得更好的效果。

(3)要具有可行性。制度的确定要符合教师的实际水平及能力,不要盲目追求数量和形式,为了便于操作,制度要明细化,不要过于笼统,指标应具体、明确。

2.符合幼儿园教育教学规律

教研制度是教学管理的重要内容,是对教研活动的管理,它不同于对物品的管理,要遵循教育教学规律,并为教育教学服务。

教研活动要与教学实践相结合,不能脱离教学实践,教研活动要有较强的针对性,注意理论与实践的统一。教研制度在制定时要注意,不要将教研活动游离于教学实践之外。教研活动必须紧紧围绕教育教学展开,不能与教育教学活动冲突,教研活动时间的安排要根据幼儿园教学的实际情况而定。教师要自己挤时间,在教学工作之外,从事教学研究。

3.注意教研活动的广泛性与群众性

教研活动是保教工作的重要内容,它不是几个人的事情,而是全园教师的任务。幼儿园要发挥每个教师的积极性,让大家都参与到教研活动中。教研活动应该与教学活动紧密相连,以教研促进教学,在教学中寻找教研的主题和思路。在制定教研制度时,一定要具有普遍意义,通过制度使教研活动成为大众化的行为。

4.与幼儿园其他管理制度相一致

教研制度是幼儿园管理制度的组成部分,因此它的制定要与幼儿园整体管理制度相一致,不能有冲突和矛盾。教研活动是提高保教质量的重要途径,在制定相应的制度时,必须考虑到它的特点,如时间的安排、主题的确定等。教研活动又是幼儿园整体工作的组成部分,所以,在制定教研制度时还要考虑到幼儿园的其他工作及本园的实际情况,如园里的资金有限,如果在制度中规定每年都要保证若干次外出学习,那么就难以落实。教研制度是幼儿园管理制度的子系统,它必须与整个系统相一致。只有这样才能发挥作用。

(二)教研制度的内容

综上所述,制定教研制度是十分必要的。那么教研制度如何制定,从哪入手呢? 为了回答这个问题,我们必须了解教研制度的内容。

1.建立教研组织

健全组织机构是实施管理的首要条件。建立教研组织主要是要解决参加教研活动的成员、组成形式、由谁负责、负责人与成员各自的职权等问题。对这方面问题,后面还会详细阐述。

2.教研活动的次数

幼儿园每学期搞几次教研活动应有明确的规定。规定的次数要符合幼儿园的实际情况,不要盲目追求次数。次数还要落实到每个人身上,即每个人不得少于多少次。

3.教研活动的资金

在教研制度中应规定教研活动投入的资金,条件好的幼儿园可规定教研活动经费每年增长的幅度。教研活动虽然不需要太多的经费,但是也要有基本的保证,如订报刊等。

4.教研活动的形式

应该说教研活动的形式多种多样,不需要管理太死,但是,有些幼儿园教研活动形式单一,除了备课就是备课,备课代替了一切教研活动,致使大家缺少积极性,被动应付。因此在制度中可规定教研活动的形式必须多样化,以此活跃教研活动的气氛,创造良好的教研氛围。

5.教研活动的主题

主题要结合幼儿园的情况,根据幼儿园的需要来确定。主题要丰富多彩,具有较强的针对性。

6.制订教研计划

每学期都要求保教主任、年级组长、班长制订教研工作计划,使教研活动可以有的放矢地开展。

7.监督和处罚措施

监督和处罚是制度实行的保证。如果没执行教研制度,应该受到相应的处罚。处罚的目的是为了保证教研制度的实行。

(三)教研制度的执行与检查

教研制度不是摆设,它应该在教学实践中发挥作用。教研制度制定出来,并不等于教研活动就开展起来了。为了使教研制度充分发挥作用,必须重视教研制度的执行与检查。教研制度的执行主要靠教研组织机构,但是是否执行了,执行的情况如何,则需要进一步检查。检查可有三种方式:自查、同行查、领导查。自查就是要发挥教师的主动性,让她们自觉地检查自己参加教研活动的情况,培养教师自我管理、自我监督的能力。同行查就是同一学科或同一班级的教师互相检查、互相监督,随时指出对方不对的地方,同行查的目的是为了共同进步,共同提高,大家应坦诚相待,实事求是。领导查主要是采取抽查的形式,既可以定期抽查,也可以不定期抽查,一旦发现有违反制度的做法,要给予相应的处罚,领导查的目的是为了进一步促进教研活动的开展,及时发现教研制度不合理的方面,并迅速调整。

三、教研活动的组织

(一)教研活动的组织形式

教研活动组织是教研工作开展的基本条件。因为教研活动总是依附一定的组织来实现的。

教研活动组织有三个层次:园长层、教研组层、教师层。

(1)园长层是决策层,这一层次的职责就是制定教研活动的大政方针,对教研活动进行整体规划和设想,它决定着教研活动的方向、水平以及未来发展与规模。

(2)教研组层是教研活动的实施与展开层,教研活动主要是通过教研组得以落实的。教研组是为教研活动服务的,因此它的规模与类型可多种多样,幼儿园可根据教研活动的需要及本园的实际情况而定,如上午班、下午班、专题组、学科组。目前许多幼儿园都采取年级组的方式,教研组与年级组合而为一,其好处是研究起来十分方便,随时都可以进行,不需要重新组织人,但是交流面过窄,不易跳出备课的圈子。所以教研组的类型应根据教研活动的需要随时调整。教研组可5~10人,有1~2名小组长,可由本组教师或保教主任提名,报园务会和园长批准。教研组长要由业务骨干教师担任,要有较高的业务素养和一定的工作能力,有较强的责任心,在群众中享有一定的威望。

(3)教师层是教研活动的执行层,教研活动最终要靠所有教师的共同参与来完成。教师应该自觉地参加教研活动,积极为教研活动献计献策。教师的积极参与是教研活动开展的重要保证。教研题目再好、形式再新,若没有教师的踊跃参加,也是毫无意义的。每个教师都要增强自己的教研意识与能力。

(二)教师教研活动的自我管理

教师是教研活动的主体,教研活动是通过教师的参与得以实现的。教研制度的制定、教研组织的建立都是为了保证教研活动更好地进行。教师的自我管理是最积极的因素,教师能够管理好自己的教研工作,教研制度和教研组织才能真正发挥作用。幼儿园在制定教研制度、建立教研组织的同时,还应做好教师教研活动的自我管理。

1.充分认识教研活动的意义

教师应认识到教研活动与教学工作的联系及对自己发展的重要意义,在此基础上产生参加教研活动的积极愿望。

2.制订教研计划

每名教师应该根据本园或本班的教研计划,制订出自己的教研计划,使自己的工作目的更明确,针对性更强。

3.撰写参加教研活动的体会或感想

每次教研活动后,教师都应将自己的想法写出来,不断地总结经验,提高自己的理论水平。这是一个积累过程,对每个教师都是必要的。

4.自觉遵守教研制度

认真学习本园制定的教研制度,并自觉地遵守。要严格要求自己,积极主动地参加园里组织的教研活动。教研制度一旦制定,就应该坚决执行,它具有极强的严肃性,每名教师都应严格遵守,积极响应。

第二节 幼儿园的科研管理

社会的进步和发展给幼儿园的发展提出了新的要求,原有的经验型管理已远远不能满足社会和家长的要求。另外,幼儿园也出现了许多新问题,如何看待和解决这些问题已引起大家的关注。幼儿园需要用科学的方法研究面临的问题。科研不再是研究人员的专利,它已深入到幼儿园,成为幼儿园工作的重要组成部分。

一、科研活动的含义与意义

(一)科研活动的含义

"科学"、"科学研究"是当今人们十分熟悉的词,但是,究竟什么是科学?什么是科学研究?并非所有的人都清楚。

我国著名的科学家陈衡在《科学研究方法论》一书中明确指出:"科学研究是人们以生产斗争和科学实践为基础,对未知的自然界规律性的认识活动,以及根据这些自然规律能动地改造客观世界的探索过程。"

教育科学研究是科学研究的一个分支,是人们用科学的方法对教育领域中的客观规律进行探索的过程。幼儿园科研活动是教育科研的一部分,是人们对幼教领域的客观规律进行探索的过程。幼儿园科研活动的实质有:

1.创新是幼儿园科研活动的灵魂

幼儿园科研活动不是一般的学习、领会,更不是机械地重复、简单的翻版过程,而是一个发现、探索的创新过程。创新是科研的灵魂,没有创新,科研就失去了价值。许多科研工作者都认识到,从事科研工作要活到老,学到老,因为要想成为一个发现者,就必须随时更新自己的认识。总结经验是不是科研活动呢?检验某一活动是否属于科研活动并非看其所采用的形式,而是要看其性质。关键要看它是不是新的发现,有没有创新。

2.探索事物的规律和本质特征是幼儿园科研活动的目的

幼儿园科研活动是研究带有规律性的问题,只有这样,科研成果才能得以推广,这样的科研活动才有普遍意义。任何事物的特征都是多方面的,有表面的、有本质的,科研活动是对事物本质特征的研究。每个幼儿都有共性特质,也有个性特质,幼儿园科研活动一般是研究带有共性的问题,从而总结出事物发展的规律。

3.运用科学的方法是幼儿园科研活动的保证

科研活动有一套完整的科学方法,并要求按一定的程序实施,这是研究者必须遵守的,切不可随心所欲。科学方法是从事科研人员要学习的重要内容。只有运用科学方法从事研究才能有的放矢、循序渐进地完成科学研究,得出科学的结论。

（二）科研活动与教研活动的区别

科研活动与教研活动既有联系，又有区别。两者在管理上处于不同的职能层次。根据科研活动的含义，我们不难看出两者的区别。

1. 研究的内容不同

教研活动主要是研究教育教学的常规活动，与教学工作紧密相连，它是通过观摩活动、交流活动、集体备课、专题研讨等形式完成的。科研活动的内容更广泛，涉及面更大，它指向整个幼教领域，只要是幼教方面的问题，都可以成为科研的内容，如对幼教基本理论的研究、对幼儿身心发展特点的研究、对课程模式的研究等。

2. 研究的侧重点不同

教研活动主要是解决日常业务中出现的实际问题，非常直接，也很实际，如教育活动的设计、教育手段的运用、教学组织的环节。科研活动则是针对实际问题，研究理论的应用和发展，力图探索出带有规律性的问题，不断地丰富幼教理论，如研究教育活动的特性、游戏活动各要素之间的关系、教学过程的调控、幼儿的知识与智力之间的关系、动作与幼儿认知发展的关系等。

3. 研究的目的不同

教研活动是为了使教学活动能顺利地开展，保障教学秩序，更好地完成教育教学任务，它直接指向教学活动，解决教学中出现的问题。科研活动则注重获得新的突破，有一些新的发现，进一步认识事物本质，为幼教改革提供理论依据。

4. 研究的结果不同

教研活动的结果主要表现在教学活动中，使教学活动进一步改善，教学内容更加丰富，教学组织更加自如。科研活动的结果一般是以科研报告或论文呈现，比较系统，具有一定的理论价值。

（三）幼儿园开展科研活动的意义

科研活动并不神秘，也不是研究部门的专利。目前，我国幼教理论研究还很不完善，许多问题需要进一步研究。尤其幼教理论滞后实践的现象比较严重，幼教实践中存在很多亟待解决的问题，这就需要广大幼教工作者积极投入到科研活动中。

1. 幼儿园开展科研活动是社会发展的需要

随着社会的发展、科学技术的广泛运用，对各门学科的科学程度要求越来越高。尤其是对社会科学，人们不仅希望知道其结论，还希望知道发展过程，也就是说既要看到质的分析，也要看到量的分析。以往，对社会科学的研究更多的是来自思维活动和经验总结，这就难免带有某些主观的色彩。而科技的迅速发展、电子计算机量化手段的广泛运用，为社会科学量化的研究创造了条件。人们不仅可以运用判断思维方式对社会科学进行定性研究，同时也可以运用量化的手段进行定量研究。科技的高度发展为社会科学的定量研究开拓出广阔的前景。

学前教育作为一门应用性很强的社会科学，应更加系统化和科学化，仅仅停留在是什么而看不到为什么，仅仅停留在宏观分析而缺乏微观分析，仅仅引用国外的研究资料而看不到中国儿童，这种状况必须改变。要尽快完善我国学前教育理论体系，建立和完善我国学前教育体系，仅靠研究部门是很难胜任的。幼儿教师直接面向幼儿，她们有十分便利的研究条件,应该成为学前教育理论研究的生力军。

2.幼儿园开展科研活动是幼教事业发展的需要

(1)促进了学前教育理论的发展

没有科学的研究方法,就不会产生科学的学前教育理论。学前教育理论发展的历程告诉我们,只有运用科学的研究方法,才能使学前教育理论逐步科学化、系统化。每一种理论的完善也离不开科学的研究方法,科学活动可以教给我们运用科学的研究方法研究学前教育。

(2)促进了幼儿园管理的科学化

首先,科研为实践提供了科学的依据。科学管理离不开科学研究。幼儿园管理需要科学化,教育科研为幼儿园管理提供了科学的依据,如"代量食谱"的研究大大提高了食谱制定的科学化程度,同时也理顺了工作次序,减轻了制定食谱的工作量。以往我国幼儿园管理主要是凭经验,缺乏科学方法,造成管理混乱,疲于应付的现象。如培训师资队伍缺乏计划性、管理人员分工不明确、缺少畅通的信息网络,这些问题需要尽快得到解决。凭主观想象和蛮干是不行的,只有通过科学研究才能提高幼儿园的管理水平。

其次,幼教实践为科研提出了新的研究课题。有人认为,科学研究的一个重要作用是使人敏感,即使人意识到存在的问题。伟大的科学家爱因斯坦说:"提出一个问题,往往比解决一个问题更重要。"幼教实践出现的问题,常常被人们忽视。科学研究可使这些问题显露出来,引起人们的注意。

(3)促进了幼儿身心发展

幼儿园从事科研活动的最终目的是为了使幼儿身心得到正常发展。科学研究为幼教改革提供了科学依据。因为幼儿园科学研究的大部分选题来自教学实践,这些问题的解决将揭示幼儿身心发展规律,为教育工作者选择最佳教育方案提供科学依据。如通过对幼儿思维发展的研究使我们进一步认识到,有必要重新探索幼儿园教学的内容、范围和深度。目前,许多旧的理论已经远远落后于实践,新的问题层出不穷,为了解决这些问题,我们必须采取科学的态度、运用科学的方法、遵循科学的程序去开展研究。

二、科研活动的组织与管理

科研活动是一种较高层次的研究活动,幼儿园教师常常会因为力不从心而难以坚持。应该说幼儿园应以教研活动为主,但是也不能忽视科研活动。科研活动有利于提高教师的理论水平和研究能力。当然,幼儿园的科研活动往往与教研活动结合得比较紧,主要为幼儿园的教学实践服务。为了确保科研活动的开展,必须确立科研工作的目标,建立必要的激励机制。

(一)建立科研工作的目标

明确目标是科研工作的前提。目标可以起到激励作用。幼儿园的科研目标应具体、详细,如果能有一些量化的目标最好。比如,本学期科研目标为完成1～2项园内科研课题,力争在全国报刊上发表2～3篇论文。科研目标要符合幼儿园发展的实际,假如暂时没有科研能力,则可以把培养科研能力作为今后发展的目标,不要规定具体的科研成果,因为超出本园实际定出的科研目标常常不能实现。幼儿园的科研目标与专门的科研部门不同,因为科研部门有专职队伍和一定的科研经费,而幼儿园一般不具备这样的条件,所以,幼儿园的科研目标要多结合教学实际,与教学紧密地联系起来,题目不宜过大,题目过大难以把握。在确定目标时可紧紧围绕着教学实践活动。科研工作目标按重要程度不同,可分为总目标和分目标;按时间不同,可分为长远目标和阶段目标。

(二)建立激励机制

为了鼓励教师积极开展科研活动,可以根据本园的情况,酌情建立科研工作激励机制。具体内容如下:

1.物质奖励

物质奖励是最直接、最简单的一种奖励办法。通过物质奖励,向教师传递了一种信息,即园里积极提倡并大力鼓励教师从事科研活动。作为奖励的"物质"具有了多重属性,代表了成功、自身价值的肯定。有条件的幼儿园可以开设"科研奖",用以奖励获得科研成果的教师。"科研奖"的数额根据幼儿园的实际情况而定,并非越高越好,目的旨在激励教师积极参加科研活动。

2.表彰大会

表彰大会主要是精神奖励,在全园职工大会上公布科研成果及人员名单,通过表彰在全园树立钻研业务、积极从事科研活动的风尚,这不仅有激励作用,也有利于培育幼儿园良好的园风。应该建立表彰制度,如一学期或一年表彰一次,使表彰成为一种例行程序,从而形成一种激励机制。

3.晋升条件

晋升不应该凭印象,更不能靠感觉,而应该有客观依据。客观依据来自平时的积累。教师的科研情况应进入教师业务档案,作为今后晋升的条件之一。幼儿园要大力提倡科研活动,不断地提高教师的理论水平和综合素质。业务水平是决定晋升的主要条件,科研能力的强弱则是业务水平高低的重要标志。

4.出版园内科研成果集

为了推动幼儿园科研活动的开展,可将教师的科研成果汇集成册,综合展示本园的科研成果,鼓励和激励大家从事科研活动的热情。将科研成果集赠送给有关部门,既起到了交流的作用,也宣传了自己。

三、科研活动的开展

科研活动都是建立在一定的程序和科学方法之上的,开展科研活动必须掌握基本思路与方法,这是从事科研活动的前提。

(一)选题

选题是幼儿园科研活动的关键。选题受许多因素影响,有主观的、客观的。选题不能随心所欲,一定要遵循选题的原则,按照科学的方法进行。幼儿园科研活动与其他领域的科研活动一样,是十分复杂的,这就决定了选题的多渠道。

1.选择幼教理论与实践存在差异的共同性问题

这类问题具有一定的代表性。当然,普遍存在的问题是相对而言的,它可以反映在不同范围内,既可以是全球共存问题,也可以是本国共存问题,甚至是本地区或本园共存问题。全球共存问题是一种跨国界的研究。尽管世界各国的幼儿教育情况不同,但是仍然存在着一些共性问题,这是学科本身的客观规律决定的。研究全球共存问题的前提之一,就是要占有大量的资料和信息,只有这样才能选出有代表性的课题。非专业研究人员缺少大量的时间和丰富的资料,所以不宜选择这种方法。可以立足本国,寻找具有代表性的题目。当然教师最熟悉本园,最好是结合本园或本班情况选择课题。例如,某班教师发现班里小朋友告状现象十分严重,于是就提出"中班幼儿告状行为与解决交往能力问题的实验研究"。这样,将选题范围缩小,在自己熟悉的范围内选择课题,容易把握。

2.选择理论与实践有出入的课题

理论应该是实践的指南,应超前于实践。但目前我国存在着许多理论与实践不相吻合的情况,科研选题就可以从理论与实践的关系入手,选择理论与实际有出入的课题。为了从这方面选题,首先要认真学习幼儿教育理论,对理论的形成过程要有全面的了解,把握理论的实质与应用范围。其次是观察了解幼儿的实际表现,对幼儿的语言运用等方面做深入细致的分析。再次是将理论与实际结合起来,用理论来分析幼儿的实际表现,从而得出结论,即理论与实践是否相互吻合,理论能否说明或指导实践。如果两者有出入,则可以提出选题。

3.选择以理论为依据的课题

学习幼儿教育理论会产生一些感想,经过反复推敲、琢磨,就可提出选题。这里要注意以下几点:

第一,选择科学的理论为依据。也就是说所依据的理论一定是科学的、具有时代感的,理论应处于科学前沿领先地位。

第二,对理论应有较全面的了解。选题之前,研究者对所依据的理论要深入学习,反复领会,不能只了解些皮毛就随意引用,更不能为了追求时髦而盲目引用。对理论的精神实质要深入领会,不断地挖掘其内在含义。

第三,具有一定的工作经验。从理论到理论,这种研究方法是不可取的,研究者必须了解实际情况。

4.选择学术争论中提出的问题

在幼教理论与实践领域经常出现一些争论,大家意见不一致,众说纷纭。有些问题仅靠争论和理论分析是很难解决的,我们可以根据所争论的问题提出科研选题,经过研究提出自己的观点。根据争论的情况选择课题是一条很好的选题途径,研究者必须经常关注幼教事业发展的状况,及时了解并敏锐捕捉热点问题。

5.选择专家提出的建议或专家提出的使用性课题

确定选题对初次从事科研活动的工作者而言确实比较困难,这时不妨请专家提出建议,也可以与科研单位合作完成某项课题。在科研工作中,初次参加者要着重熟悉科研工作的程序与方法,为今后独立完成科研工作奠定基础。理论工作者与实际工作者应携起手来,这是科研活动最佳的组合。

(二)基本方法

1.观察法

观察法是科研的基本方法。观察法就是在日常生活中有目的、有计划地对研究对象作周密的观察,并分析观察结果,从中找出规律性的东西。这种方法可以帮助我们了解和弄清客观事实,使我们能直接了解研究对象,增加对所研究问题或对象的感性认识。观察法的种类很多,按照不同标准可以分为以下几种:

(1)从时间上划分有长期观察法与定期观察法

长期观察法是连续的较长时间地观察儿童的表现,这种方法要求连续观察儿童一段时间,如几个星期或几个月,甚至更长时间。长期观察法可以采用日记的形式记录儿童的表现。这种方法时间长,可使研究者对所研究的事物有一个系统、全面的了解,能看出事物发展的趋向,但由于长期观察法费时,周期较长,所以难以坚持,也不易出成果。对直接从事幼儿园实践工作的教师来说,其工作就是教养孩子,有机会与儿童接触,所以长期观察法对她们还是很好的科研方法。

定期观察法不是连续观察,而是分阶段进行观察,也就是说,每隔一定的时间观察一次。此法省时,效率高,易出成果,是常用的观察法之一。但是这种方法不能使观察者看到事物的全貌,不能很好地反映事物发展的连续性。

(2)从内容上划分有全面观察法和重点观察法

全面观察法是观察儿童在一定时期内全部的行为表现。它范围广,内容多,属于一种容量较大的观察法。全面观察法的最大优点是能使观察者全面了解所要观察的事物,但是此法由于观察项目较多不易记录,在使用时,最好有合作者。重点观察法是在一定时期内观察儿童某一方面的活动。它范围小,目的明确,易于记录,易于研究,初次从事科研活动者不妨先使用重点观察法。当然此法也有局限性,易把某一方面的事件与其他事件割裂开,因而难以体现某一活动或事件的内在关系。

(3)从方法上划分有直接观察法和间接观察法

直接观察法是观察者直接借助自身器官进行的观察,此法亦被称为自然观察法。使用这种方法不对研究对象加任何约束,只从被观察对象的自然状况去看。这种方法简单易行,是一种很好的方法。目前由于受各种条件的限制,使用直接观察法居多,它可帮助我们获得比较真实的材料。

间接观察法是观察者借助于仪器或其他物质手段进行的观察,此法也称为实验观察法。这是一种条件和控制不太严格的实验。有时,当外界变量很难控制时,常常将被观察对象放在专门的游戏室中,观察者通过单向镜面玻璃进行现场观察。这种方法使观察更精确、更客观,有时能观察到直接观察法所观察不到的东西。

(4)从取样方法上划分有时间取样观察法和事件取样观察法

时间取样观察法是在一个确定的短时间内,主试观察被试,主试把被试在规定期间的行为看作是他们通常行为的一个样本。主试记录行为发生的次数,然后进行统计分析,最后得出结论。时间取样观察法是以某段时间内行为发生的次数推断行为的情况,它所关心的是行为发生的频率。时间取样观察法是一种测量行为的方法。

时间取样观察法可分为以下四个步骤:

第一,将观察行为分类。在观察之前,把所要观察的行为分类,并把分好类的行为记在预先准备好的纸上。如观察幼儿的攻击行为,在观察前,要把攻击行为按某一标准分类。分类便于记录和研究的深入。分类是时间取样观察法的关键步骤。

第二,记录行为发生的次数。观察时,根据预先分好的行为类别,将发生的次数在短时间内记录在纸上,这些记录不是文字描述,而是以编码或特殊形式在规定的时间内记录行为。

第三,统计整理。统计每一类行为发生的总次数即把编码或其他符号加以整理,计算其总数,并以阿拉伯数字表示出来。

第四,根据观察结果分析讨论。

时间取样观察法的注意事项包括:

第一,明确观察的目的和被观察的人数。确定观察目的可以帮助我们有针对性地进行行为分类,弄清被观察的人数有利于我们确定观察的时间。

第二,统一分类标准。对行为的分类标准,主试者之间要统一认识。因为时间取样观察法常常需要一些合作者同时进行记录,尤其是当被试者较多时,全体主试应对行为分类有统一的认识,这样可以减少观察误差。

第三,限定时间。使用这种方法,时间最好限定在 10 分钟之内,也就是说,观察每个儿童的时间不超过 10 分钟。如假设时间规定为 3 分钟,那就是观察第 1 个孩子 3 分钟后,立即转向第 2 个孩子,再观察 3 分钟,马上转向第 3 个孩子……在观察时,最好给每个孩子身上别上号码,以防混乱。

事件取样观察法是研究特定类别的完整的行为事件。它与时间取样观察法不同,它不受时间的限制,是观察者等待、选择行为发生的过程,它要求观察者完整记录某种行为。此法注重观察行为本身,而不注重观察的时间,因而使用范围比时间取样观察法广泛得多。

事件取样观察法主要是限制事件的例数,在记录时,对各例事件的过程要做详细描述,并根据记录进行概括,综合分析。事件取样观察法搜集的材料与时间取样观察法有明显的差别,研究者在记录中应特别注意。如搜集幼儿的语言,时间取样观察法主要是记录幼儿在某段时间内语言的种类,即说话的次数,而事件取样观察法主要是记录幼儿说话的对象、说话的内容、产生的结果。时间取样观察法关心的是行为的存在,事件取样观察法侧重于探索行为的特点。

事件取样观察法的步骤如下:

第一,确定所取事件的例数。

第二,确定研究方法,包括对象的抽取即数量、观察的时间、观察的地点及形式、使用的工具。

第三,事件的记录。记录的项目很多,如事件持续的时间、事件发生的情况及后果等。记录的事件越完整越好。

第四,观察实施。

第五,分析并得出结论。

2.调查法

调查法是研究者通过访问、座谈、问卷、测验、查阅书面资料等方式向被研究者或熟悉被研究者的第三者搜集资料,通过对材料的整理,了解幼儿园的现状,探索幼儿园发展规律的一种研究方法。调查法是对已存在的事情进行考察和了解,从而解释和分析这些事情,它是研究者主动了解现状的科研方法。

调查法的一般程序如下：

第一，选题，包括拟定调查题目，明确调查目的。这两方面工作都十分重要。仅确定调查题目是不够的，还必须明确从事此项调查的目的，以及为达到这个目的，调查应从什么角度入手的问题。

第二，确定调查类型及手段。选出的研究课题要考虑用什么手段来解决。调查法有三种类型，即现状研究、区别研究和发展研究。根据课题确定调查属于哪种类型，然后根据调查类型组织调查。确定了调查类型后，就要决定调查的具体手段。调查手段是指搜集材料的方法，包括观察、谈话、座谈、问卷、测验和查阅书面资料等。调查者可以根据选题的情况选择调查手段，既可以使用一种手段，也可以同时使用多种手段。

第三，制订调查方案。在确定课题和方法之后，就要拟定具体的实施方案，调查进程就根据这一方案展开。因此制订调查方案是十分关键的一步，也是常常被人们忽视的一步。

第四，选择调查对象。根据调查内容、范围以及对象的特点可采用不同的选择办法。

第五，确定调查内容。决定调查的具体内容，还包括调查项目、评定指标、类别、规范标准等。

第六，调查材料的准备及调查人员的培训。在调查之前，将调查的书面材料印好，器材、工具准备好。如果调查项目较大，需要较多的人参加，就要对参加的调查人员进行培训，使调查步骤保持一致，标准保持统一。

第七，调查的展开。在调查时应注意：向被调查者说明调查的目的，以解除被调查者的顾虑；调查者的态度应热情、诚恳、平等；当被调查者询问某些问题时应耐心回答；调查中不能暗示、启发被调查者；调查者的记录应该真实、客观，不应带有偏见。

第八，对调查材料进行整理分析。

第九，撰写调查报告。

3.实验法

实验法是在精心考虑和专门创设的条件和环境中，对某些教育内容、方式、方法等进行检验，以便揭示事物的因果关系，发现和概括教育的客观规律。它是通过创设一定的条件，看预定的教育现象是否会产生。实验法可分为自然实验法和实验室实验法。自然实验法是在现实的教育和教学情景中，按照研究目的，控制和改变某些条件，在不影响正常教育及教学秩序的前提下，来观察被试者的行为表现。自然实验法是在正常教学环境下进行的，实验结果比较客观，由于不要求更多的精密仪器，因而具有可行性。但正是由于在自然状态下进行，造成很多变量难以控制、难以处理。实验室实验法是在特定目的实验室中进行实验，实验者对条件严格加以控制。此法准确度较高，但往往是在人工布置下进行的，有时结果不如自然实验法真实。实验室实验法的特点是要创设一种理想的教育环境，然而理想的教育环境在现实中是不存在的。由于这种方法要求较高，使用起来不够方便，因而在幼教研究领域使用还不够广泛。

实验法的步骤如下：

第一，确定课题。

第二，提出假设和建立假设。

第三，处理各种变量。

第四,选择被试。

第五,实验的实施。

第六,结果与分析。

第七,结论。

第八,撰写科研报告。

四、科研报告的撰写

撰写科研报告是研究工作进入最后阶段不可缺少的重要步骤。科研报告是研究者在对整个研究过程作全面的回顾总结的基础上所写的概括反映研究工作全过程的书面材料,可作为永久性的记录。科研报告既可以作为自己的备忘录、学术交流材料,同时也可为他人提供参考,从而更充分地发挥科研活动的理论意义与实践意义。

(一)撰写科研报告的基本原则

1.真实性原则

真实性原则要求实事求是地反映研究的全过程,不能有半点虚假,更不能掺入个人主观的意图。要绝对防止为了使研究结果符合自己的观点而任意修改原始材料,或者各取所需,或者在写报告后听了别人意见,再对研究方法作书面改动,改变了研究过程的本来面目。这种做法完全违背科学研究的基本态度,失去了科学研究的价值。真实性首先要真实地记录研究的全过程,也就是说材料要真实。另外,在分析时要注意区分原始材料与自己的观点,两者不能混淆。

2.创新性原则

创新是科研活动的基本要求,同时也是评价科研报告水平高低的重要标准。所谓创新,就是指科研报告要有见解,不是简单地重复或模仿他人,而应该有新的发现、新的开拓,提出新的教育观点、新的教育方法或新的概念,给人以启迪。选题新是科研报告具有创新性的前提,如果题目选得不好,缺少新意,也就很难保证科研报告的创新性。

3.可读性原则

撰写科研报告的目的是便于传播和交流,晦涩难懂的科研报告是不利于宣传与推广科研成果的。幼儿园科研报告不仅要让同行专家看懂,也应使广大教育工作者,甚至家长看得懂。科研报告中的语言应通俗易懂,概念准确,逻辑严密,结构合理,文字简练、通顺。

(二)科研报告的内容与结构

1.科研报告的内容

科研报告的内容大体包括:

(1)要解决什么问题;

(2)用什么方法解决;

(3)结果如何;

(4)结论。

2.科研报告的结构

(1)题目。题目要简练、明确。题目中一般包括三项内容,即研究对象、研究范围、研究方法。题目应一目了然,让读者看了题目就能够知道这项科研属于哪一方面的研究,确定是否有阅读的必要。

（2）作者。在科研报告的题目下面要写上研究者的姓名。署名不应放在文章后。署名的目的有两点：一是使读者知道这篇报告是谁研究的，以便读者在必要时与研究者联系；二是研究者对报告内容应负全部责任。署名应实事求是，有多少研究者就应列多少，如果研究人员较多，可用协作组名义署名，然后在脚注中注明研究者、执笔者姓名。

（3）问题。科学研究的出发点就是解决问题，整个研究都是围绕事先提出来的问题进行的。问题在研究中的作用十分重要，科研报告应围绕问题进行写作。科研报告一开始就应该告诉读者研究的问题是什么，需要解决的问题是什么，从而清晰地显示研究者的研究方向。正常情况下，一两句话就可以把问题提出来。为了使读者明了问题研究的价值，也可以介绍一些研究的背景，或直接说明研究的具体目的。

（4）方法。对研究方法的说明是研究报告的主要内容之一。通过说明研究方法，人们既可以判断研究结果的科学性，又可以重复实验，以检查研究结果的可靠性。说明研究方法主要应包括：详细说明怎样选择被试；使用哪种方法进行研究，如观察法、调查法、实验法等；使用的材料与工具；效果测定的具体方法和测定的内容；评定的方法及标准；研究的具体步骤。

（5）结果。研究结果是对数据和素材的加工整理，数据是否准确，素材是否可靠，直接影响到研究结果是否科学。为了保证结果的科学性，在处理数据和素材时，一定要实事求是，认真地对待所获得的材料，不能马虎，更不能随意更改数据和素材。

（6）结论。根据研究结果得出结论，并回答该研究提出的问题。结论要慎重，既不可扩大其适用范围，也不可缩小其适用范围。所得出的结论要符合科学性，结论应概括、明确，切忌含糊不清、前后矛盾。

（7）讨论。讨论是对结论的进一步引申，包括：对得出的结论从理论上加以解释；对别人的有关研究与自己的研究加以比较；对本研究涉及的实践活动用理论加以解释，指出研究的不足，并提出进一步研究的建议。

（8）附录与参考文献。附录与参考文献是科研报告的重要组成部分，不可遗漏。有些研究材料篇幅较长，可以不引入正文而放在附录部分。附录部分不能忽视，要完整清晰，不能省略，它是读者评价研究结果是否科学的重要依据，同时也为读者提供了参考材料。参考文献是指研究者在研究过程中所参考的资料、书籍，在列参考文献时应注明标题、作者、出版日期、出版单位以及引用页数。一般可列出10篇左右的参考文献，可按其作用或在报告中出现的顺序排出。参考文献不宜列太多。若有外文参考文献，应用原文列出。

（三）撰写科研报告的方法

1. 对标题要反复推敲

标题是对论文的高度概括，应该是准确、精练的。为此必须对标题进行反复推敲，凡是可要可不要的字都应该去掉，凡是意义不够明确的词都应换上意义准确的词。检验标题的方法：一是要控制标题字数。一般来说标题的字数不宜超过20个字，字数难以压缩的，可以用加副标题的方法予以调整。二是要预测标题是否容易理解。标题拟好后可以征求周围人的意见，如果别人不能理解标题的意思，则需要重新调整。

2.拟定详细的提纲

提纲是科研报告内容的提要,它体现了报告内容的安排及文章的组织结构。动笔之前要拟定一份详细的提纲。编写提纲的方法有:确定报告的总论点;确定报告分几大部分,拟定出各部分的标题,安排好各部分的顺序;考虑每一部分的内部层次,写出每一层次的小标题,也就是每小段的论点;全面检查提纲的安排是否合理,各部分之间衔接是否合乎逻辑,重点是否突出,还有什么需要增删之处。

3.适当处理材料

报告水平的高低,不仅与执笔者的文字水平有关,而且与执笔者对材料的处理技巧有关。对材料应予以适当处理,首先要精选材料,要选用最典型的材料,文章不是材料的堆砌,收集到的材料不一定都有用,应该去伪存真,去粗取精,挑选出最能说明问题、与论点联系最密切的材料。其次,说明材料可以用各种方法,但是要避免重复,如果材料已用文字解释了,就不要再列图表了,如果图表已经十分清楚,就不必再用过多的文字解释。科研报告不同于文学作品,不需要过多的铺垫。

4.整理成文

整理成文是撰写科研报告的最后一步。在整理成文时要做到主题突出,结构严谨,层次分明,每一句话都要围绕论点展开,句子与句子之间应符合逻辑要求,要有内在的逻辑联系,不能想到哪里写到哪里。报告应文理通顺,文字要准确、简练。成文后要反复修改,做到精益求精。

考考你

1.开展教研活动有何意义?
2.教师教研活动自我管理有何意义?
3.简述科研活动的含义。
4.科研活动开展的步骤有哪些?

实践训练

1.试试选择1~2个科研课题。
2."幼儿入园分离焦虑问题的矫治",对这样一个课题你将采用什么样的方法进行研究? 具体有哪些设想?

案例分析

案例1　公开课后的反思

某幼儿园上学期开展的教研活动是举行体育示范课评比,这次示范课将评出最好的一节课参加地区优质课评选。这节课对于即将评职称的 Y 老师来说非常重要,为此,Y 老师花了许多心思,准备了一节丰富多彩的体育游戏课。快轮到 Y 老师上课了,她边组织幼儿整队边想:这次我的选材挺新颖的,孩子们的常规也挺好,可是昂昂和军军两个孩子是有名的"人来疯",那么多听课的人,他俩会不会闹呢? 于是,Y 老师灵机一动,把他俩叫过来说:"你们两个在玩具角玩玩具,不要出来。"昂昂和军军呆呆地看着老师,Y老师没有多做解释,就急急忙忙地把其他幼儿带上场上课去了。上课时,孩子们表现得很好,得到了听课老师的赞许。可在教学过程的后半部分,昂昂和军军终于耐不住寂寞,跑出活动室,从走廊的小通风口往外看,当看到自己熟悉的老师和小朋友时,他俩你一声我一声地叫起了小朋友的名字。孩子们的注意力被吸引过去了,兴奋得不得了,大声地叫着他俩的名字。当时,Y老师尴尬极了,脸腾地红了,身上直冒汗,不知道怎样才能把孩子们的心收回来。还好,旁边活动室的老师赶快把他俩送回了玩具室。

　　Y老师心情复杂地结束了这堂课。回到活动室以后,孩子们兴奋地谈论着刚才的游戏。昂昂和军军哪里去了呢? Y老师怀着内疚的心情在寻找着。只见他俩怯怯地站在角落里望着Y老师,似乎在等着接受批评。Y老师赶紧回避了他俩的目光:自己还有什么资格批评他们呢?

分析与思考 ●●●

评析:

　　案例中所提及的教师为了上好公开课,而支开部分调皮、难以管教的幼儿的现象,应该说无论是在幼儿园还是在中小学,都是常有发生的。这里面既反映出幼儿园领导和教师如何正确认识公开课的问题,也反映出其潜在的教育观和儿童观。通过这一案例,可以深入思考这个问题。

思考:

　　1.公开课的作用是什么? 儿童在幼儿园中的地位何在? 幼儿园对于儿童有着何种意义?

　　2.Y老师的初衷的确是"好"的,为了给自己和幼儿园挣面子,但是这样的做法是否可取? 幼儿园应该如何看待她的这一行为?

　　3.如果你是该园园长,你会如何处理这一事件? 结合实际和本案例,谈谈你园是如何应对公开课的。

案例 2　怎样看待幼儿园的科研活动

　　某大学附属幼儿园特别重视科研活动和科研成果,因为这是衡量幼儿园办园水平的一些看得见摸得着的量化指标,所以该幼儿园把教师发表的论文和申请的科研课题以及其他教科研成果作为评职称和晋级的硬性条件。不仅如此,不同级别的教师在任职期间还要履行其岗位职责,完成相应的刚性科研指标。其结果是教师把精力用在了如何完成自己的科研定额上,花钱出书、发表论文,托人申请课题等,无暇备课、写教案,无暇进行更多的实际教学研究,而是为了完成科研任务而研究,课程上出现了随意性。

分析与思考 ●●●

评析:

　　1.幼儿园的主要任务是保育和教育好幼儿,为幼儿和家长服务,为社会服务。教师应该把精力用在怎样开展好幼儿教育活动的研究上来,组织好每日的活动,教师最起码要认真研究本班幼儿,备好课,写好教案,这才是最根本的职责所在。

2.科研活动是一种较高层次的研究活动。幼儿园领导重视科研本身没有错,但是导向很重要。该幼儿园的科研风来自于培养师资的大专院校,套用了大学的管理模式。作为幼儿园的管理者要根据幼儿园的具体情况,以教学活动研究为主,定期搞一些本园教学研究活动或专题研讨,鼓励教师积极发言,撰写心得体会,立足于教学实践中出现的问题进行有针对性的研究,做好幼儿园基础的教学研究工作。如果把出书、发表论文、主持或参与课题的数量作为评职称和晋升的条件,势必会增加教师的额外负担,使教师不能把精力完全用在教学研究上,而是用在完成任务上,谁的科研成果多,谁就优先晋级评职称。作为幼儿园的教师更重要的是带好班,教好课,留住生源,没有事故。

3.建议大型幼儿园或有条件的幼儿园,可以设置专门的科研机构,开展幼儿园的教科研活动,帮助教师解决教育教学中存在的问题。除此之外,还可以进行一些创新教育的研究以及幼教领域一些有深度的热点问题的研究。

思考:

1.如果一学年让你在学前教育的正规刊物上发表一篇文章或两学年申请一个省级、市级或区级的科研课题,你认为会有压力吗?

2.一个学期要做一节全园的观摩课,你觉得会怎样?

3.你认为幼儿园评职称和晋级主要应该看什么?

案例3　激励是幼儿教师的精神需要

某幼儿园接受了上级行政部门布置的接待专家来园观摩半日活动的教研任务。按照以往的做法,园长将指定特级教师张老师、高级教师王老师做准备,大多数教师则采取事不关己、漠不关心的态度,个别教师还会发牢骚,说"园长眼里没有咱"。

然而这次园长已经认识到只依靠个别骨干教师"撑门面"是不行的,幼儿园的各项工作要有全体教师积极参与,才能不断开创新局面,全面提高保教质量。园长决定借此机会,在幼儿园开展一次"抢任务"的活动。

园长召开了全体教师会议,进行动员,讲明活动的目的、意义、方法及步骤。她在会议上宣布:"抢"到并完成任务者有功,将记录在案,给予一定奖励。然后组织教师进行讨论,在达成共识的情况下开始实施。

很快,就有三分之二以上的教师来教研组自荐半日教育活动的计划。经过由各教研组然后到幼儿园的程序评定,推选出两位年轻教师杨老师和程老师承担这次任务。园长进一步提出要求:全体教师要树立幼儿园工作的整体性观念,支持并且协助两位青年教师完成任务。

接待日到来,两位年轻教师组织的两个幼儿班的教育活动内容丰富、生动新颖,使不同能力水平的幼儿均能积极主动参与活动,并在不同程度上得到了发展。专家及领导称赞她们"素质高"、"创造性地实现了教育活动的目标"。

园长在总结此项工作时,要求并鼓励全体教师在今后的各项工作中,要不断更新教育观念,树立"抢任务"的光荣感、使命感,练就扎实的业务功底,积极参加竞争,不断创造业绩。

分析与思考 ●●●

评析一：

建设一支优秀的教师队伍是有效开展幼儿园工作、促进保教质量提高的重要手段。而要建设一支优秀的教师队伍，就必须注意调动各个层次教师的工作积极性，发挥全体教师的作用，给全体教师以公平锻炼和参与的机会。骨干教师固然是幼儿园保教质量的切实保证，但是非骨干教师的工作水平同样也会影响到幼儿园的保教质量。因此，幼儿园在大力发挥骨干教师作用的前提下，应给予其他教师以更多的锻炼机会，保证全体教师的共同成长和发展。只有这样，才能最终促进幼儿园各项工作的有效开展。

评析二：

在本案例中，园长抓住了有利时机，开展了"抢任务"活动，满足了幼儿教师的精神需要，有效地激励了幼儿教师积极进取的行为，推动了工作的开展。

第一，"抢任务"活动给每一位幼儿教师以充分表现自己的教育思想和业务能力的机会，使她们发挥了自我动力（内驱力）的作用。

第二，"抢任务"活动为幼儿教师创造了进行公平竞争的机会。活动所遵循的基本原则是尊重、信任和依靠广大幼儿教师，这使她们产生了光荣感、责任感和使命感，工作的积极性、主动性和创造性得到充分发挥。

第三，"抢任务"活动激发并增强了幼儿教师的成就欲。"抢任务"是一种追求成功的尝试。敢于"抢任务"是迈向成功的第一步。在"抢任务"的过程中，幼儿教师充满自信心、不懈努力的意志品质得到锻炼和提高，为今后不断取得成功奠定了基础。

第四，"抢任务"活动使幼儿教师增强了团结协作意识。在幼儿园管理过程中，干工作仅靠教师个人的知识经验和能力是有限的、微弱渺小的，而教师集体的智慧和力量则是巨大的。在设计教育活动的过程中，她们群策群力，责无旁贷，在竞争的同时增强了集体荣誉感和团结协作意识，使教师群体的智慧得到集中，整体素质得到提高。

思考：

1.结合你自己的体会和本案例，谈谈如何激励幼儿教师的精神需要。请就自己的实践体会，总结出几条（至少三条）能有效鼓舞员工士气的具体措施。

2.采用哪些有效的方法和措施可使幼儿教师保持旺盛、稳定而持久的积极性？

知识拓展 ●●●

某幼儿园教师教科研训练方式

一、自觉"学"

幼儿教育是未来的事业，幼儿教师必须有未来的眼光，如果不从思想观念转变入手谈教科研，所有的宏观或局部的教育改革都只能是表面的形式。没有全新的教育观念的输入，就不可能有实质性的教改行为的产生。因此，"学习"是幼儿园进行教育研究工作的重要环节。

采取走出去、请进来的方式，组织教师参加各类培训、讲座、观摩等活动，开阔教师眼界，可更好地把教科研工作引向深入。大学习带来大提高，教师对教育理论学习更加关注，自觉性会更高。

有的教师反映，学与不学确实不一样，过去自己总是停留在经验主义，对别人的创新做法或者看不到，或者看到了不重视，不以为然。如今，不少教师能够自觉、主动地购买教育理论著作，订阅教育理论刊物，并不定期地进行摘抄工作，还认真地写下学习体会，整个幼儿园学习教育理论的氛围明显增强。

二、练习"写"

光看不用、光学不写，对教师而言，并未真正参与到课题研究工作中来。在共同确立了研究课题后，先由课题组组长撰写设计报告，接着由教师根据自己的兴趣、本班幼儿的实际情况，围绕设计报告的内容确定一个子课题，并动笔撰写实施方案。通过准备、思考、撰写、讨论、修改这五个环节，可以有效地调动教师参与科研的积极性，为今后研究工作的顺利开展奠定良好的基础。

另外，幼儿园还要求教师们定期写观察记录，将研究过程中幼儿的一举一动写下来。练习"写"，不但帮助教师学会思考、注重观察，而且还锻炼了教师的写作能力，不少教师都说："现在写教育随笔觉得有东西可写了。"

三、敢于"问"

"问"能使教师在进行研究中不断对自己的教育实践进行反思，积极探索教育实践中的问题，努力提升教育实践的合理性，使自己在成为研究型教师的道路上又迈进了一大步。因此，在研究活动中，要求教师针对自己在课题研究中的困惑进行提问，幼儿园再以年级组和教研组为单位组织教师分析问题，共同寻找解决方法。

四、学会"说"

"说"能使教师们积累经验、相互学习。幼儿园每月安排一次小组讨论活动，教师们将自己在活动过程中碰到的问题、想法等提出来，然后由各组长带领教师们详细地分析问题，再各抒己见，想办法解决问题，在这种讨论活动中，教师不再是被动地听讲，而是主动地参与，理清自己的思路，将其有条不紊地表达出来。这种活动即提高了教师们的表达能力，又实现了经验分享，利用集体的智慧互帮互学、共同提高。

实践和探索证明，教育科研是幼儿园的立园之本、兴园之策、发展之源，唯有立足于教科研工作，才能把握幼教形势的脉搏，深化幼教改革，促进幼儿的全面发展；也唯有这样，幼儿教师才能成为合格的新一代的灵魂的塑造者，才能托起明天更美丽的太阳。

第七章

幼儿园的卫生保健工作

〰️学习目标

1. 了解幼儿园卫生保健工作的意义和任务。
2. 掌握幼儿园卫生保健工作的重点及常规管理。
3. 理解班级卫生保健工作的重要性。

第一节 幼儿园卫生保健工作的意义、任务和内容

幼儿园十分强调卫生保健工作,这是它区别于其他教育阶段的重要特色,是由幼儿身心发展特点决定的。卫生保健工作是幼儿园管理工作不可缺少的重要部分。一切为保证幼儿身心正常发展和健康成长而实施的各种措施都称为卫生保健工作。

一、幼儿园卫生保健工作的意义

1. 幼儿园卫生保健工作是由幼儿的年龄特点决定的

幼儿园卫生保健工作的对象是幼儿,他们正处于生长发育的关键时期,生长发育还未定型,可塑性大,易受伤害,且其行为习惯与个性也正在逐步形成的过程中,幼儿园可以通过有计划、有组织、有目的的管理工作,科学地安排幼儿的一日生活,提供合理的营养膳食,定期体检,进行疾病的防治和生活卫生常规的培养,加强体格锻炼,以及建立安全措施等工作,实施良好的保育和教育,促进其健康成长。

2. 幼儿园卫生保健工作是幼儿身心发展规律所要求的

幼儿是活生生的个体,其身心是一个完整的有机体,虽然在发展速度上是不均衡的,发展有先有后,但是从横向看,同一时期各个方面的发展都是相互联系、相互制约的,其发展是一个整合过程。身体的发展指儿童机体的正常生长、发育;心理的发展指儿童的认识过程、情感、意志和个性的发展。学前儿童身体的发展和心理的发展是密切联系的,儿童年龄愈小,身体发展和心理发展的互相影响愈大。在出生后的头 6 年,儿童的身体发展是

十分迅速的,不仅是量的变化过程,也是质的变化过程,这些都对其心理发展具有极大的影响。可以说,身体是全面发展的重要方面,也是其他方面发展的基础。身体的发展制约着心理的发展,没有身体的健康发展,全面发展就成为一句空话,幼儿身心发展是互相制约的,因此重视幼儿卫生保健工作,是保证幼儿健康发展的前提。

3.幼儿园卫生保健工作是由幼儿园集体教育形式决定的

幼儿园是集体保育和教育机构,在集体中幼儿接触面广,交叉感染的机会多,传染病极易蔓延,为了保证全体幼儿的健康,幼儿园必须将卫生保健工作放到重中之重的位置上,创设干净、清洁的环境,采取保健的安全措施,给幼儿提供有利于健康发展的环境。

4.幼儿园卫生保健工作是由幼儿园教育的社会功能所决定的

幼儿园担负着促进幼儿身心全面发展和为家长解决后顾之忧的双重任务。现代生活、工作的节奏加快,年轻的父母虽然十分重视孩子的教育,但由于工作繁忙,难以抽出更多的时间照顾孩子。他们对幼儿园寄托了极大的希望,再不像过去那样,随便将幼儿送到一所幼儿园,而是煞费苦心地选择比较好的幼儿园,这无疑加重了幼儿园教育的社会功能。而幼儿的健康比较直观,容易引起家长的重视。

因此,幼儿园有目的、有计划、有组织地根据幼儿年龄特点开展以卫生保健为重点的养护工作,有效保障幼儿的身心健康发展,就可以解除家长的后顾之忧。

二、幼儿园卫生保健工作的任务

1.保护幼儿的生命与健康,促进幼儿的生长发育,增强体质

幼儿期是人身体生长发育的主要时期。一方面,幼儿身体各组织器官,如神经系统、骨骼肌肉、心血管系统、呼吸系统、消化系统等都在迅速地发育,急剧地变化。另一方面,这种发育尚未成熟,各组织器官还比较娇嫩、柔弱,可塑性极大,同时,幼儿的免疫力低,各组织器官极容易感染疾病,生活经验少,独立生活能力差,又缺乏安全知识,饮食起居都需要成人的妥善安排和照顾,还要注意预防疾病,防止意外事故。因此,保护幼儿的生命与健康,促进幼儿的生长发育,增强体质是幼儿园卫生保健工作的首要任务。

2.培养幼儿保持、增进健康的能力,养成健康生活和安全生活的习惯、态度

健康生活和安全生活的习惯和态度是保持、增进健康的前提。幼儿应在成人的指导下,逐步养成健康生活和安全生活的习惯和态度,增强幼儿的自我保护能力。

管理中应注意发挥专职保健人员的专长,使班级保教工作与专职保健人员的工作紧密结合,使卫生保健工作的任务目的真正落实到幼儿身上,促进其身心健康发展。

三、幼儿园卫生保健工作的内容

1.创设良好的生活环境

幼儿园是幼儿生活和活动的场所,幼儿园所提供的环境和物质条件直接影响着幼儿的身体健康,能刺激和发展幼儿的各种能力。因此,幼儿园应充分地利用现有的经济条件,因地制宜,为幼儿创设良好的生活环境。园舍、场地、设施等要符合安全、卫生和教育的要求,给他们提供一个净化、绿化、美化、儿童化的生活环境。如活动室应光线充足,通风干燥,有足够的幼儿活动空间,幼儿使用的桌椅玩具等设备要适合幼儿的身材,并且安

全;盥洗设备要符合卫生要求,并要保持房屋设备的清洁。

2.制定和执行科学的生活制度

生活制度是指科学地安排生活中主要活动的顺序和时间。为幼儿制定并执行科学合理的生活制度,使幼儿生活有规律、有节奏、动静交替、有劳有逸,对增进幼儿身体健康有重大的意义。幼儿园应参照教育行政部门和卫生部门制定的卫生保健制度,依据幼儿的年龄特征,同时考虑季节的变化、地区特点和家长的需要,科学合理地安排幼儿的作息,保证幼儿有足够的户外活动时间,室内外活动平衡,集体活动与个别分散活动结合,坚持以游戏为基本内容。

3.提供合理的营养和膳食

营养是保证人体全面发展、保证健康和增强体质的重要外在因素。幼儿正处于生长发育时期,他们所需要的营养一方面补充每天活动中机体代谢所消耗的能量,另一方面还要供给机体组织生长发育的需要。因此,他们需要的营养比成人高。充足、合理的膳食能保证幼儿的营养需要,所以,为幼儿提供合理的营养和膳食是幼儿园卫生保健工作的重要内容。有关卫生保健人员要协同总务部门共同制定营养平衡的幼儿食谱,定期计算幼儿实际进食量和营养摄取量,并指导督促烹调技术的改进。

4.完善各种卫生制度,预防疾病的产生

幼儿园是幼儿集体生活的地方,极容易交叉感染,尤其是在一些流行病暴发时,幼儿园要坚持"预防为主"的原则,完善各种卫生制度,如预防接种制度、消毒隔离制度、体格检查制度等,采取积极的防病措施,降低发病率,保护幼儿的生命和健康。同时,注意对幼儿进行保健教育和指导,使其养成健康生活必需的态度和习惯。

5.开展体格锻炼

坚持体格锻炼,有利于增强幼儿各器官、系统的机能,提高和改善幼儿对外界自然环境变化的适应能力,增强抵抗力,促进其生长发育,增进幼儿的身体健康。幼儿园增强幼儿体质的最积极有效的措施就是注重体格锻炼。可以根据幼儿园的具体情况有计划、有组织地开展冷水浴、阳光浴和空气浴,也可以结合幼儿园日常活动进行有目的的体格锻炼,如户外游戏、散步、早操等。

6.重视安全工作

幼儿年龄小,有强烈的好奇心,好动,但他们的体力和能力有限,知识经验缺乏,不能对危险的事情做出正确的判断,也不能够预见行为的后果,难以保护自己,幼儿园的安全工作就是保护幼儿生命,保证幼儿健康,因此,要高度重视安全工作。幼儿园的安全工作涉及幼儿园的各个部门及各个环节,如门卫工作、幼儿接送、幼儿园场地和设备以及幼儿活动、生活中的安全等。同时,注意对幼儿进行安全教育,并养成安全生活必需的习惯和态度。

7.重视幼儿的心理卫生与健康

幼儿的健康包括身体健康和心理健康两个方面。重视幼儿的心理卫生与健康是幼儿园卫生保健工作的内容之一。

第二节 幼儿园卫生保健工作的管理

幼儿园卫生保健工作是幼儿园管理工作的一个重要方面,管理者不仅要在思想上高度重视,而且还要在管理的过程中采取具体的、有效的管理措施来落实此项工作。

一、幼儿园卫生保健工作有效管理的要求

1. 预防为主、防患于未然

这是幼儿园卫生保健工作管理的根本要求。幼儿期是儿童生长发育非常迅速的关键期,各器官、系统尚未发育成熟,免疫抵抗力差,极容易感染疾病,受到伤害。且幼儿园是幼儿集体生活场所,卫生保健方面的工作稍有差错或疏漏,就可能给幼儿造成伤害。因此,幼儿园卫生保健工作应以预防为主,防患于未然,杜绝事故隐患。但不能一味地消极预防,要采取积极措施,如注重体格锻炼,增强幼儿体质,增强对疾病的抵抗力;重视幼儿的常规训练,减少幼儿之间的冲突;进行必要的健康教育,增强幼儿的自我保护能力。

2. 从组织结构和制度上确定卫生保健工作在幼儿园管理工作中的地位

组织和制度上的保证有利于幼儿园卫生保健工作的顺利开展和具体落实。园领导中应有一名领导主管卫生保健工作。可视幼儿园的工作和实际需要成立专项的非行政组织,如设立由保教人员、后勤人员、炊事人员组成的伙管(委)会、爱委会、安全工作检查小组等,并建立幼儿园整体工作目标体系的卫生保健目标分系统:通过岗位责任制、考核评比等制度和措施将相关人员的工作内容、职责等确定下来。

幼儿园还应将卫生保健方面的各类要求、执行步骤等制度化,以规范各方面的工作和各类工作人员的行为,协调各部门的工作,确保幼儿园卫生保健工作任务的完成,保证幼儿健康发展。

3. 加强计划性和检查指导工作

幼儿园管理者应将卫生保健工作提到议事日程,列入园务工作计划,而且要求各个部门的工作计划和班级教养计划中也要体现卫生保健方面的要求以及具体的落实措施,并对计划的实行进行检查指导,以便及时掌握情况,加强指导和不断改进工作,提高工作质量。如将幼儿阶段性的体检与营养分析和平时对伙房、保教人员的儿童饮食管理情况的检查相结合,进行对照分析,及时调整工作,从而保证儿童饮食营养的摄入量。

4. 注意日常性的卫生保健工作

幼儿园的卫生保健工作要从大处着眼,小处着手,注重日常性的卫生保健工作,抓好幼儿日常生活活动及每日的饮食起居等环节的卫生保健工作。

二、幼儿园卫生保健工作的组织管理

(一)建立幼儿园卫生保健工作的领导组织

幼儿园卫生保健工作是全园教职工的事,它涉及面广,不仅医生、护士、保健人员要参与,教养员、保育员、事务员、炊事员、勤杂工、门卫也都有责任。因此,必须建立一个统一的领导组织,调动各方面的力量,协调各方面的工作,以提高幼儿园卫生保健工作的管理效率。

（二）健全各种卫生保健制度

健全各种卫生保健制度，是实现幼儿园卫生保健目标任务的保证，也是检查各项卫生保健工作实行情况的依据。

幼儿园在贯彻执行卫生部制定的《托儿所、幼儿园卫生保健制度》的基础上，可根据幼儿园的实际情况制定有关的卫生保健制度。

幼儿园的卫生保健制度有以下几种：

1. 教职工和幼儿体格检查制度；

2. 幼儿体格锻炼制度；

3. 预防接种制度；

4. 隔离、消毒制度。

（三）幼儿园卫生保健工作的管理过程

幼儿园卫生保健工作的管理过程是通过计划的制订、执行、检查和总结四个环节来开展的。

1. 卫生保健工作计划的制订和执行

卫生保健工作计划是全园工作计划的一部分。制订幼儿园卫生保健工作计划要根据幼儿教育的总目标和当地部门的指示要求，结合幼儿园的实际情况，在总结上期工作的基础上进行。

首先，要确定本期卫生保健工作的总任务和要求，要突出重点，体现改进和提高的精神。其次，由各部门据此制订具体的工作计划，各项工作要任务明确，措施具体，进行的方式、执行人及完成日期都要落实。

保健医要根据全园工作计划制订学期保健工作计划，内容包括定期的幼儿体检，对体检结果的分析；按时完成计划接种，并做好记录；经常性的疾病诊治，做好统计工作，并开展对一般慢性病的防治和缺点矫治，加强对流行病的预测，做好防治计划以及对体弱儿童的特殊护理等。

伙食管理员要根据全园卫生保健工作总计划的要求及伙食管理委员会的研究结果，制订每月的伙食计划及周食谱，并提出改进和提高伙食质量的措施，既合理使用伙食费，计划开支，又保证幼儿能获得必需的营养。

卫生领导小组要根据全园卫生保健工作计划的要求，制订学期的卫生计划，包括经常性和季节性的卫生工作的内容及具体措施。

班级是幼儿园的基层组织机构，班级工作人员和幼儿接触最多，因此应重视班级的日常性卫生保健工作，重视幼儿日常生活活动及每天的饮食起居环节中的卫生保健工作。在各班的工作计划中，应将卫生保健工作计划作为一个组成部分，或者单独制订一个班级卫生保健工作计划。班级的日常卫生保健工作主要从以下几方面着手：

（1）加强对幼儿每日的健康状况的观察和检查

要做好晨间检查和幼儿的全日健康观察。晨间检查应该做到：一问，二摸，三看，四查。

一问：是询问幼儿家长，了解幼儿离园后到来园期间的一般情况，包括精神方面、饮食情况、睡眠、大小便以及有无咳嗽等异常症状。

二摸：常用手触摸幼儿前额、颈部，以便发现幼儿是否有发烧现象。对可疑发烧者应及时测量体温，以便进行对症处理并做好记录。

三看：主要观察幼儿的咽部是否红肿，是否精神活泼，面色是否正常，眼结膜是否充血、红肿、流泪及分泌物等，是否有流鼻涕感冒的症状。同时还要顺便注意查看幼儿皮肤，如颜面部、颈部、耳后等处是否有皮疹，防止急性发疹性传染病，如水痘、风疹、手足口病等。

四查：根据当地当时幼儿传染病发生及流行的情况，有针对性地重点进行检查，例如流行性腮腺炎的发病季节，就应注意检查幼儿的腮腺处（耳垂周围）及颌下腺是否肿胀，对可疑幼儿应进行检疫隔离观察。同时要检查幼儿口袋中是否携带可造成创伤的玩物，如小刀、玻璃片及石子等物品。

晨检结束后，要进行综合分析，挑出患儿，隔离观察，抑制疾病的蔓延和传播。

午间检查又称午检，是指每日午睡后，保健医生应到各班组巡视一遍，了解幼儿的精神、饮食、睡眠及大小便是否有异常情况，对异常者应进行适当的处理。尤其在幼儿传染病流行时，如水痘、腮腺炎、风疹等，往往是早上晨检未发现异常，在午睡后则有典型的症状，亦是幼儿急性传染病的特点（发病急）。

（2）为幼儿创设良好的生活环境和精神心理环境

在一日生活当中，为幼儿提供良好的生活环境和精神心理环境，是班级卫生保健工作的重要内容，包括安全的活动环境、良好的睡眠环境、卫生的进餐环境、科学的作息安排以及能够让幼儿保持情绪愉快、平稳的精神心理状态。

（3）培养幼儿良好的生活卫生行为习惯

在一日生活活动中，注意幼儿生活的护理，如注意活动前后及时增减衣服，按时进餐，保证进食量等。在各环节中培养幼儿良好的生活卫生行为习惯，进行安全教育，如进餐习惯、如厕习惯、清洁习惯等。

（4）密切与家长的联系和配合

保教人员要充分利用班级工作的优势，经常与家长沟通，了解幼儿的个别差异与在家表现，以便能有针对性地采取有效措施，并争取家长配合，做好幼儿园的卫生保健工作。

2. 卫生保健工作的检查

园领导要定期、不定期地检查卫生保健工作的进展情况，各项工作是否按计划执行、按制度办事，若发现问题要及时找出原因，并修改、完善计划，确保卫生保健工作的有效开展。

幼儿园卫生保健工作的检查要通过实地观察、听取汇报、看书面材料来进行。

3. 卫生保健工作的总结

没有总结就没有提高。在学期结束或学年结束时，应对卫生保健工作进行全面的总结。也可针对幼儿园某一项卫生保健工作及时进行单个项目的工作总结。各个部门应对所承担的卫生保健工作进行阶段总结。园领导根据对卫生保健工作的检查、分析，结合各部门的总结，做出全园的卫生保健工作总结，并将其纳入全园工作总结之中。

第三节　幼儿园安全教育与管理

安全是幼儿园管理中的头等大事。幼儿园应对幼儿在园的安全负责,安全工作要常抓不懈。

一、幼儿园安全工作管理的要求

1.强化全园教职工的安全意识

幼儿园安全工作涉及全园各个部门,因此,要提高全园教职工的安全意识,形成全园重视安全工作的局面。园领导及各部门负责人应注意随时督促、提醒教职工要做到人到心到,不擅离岗位,严防意外事故的发生。

2.清除环境中的不安全因素,加强预见性

幼儿园的设施、设备上的不安全因素,是造成幼儿意外伤害的原因之一。要注意设施、设备的经常性维修、检查,控制环境中的不安全因素,将园内不安全因素降至零,事先预料可能发生的危险,加强防范,保证幼儿的安全。

3.加强幼儿的常规训练,重视组织幼儿活动中的安全问题

时间、空间、组织不利都是幼儿活动中的不安全因素。给予幼儿的时间不够,仓促匆忙间容易造成意外,而足够的活动空间可以避免因拥挤、幼儿互相碰撞发生意外,活动中教师组织不利,秩序混乱也容易发生意外。因此,要重视幼儿活动组织的安全问题,给幼儿提供充足的活动时间、空间,加强幼儿活动常规的培养,形成和谐有序的环境气氛。

很多幼儿园发生的重大事故都是因为教师责任心不够,组织幼儿不得要领,秩序混乱。另外对玩大型玩具存在的潜在危险分析不足,结果给幼儿带来了人身伤害,给幼儿园带来了不良的社会影响和严重的经济损失,致使有的幼儿园因此倒闭。

4.注意培养幼儿的自我保护能力和安全意识,掌握安全常规

好奇、好动、好探索是幼儿的天性,不能因重视幼儿的安全而限制、禁止幼儿的活动,因噎废食,消极防范,是不可取的。应该在重视环境和组织工作安全的前提下,注意培养幼儿的自我保护和安全意识,加强幼儿安全常规教育,从根本上做好幼儿园的安全工作。

二、幼儿园安全教育与管理的内容和方法

(一)玩具的安全

玩具是幼儿每天都要使用的,应该避免玩具给儿童带来的伤害。从玩具的购置、使用到保管上都应首先从保证幼儿安全考虑。

1.避免购置危害幼儿安全的玩具,如边缘锋利的玩具、容易破损或断裂的玩具、用有毒材料或涂料制成的玩具等。

2.教会幼儿玩玩具的方法,尤其是户外大型玩具,应让幼儿掌握游戏常规。对于需成人指导才能玩的玩具,一定要在教师的指导下进行,如一些需插电的电动玩具。

3.注意玩具的维修和保管。如要定期给玩具消毒,对残旧的玩具要及时修理或丢弃。对大型户外玩具要经常检查、清洁,如沙池,要定期清理,避免某些尖锐物体刺伤幼儿的手指。

（二）交通安全

1.通过各种形式指导幼儿认识交通标志，掌握交通规则。

2.有交通车的幼儿园，要注意指导幼儿掌握乘车规则，如头手不能伸出窗外，不能在车内打闹、跑动，车停稳后按顺序上下车等。

3.教育幼儿注意幼儿园内的交通安全，如上、下楼梯要靠右走，不推让。除特殊活动外，园内不允许奔跑，尤其不能猛跑猛停，推拉碰撞。

（三）着装安全

1.幼儿着装要舒适、安全，避免穿太长的裙子、太大的衣服，以免影响幼儿活动，且易绊倒，发生意外。

2.教师不能穿太短、太窄、太长的裙子以及太高的高跟鞋，以免当幼儿发生意外时，影响教师及时的反应动作。

（四）活动的安全

1.教会幼儿使用活动用具，掌握使用规则，如剪刀的使用等，保证活动中幼儿的安全。

2.注意活动场地的安全。如要有足够的光线；户外活动时，不能在马路附近玩球，以免幼儿为捡球而冲上马路。

3.组织幼儿外出活动时，要有足够的老师，行进中至少保证一前一后两名老师照顾幼儿。

4.教会幼儿户外活动设备的正确使用方法，严禁做出任何危险的特技动作。

（五）防火安全

1.幼儿园要按消防部门的要求配备足够的消防设施，有足够的消防通道。

2.每个班应贴出一张消防通道示意图，并组织教职工熟悉通道及消防和紧急事故电话。

3.幼儿园应预先拟定紧急状况疏散计划，并让幼儿实际演习，以应付失火、地震等紧急状况。可通过比赛（游戏）的方式进行，教师听见紧急讯号后迅速带幼儿离开教室集中到室外空地（操场等）。这种练习可每学期举行一次，并记住119火警电话。

三、急救设施的设置

有条件的幼儿园要设立医务室，并配备专业的医务人员，医务室应备有基本设施及常用药物。没有条件的幼儿园要尽量与附近的医院挂钩，但幼儿园里常可能发生一些意外事件，为使幼儿及时获得妥善的照顾，幼儿园应备有一些最基本的急救设施。

1.配备保健箱。幼儿园可准备两个保健箱，一个在园使用，一个外出郊游时使用。保健箱应放在固定的位置，并妥善保管。保健箱内要准备必要的器材和药品，并列明清单，贴于箱内，随时查对补充更换。各班也应准备一个保健箱，以便随时处理幼儿轻微的意外伤害。

2.幼儿园所有电话机旁，都应该贴上附近医院、卫生所的地址，以备发生严重的疾病和意外伤害时能及时送医院治疗。另外要记住120急救电话。

3.对教职工进行急救常识训练。

4.购置一些有关急救方法、传染病预防、幼儿常见病防治的书籍，供教职工及家属借阅。

5.要建立各种紧急救援预案,比如食物中毒紧急预案、火灾紧急预案、重大事故紧急预案等。让教职工做到心中有数,以免遇事惊慌失措。

四、消毒制度

幼儿园环境与其他环境不同,卫生不好就会带来不安全的因素,造成疾病传播,损害幼儿健康。因此,加强日常的消毒管理工作,改善卫生条件,防止疾病传播,保障儿童身体健康,是幼儿园不能忽视的工作。为此幼儿园应该坚持天天消毒。

消毒制度的内容如下:

1.设立由园长负责的消毒工作领导小组,定期检查督促消毒工作。

2.在园教师应身体健康,具有一定卫生知识,每年体检一次。急慢性传染病(包括疑似病人)及病源携带者,均不得从事幼教工作。

3.入托儿童必须持有当地妇幼保健所的《儿童预防保健手册》,检查免疫接种情况,在入托前均做健康检查,防止传染病人或病源携带者和近期急性传染病密切接触者入园。

4.值班教师要加强对儿童日常活动的健康观察,认真做好晨间检查和午间检查工作,发现病情及时报告处理。

5.教师要讲究个人卫生,做到勤理发,勤洗澡,勤剪指甲,勤换洗衣服,工作服要勤洗换,定期消毒。

6.室内要做到经常通风换气,保持空气新鲜。在传染病流行季节,每日用84溶液喷雾消毒。

7.桌椅、床头、把手、墙壁、地面等每日用清水擦拭一次,每日用84溶液喷雾消毒一次。

8.儿童被褥套每月拆洗一次,每周晾晒一次,衣物、床单、枕巾随脏随换,每周换洗一次。

9.卫生间的门把手、便池、墙壁、手盆、地面等用84溶液喷雾消毒,每日早晚各一次。

10.每人一套专用口杯、毛巾,每天洗消一次。

11.要用流水洗手、洗脸。

12.餐具要做到每餐后必须消毒。

13.厨房和幼儿活动室要在幼儿离园后每天进行紫外线消毒一次。

考考你 ● ● ●

1.幼儿园卫生保健工作管理的内容是什么?

2.如何为幼儿创设良好的生活环境?

3.如何有效管理幼儿园卫生保健工作?

4.如何做好幼儿园安全教育与管理?

实践训练 ● ● ●

1.你是怎样看待幼儿园卫生保健工作在幼儿园管理中的重要性的?

2.请你为一所民办小幼儿园(4个教学班)制定一份切实可行的卫生保健制度。

案例分析 ●●●

案例1 消毒水配置标准

几天来，经常有保育员来找园长，询问如何消毒、如何配置消毒药水。园长觉得很奇怪，原来工作中没有人询问过类似问题，这些都是有明确规定的，为什么这几天总是有保育员来问呢？就此，园长询问了保健医，才知道原来市里有了新的关于消毒液的配置标准，而各班保育员对新的标准还不熟悉，所以才会发生这种现象。

分析与思考 ●●●

评析：

消毒液的配制是消毒工作的一个重要环节，不可忽视，因为浓度不对就达不到杀菌消毒的效果。保健医既然知道有了新的配制标准，就应该提前对所有的保育员进行培训，以免大家问来问去的，影响工作。案例中的保健医为什么没有这样做？难道幼儿园的消毒工作不属于他的工作范畴？

思考：

1. 案例中虽然没有激烈的矛盾冲突，但是不可否认它反映出了管理中的某些问题。根据本案例，请你谈谈出现上述现象的可能原因。案例至少反映了幼儿园管理中的哪些问题？应该如何面对？

2. 处理这一问题的意义是什么？该案例对幼儿园的管理工作有何启示？

案例2 紫外线消毒灯惹的祸

在某幼儿园大三班就读的悠悠最近几天老喊眼睛疼，且有脱皮现象。妈妈陈女士想带她去医院检查，便登录班级论坛准备向老师请假。论坛中一条"急呼！你家孩子喊眼睛疼吗？"的帖子让她的心立刻揪了起来。她看到这个帖子是三天前就发上去的，有十几个家长跟帖，每家孩子的症状都和悠悠的差不多。陈女士后来了解到先前已有多位家长向幼儿园反映这一情况，幼儿园认为只是部分孩子染上了红眼病，一直没有引起重视，更没有通知相关家长关注孩子。后来事态更加严重，该班37名幼儿全部出现类似症状。在家长们的强烈要求下，当地教育主管部门出面主持调查，最终发现肇事的是一盏闲置多年被保育员误触打开的紫外线消毒灯。

分析与思考 ●●●

评析一：

近几年非典型性肺炎、禽流感和甲型 H1N1 等各类传染病让整个社会的疾病防控意识大大提高。紫外线消毒灯在空气消毒方面具有良好的效果，因此医院、宾馆、学校、食堂等各类人员流动大、人口密集的场所，多会安装这种消毒设备。

为了给幼儿提供一个安全卫生的生活学习环境，不少地方政府出台了规范性文件，要求幼儿园必须安装紫外线消毒灯。

可见，在本案中幼儿园于教室内安装紫外线消毒灯并没有违反有关规定，幼儿园"闲置多年"而不用此灯则有违规之嫌。

　　紫外线能有效杀菌,但人体长时间被紫外线直接照射则会损害眼睛及皮肤,甚至可能发生更严重的病变。因此,紫外线消毒灯必须在室内没有人的情况下使用。

　　幼儿园在配备紫外线消毒灯时必须做到如下几点:

　　1.应选购质量合格、安全可靠的产品,保留好质保凭证及发票等。

　　2.紫外线消毒灯的安装应符合安全要求,保持一定的高度并应设有明显的警示标志,为防止幼儿误开,最好架设独立电路,特别是应和普通照明灯分开安装。

　　3.幼儿园完全可以使用移动的紫外线消毒灯,每天在幼儿离园后定时消毒 30 分钟。

　　4.应健全管理制度,落实责任,确保消毒灯有专人负责,保证设备安全及有效使用。

　　5.注意专项的安全教育,务必让每位教职工都知道消毒灯的使用方法和注意事项,并把相关知识纳入幼儿安全教育教学之中。

评析二:

　　本案中的老师缺少对紫外线消毒灯的知识,对潜在的安全隐患也缺乏警惕意识,以至于事发后既不能很快认识到问题的严重性,又不能及时发现险情所在,使事态影响扩大。

　　该幼儿园 37 名幼儿被紫外线消毒灯灼伤是一起典型的突发事件,幼儿园应第一时间通知家长停课,组织幼儿体检、治疗,甚至隔离,并将相关情况及时向所在地政府有关部门报告,尽快查明原因,消除事故隐患,并最大限度地防止矛盾激化和事态扩大。对所有当事人应做到信息公开,不推诿责任。

　　一是民事责任。这是一起幼儿园存在过错的幼儿伤害事故,幼儿园应承担由此事件而导致的医疗费、护理费、交通费等各项费用,如有后续治疗而发生的费用幼儿园也应再行承担赔偿责任。

　　二是行政责任。我国法律规定:发生学生伤害事故,学校负有责任且情节严重的,教育行政部门应当根据有关规定,对学校直接负责的主管人员和其他直接责任人员,分别给予相应的行政处分。幼儿园法人也可能会被主管的教育行政部门或者其他有关部门责令其限期整顿,并且处以相应的行政处罚。

　　三是刑事责任。《中华人民共和国刑法修正案(六)》第一条规定:在生产、作业中违反有关安全管理的规定,因而发生重大伤亡事故或者造成其他严重后果的,处三年以下有期徒刑或者拘役;情节特别恶劣的,处三年以上七年以下有期徒刑。该条所涉及的罪名是重大责任事故罪,如果最后本案中的幼儿身体伤害很严重,或者事件本身的社会影响很恶劣,该幼儿园的相关责任人员将有可能被追究刑事责任。

思考:

　　1.幼儿园室内是否可以安装紫外线消毒灯?

　　2.幼儿园应如何管理、使用紫外线消毒灯?

　　3.幼儿园遇到类似本案情况应如何应对?

　　4.幼儿园在本案中可能会承担哪些法律责任?

　　案例 3　以身作则,坦诚相待

　　星期二是幼儿园例行的业务学习时间。学习快要结束时,园长把上一周卫生检查的结果通告大家,并批评大二班的卫生检查结果不太好,扣了分。大二班的保育员听后,情绪激动地与园长争执起来,认为园长不了解那天查卫生的具体情况,批评得没道理。而园长认为把卫生检查结果告诉大家并没有错,保育员没有必要用这么强硬的态度表示不满。最后,大二班的保育员摔门而去。

事后,园长了解到在保育员学习会议上,后勤园长已经批评了大二班,大二班的保育员表示接受批评,下次一定做好卫生工作。这位保育员是一个爱面子、自尊心极强的人。保育员因园长在大会上点名批评,心理承受不了,认为园长有意跟她过不去,所以才出现上述局面。

园长了解了这些情况后,亲自找到大二班的保育员,当面向她道歉,表明自己不做调查研究,随便批评人,方法不当。这位保育员也告诉园长,那天是因为班上一个老师请假,另一个老师替班不熟悉情况,因此卫生检查时工作未做完。保育员又说:"我是想把工作做好,但园长没向大家说明为什么卫生检查扣了分,就当着大家的面批评我,实在让人受不了。园长亲自来道歉,已说明园长不是有意与我过不去,我今后一定把工作做得更好!"

分析与思考

评析:

现代管理学派代表西蒙曾经说过:"管理工作的关键在于领导者,领导艺术的核心在于激励下属积极主动地工作。"作为园长,要做到充分调动全园职工的积极性和自主性,就需要对全园工作了如指掌,对每一个职工的个性、脾气特点心中有数。大二班的卫生检查结果不好,园长提出批评,依照惯例,这本没有错。但是在管理工作中,不能不考虑特殊情况。那天,大二班的老师请假,另一个老师替班不熟悉情况,因此卫生工作没做完,这是可以理解的,不能够完全怪保育员工作没做好。而且,在保育员学习会议上,后勤园长已批评了大二班,大二班的保育员也表示接受批评。园长不了解这些情况,再次批评,与保育员发生争执是难免的,问题的关键是,作为一园之长,如何处理这场矛盾。

首先,对于工作中出现的这样或那样的矛盾,要冷静处理,分析矛盾是怎样产生的,然后采取正确的对策。园长不了解情况、不做调查研究就在大会上批评人,这是园长的工作过失。园长认识到自己的过错后,坦诚相见,承认错误,主动向保育员道歉。面对园长的宽宏大度,保育员也认识到园长并非与自己过不去,觉得自己今后应把工作做得更好。

作为领导者,树立自己的威信不能单纯依靠权力性影响力,非权力性影响力比权力性影响力具有更大的影响,有着权力性影响力所起不到的作用。它常能通过具体工作中的小事来体现领导者的品德才干和能力。园长与教职工之间的理解与交流,在错误面前的坦诚与高姿态,必然会获得教职工对园长更大的信任与尊重,也满足了教职工对理解和尊重的需要,使大家能心情舒畅、愉快地工作,发扬主人翁精神。

相反,如果园长一味维护自己表面上的威严,固执己见,不肯承认错误,单凭职权发号施令,是得不到教职工的信赖和支持的,这样做只会引起大家的不满,在工作中产生抵触情绪,更谈不上有什么积极性和主动性的发挥了,这是错误的领导方式,领导者应该引以为戒。

思考:

1.你对园长的批评艺术是如何理解的?你认为什么样的批评是有效的?

2.假如在本案例中,园长不是采取大会批评大二班保育员的方式,而是采取通过个别交谈了解情况、提醒注意卫生工作的方式,你认为会产生什么样的效果?

3.大二班的卫生未处理完就赶上了检查,虽然事情是有原因的,但保育员的这种做法你提倡吗? 从保育员的角度看,你认为保育员应该怎样做更为妥当?

知识拓展

一、保教人员的保健学习制度

卫生科学知识是人类生存、发展和正常生活所必需的,尤其是保教人员更应该学习一些基本卫生保健知识。虽然现在的幼儿教师在校期间都学习了卫生学知识,但他们缺少实践经验,只有把理论和实践有机结合起来,才能更好地保育好幼儿的成长发育,因此必须在托幼园所建立保教人员的保健学习制度。

(一)制定切实的学习计划安排

1.学习内容:以幼儿园基本的卫生保健知识为主要内容,用简而易懂的教学方式,结合具体实际使他们学了就可以用,用了就能见到效果为好。例如学习幼儿的生理特点,幼儿常见病的护理,如何预防幼儿传染病及有关消毒隔离的防病知识。

2.学习方法:应采取多种形式,灵活运用结合实际,边学边运用最好。如关于口腔卫生保健的学习,结合如何预防龋齿、手足口病等,搞好口腔卫生,谨防病从口入,学会正确刷牙的方法,这种学用结合的方式收到了良好的教育效果。

(二)制定切实可行的学习制度

1.幼儿园每月可安排1~2次学习,要求全体保教人员无特殊原因必须参加,并列入工作人员考评制度内容之一。

2.根据季节不同和当地传染病发生、流行的情况应及时组织学习有关保健卫生知识,增加防病意识。

3.定期进行学习成绩(效果)测验,每学期最好搞一次学习讲评、卫生知识小测验、问答式科普知识小竞赛等,以鼓励卫生保健工作的深入开展,让教师都有兴趣参与健康教育工作。

保教人员的保健学习可提高保教人员的卫生科普知识水平,是符合保教结合教育方针的,所以托幼园所保健学习应做到“有的放矢”,理论联系实际,因材施教,达到预期的学习效果。

二、幼儿园保健医师医德医风教育

世界卫生组织早在2000年就提出了人人享有卫生保健的战略目标,要实现这一目标,在很大程度上取决于预防保健工作,需要广大的幼儿保健工作者全心全意为幼儿健康服务,所以对幼儿园保健医师进行医德医风的教育是很必要的。

(一)加强幼儿保健工作的重要性教育

幼儿是祖国的未来和希望,他们的身体健康直接关系到民族的素质和国家的前途。在科学技术飞快发展的今天,要跻身世界先进之列,建设成现代化强国,必须大量培养人才,早出人才,必须提高人群的素质。保证幼儿健康是对发展社会生产力的一种投资,所以幼儿是国家的财富,是祖国的未来。

（二）加强幼儿保健专业思想的教育

幼儿保健是一门专业性很强的医学学科。幼儿保健学是研究如何促进幼儿生长发育、保护幼儿身心健康的科学，它涉及范围很广，需要充分掌握运用基础医学、临床医学和预防医学多学科的现代科学知识，而且它的社会性很强，与公共卫生、环境卫生、食品卫生、妇女卫生密切相关，是卫生与教育相结合、防与治相结合的学科。要求幼儿保健医师的业务水平应高于临床医师的业务水平，热爱本专业，树立专业思想。

（三）要有全心全意和无私奉献精神

1.要热爱幼儿，视保证幼儿健康为己任，为幼儿进行生长发育监测、营养管理、疾病防治等，以高度认真负责的精神，完全彻底为幼儿的身心健康而努力工作。

2.要关心幼儿，必须深入实际了解幼儿的生活、学习、活动、睡眠及大小便的情况，发现异常及时给予处理，如小伤小病的观察必须深入到幼儿之中才能发现。幼儿保健医师与临床医师不同，是不能坐等病人的。

3.要与幼儿交"朋友"。幼儿是天真活泼、有纯真感情的，幼儿保健医师应随时体贴爱护幼儿，使幼儿解除惧怕"大夫"的心理，他们便非常喜欢与你接触、交谈，这亦是观察了解幼儿最好的方式。每当你听到幼儿真诚而感人的语言时，你会感受到无比的欣慰。幼儿的感情是真实可贵的，给人甜美的感觉，这必须以好的医德医风做感情的投入来获得。

4.要与幼儿家长、保教老师经常取得联系、互通情况，便于工作的配合。幼儿园保健医师医德医风的教育工作是比较重要的，保健医师的形象更是重要的，因为他们每天与幼儿、家长接触的机会很多，其工作作风、待人接物的方式在许多方面也代表或体现幼儿园的形象，亦可称为一个窗口作用，因此不能忽略此项教育工作。

三、季节性防病措施

疾病预防工作应贯彻"预防为主"的方针，做好经常性疾病预防工作，按年龄及季节完成防疫部门布置的预防接种工作，做好基础免疫工作，提高儿童的免疫水平。除此之外，做好季节性的防病措施也是非常重要的。

小儿的常见病及传染病虽是一年四季均有发生，但是许多疾病与季节气候的变化有密切的关系，因此，必须做好季节性的防病措施。托幼园所的卫生保健人员及保教人员都应熟练掌握小儿常见病及传染病的早期症状及发展情况，以便及早发现，及时将病儿进行隔离治疗，加强护理，减少并发症，使患儿早日康复。各季节的防病措施如下：

1.春季的保健防病措施

春季气温仍比较低，空气干燥，呼吸道黏膜抵抗力亦降低。小儿春季的常见病有小儿肺炎、佝偻病等，常见传染病有流脑、猩红热、流行性脑膜炎、水痘、风疹、麻疹等。

（1）加强儿童体格锻炼：每天要保证不少于2小时的户外活动，多晒太阳就能够获得足够的紫外线，紫外线可使皮肤中的7-脱氢胆固醇生成维生素D3，以减少因体内维生素D不足引起钙、磷代谢失调和骨骼改变导致的佝偻病的发生。

（2）注意开窗通风：春季易患呼吸道疾病（上感、肺炎）及呼吸道传染病，其传播特点主要是空气飞沫传染，室内空气中的病原菌经通风换气即可消除。早晨及午睡起床后可开窗通风，每次不少于20～30分钟。

（3）加强晨午间检查：对患咽峡炎或扁桃腺炎患儿应积极观察治疗，注意早、晚用淡盐水漱口,对预防呼吸道传染病,如流脑、猩红热均有较好的效果。流行性腮腺炎、水痘亦是春季常见传染病,应注意晨检及整日观察制度。

(4)药物预防措施:在托幼园所若有猩红热的患者时,可用1∶1000黄连溶液喷咽,共7～10天,用新诺明每日40 mg/kg,每日两次服用预防。对流脑密切接触者用1∶3000度米芬溶液滴鼻每日两次预防,或用新诺明预防量三天,可预防发病。

2.夏季的保健防病措施

夏季气温高,天气炎热,易滋生蚊蝇,它们又是传播疾病的媒介,易引发如腹泻、痢疾、乙型脑炎(大脑炎)、脊髓灰质炎及手足口等常见传染病。除此以外在夏季尤其注意幼儿的防暑降温,预防痱子及疖肿的发生。

(1)加强饮食卫生:把住病从口入关,严格执行《食品卫生法》。餐具应每餐一消毒,不买、不做腐烂变质的食物,熟食要加热后再吃,水果要洗净削皮后再吃,注意生熟分开。食物要有防蝇设备,预防消化道疾病。

(2)注意消灭蚊蝇:消除蚊蝇的滋生地,搞好环境卫生,清除积水处;消灭成蚊,可采用洒药物、烟熏及用蚊帐和蚊香防蚊等方法,预防乙型脑炎的发生。

(3)培养良好的卫生习惯:如饭前便后要用肥皂流水冲洗;注意饮水卫生,教育幼儿不喝生水;夏天每天要洗头,洗澡(冲淋)1～2次,预防痱子及疖肿等疾病。

(4)注意防暑降温措施:提前准备或检查降温设备是否功能完善,如电扇、空调器等设施的安装准备工作。

3.秋季的保健防病措施

秋季温度比夏季低,但气温还是比较高,蚊蝇密度仍较高,所以秋季仍应以预防消化道疾病为主,对乙型脑炎仍应提高警惕。另外,夏秋季小儿手足口及红眼病容易发生,婴幼儿的秋季腹泻是小儿常见病,必须注意预防。

(1)做好综合性的常规卫生保健措施,如加强饮食卫生管理,切实执行《食品卫生法》,注意小儿卫生习惯的培养,做好消灭蚊蝇的各项措施,预防消化道疾病及乙脑的发生。

(2)晨午间检查时,特别要注意小儿眼结膜是否红肿,分泌物多少,防止红眼病的发生。小儿手足口病在夏秋好发季节,近几年该病症状不明显,为了防止该病蔓延,对不典型的患儿亦应进行隔离观察及治疗。

(3)预防秋季腹泻:婴幼儿秋季腹泻在秋季的保健防病工作中是重点,尤其是三岁以下的小儿要特别注意,乳婴应提倡母乳喂养,适当添加辅食,注意饮食卫生,做好腹泻患儿的消毒隔离工作,防止疾病传播。

4.冬季的保健防病措施

冬季气候寒冷,小儿呼吸道耐寒能力差,易患呼吸道感染如肺炎,以及呼吸传播方式的传染病如水痘、流腮、风疹、白喉、猩红热、流脑、麻疹等。

冬季的防病措施与春季大致相同,仅流脑的预防注射是在冬季12月份左右进行。另外冬季应注意保温防寒措施,防止煤气中毒的发生。

总之季节性的保健防病措施与气温是密切相关的,许多致病菌的存活繁殖与温度相关,消化道疾病的传染与苍蝇的滋生有关,乙脑的传播与蚊子有关。呼吸道传染病多发生在冬春二季,消化道传染病多发生在夏秋二季,托幼园所应根据季节与疾病的发生特点采取相应的预防措施。

四、培养幼儿良好卫生习惯的方法

幼儿年龄小,不能单靠说教和制定几条规定,应采取幼儿易于接受的具体形象的方法,经过反复训练,使其形成条件反射,以达到养成习惯的目的。常用的方法有:

1.形象结合法:利用看画片、讲故事、教儿歌进行自然形象渗透的教育,如在教儿歌"天天午睡身体好"时,除培养孩子发音说话外,还可使幼儿懂得午睡的好处。

2.示范法:幼儿的学习是模仿学习,培养良好习惯时要注意直观示范,让幼儿看到具体的行为标准,因此成人的言谈举止应起到示范作用。

3.反复练习法:良好习惯的养成必须有反复练习的机会。为了提高幼儿反复练习的兴趣,可采取一些带有竞赛性的游戏,如"看谁将玩具收拾得最整齐"、"看谁洗得最干净"等,对训练幼儿摆放物品、自理盥洗都会有效果的。

4.定位法教育:为了使幼儿养成物归原处,不随便使用别人物品的习惯,可将幼儿常用的物品摆放都做出规定,并严格要求按规定的位置摆放,使幼儿对常用物品的位置形成固定的印象,长此下去便形成了自然习惯。

5.督促检查法:幼儿的自觉性、坚持性和自制力都较差,良好的卫生习惯不是通过一两次的教育就能形成的。经常督促检查可使幼儿良好的习惯不断强化,并逐步成为自觉行动。

培养幼儿良好的卫生习惯必须从小开始,愈早愈好,应从婴儿时期开始逐步进行培养,它需要经过成人长时期的培养与教育才能养成。而坏习惯却很容易滋长,一旦形成就很难纠正,为此必须引起保教人员与家长的重视。

第八章

幼儿园的公共关系管理

 学习目标

1. 理解幼儿园公共关系的含义、重要性和原则。
2. 了解幼儿园公共关系的对象和内容。
3. 掌握幼儿园家长工作的意义、形式。
4. 理解幼儿园与社区的关系以及与社区合作的途径。

第一节　幼儿园公共关系的含义、重要性和原则

公共关系是一种古老的社会管理活动。我国古代社会国与国之间的联姻（如昭君出塞）和游说活动（如触龙说赵太后）都属于公共关系行为。现代公共关系则是伴随着商品经济而逐渐发展起来的。这是因为企业的经营管理者逐渐认识到：经营上的成功不仅取决于资本的多少，还取决于企业的声誉和公众对其产品的了解与认可程度。于是，在经济和政治活动中，做好与公众的联系和宣传工作日益受到重视，并形成了公共关系职业。

公共关系作为一种客观现象，它历史悠久。但公共关系作为一门学科是源于美国，至今约有100多年的历史。中国的公共关系是伴随着改革开放而发展起来的。1980年我国在深圳、汕头试办经济特区，之后不久，在深圳的一些"三资"企业最先开设了公共关系部。1983年9月在广州的中国大酒店最先设立公共关系部，之后在中国各地传播，至今已有30多年的时间，这也是近代市场经济、民主政治和传播技术等发展的结果。

一、公共关系的含义

公共关系是一个组织机构从事公众信息传播、关系协调与形象管理事务的一种艺术和科学，它是涉及调查、策划、实施、评估和咨询的一种实践活动。

通俗地说，公共关系是一个组织为创造良好的生存环境、发展环境，通过一系列有目的、有计划、持续的传播沟通工作，与其特定的公众对象建立起来的一种和谐的社会关系。

其出发点是迎合并满足公众的需要;其结果是获得公众的信任和支持,实现组织利益和公众利益的"双赢";其手段是通过一系列有目的、有计划、持续的传播沟通工作,树立组织的良好形象;它是一种关系管理、一种传播管理,也是一种形象管理。

二、幼儿园公共关系的含义

《幼儿园工作管理》的作者谢秀丽对幼儿园公共关系的定义如下:幼儿园公共关系是幼儿园运用各种传播手段,谋求内外公众信赖、理解、合作、支持,从而最终有利于实现幼儿园的保教目标的管理活动。

《幼儿园组织与管理》的作者张燕和邢利娅对幼儿园公共关系是这样定义的:任何社会组织都存在公共关系。幼儿园公共关系是幼儿园为实现教育目标,有组织、有计划地运用传播手段与外部沟通联系,在幼儿园与公众之间建立和发展相互理解与支持的关系,以塑造幼儿园这一社会组织的良好形象和创造最佳教育环境的社会实践。

综合分析,幼儿园公共关系主要是借助公共关系宣传自己,树立自身美好形象,取得社会、家长的理解、配合。幼儿园公关活动的非福利性和非经营性,是它不同于企业、机关和其他社会团体公共关系的特点。

幼儿园公关区域范围是有限的,主要以其所在地区的组织、个人为主要公关对象。幼儿园与公众的关系不以产品为中介,而是直接与服务对象发生联系。它的最终目的是树立良好的幼儿园形象,提高声誉,争取公众的支持与合作,以利于幼儿的全面发展。

三、幼儿园公共关系的重要性

1.幼儿园作为一个社会组织,必须进行公关

任何一个社会组织都存在公共关系,幼儿园这一社会组织也不例外,离开了这种客观状态,便不会有社会组织生存和发展的可能。幼儿园应意识到这种自发的公共关系状态的存在,并自觉地进行改善公共关系的活动,变幼儿园自发的公共关系状态为自觉的公共关系状态,使之成为良好的、于幼儿园有利的、有益于幼儿的公共关系状态。

2.良好公共关系有利于改善幼儿园的办园条件

幼儿园办园必须要有一定的物质、资金。公办幼儿园除了争取政府教育经费的更多拨款外,还应广泛地争取社会各界的支持、家长的支持。私立幼儿园没有上级的拨款。目前我国许多省市公办园正在陆续进行转制或逐步改制,如改全拨款为差额拨款,或完全转制,实行幼儿园自收自支、自负盈亏。在这种情况下,幼儿园要维持正常运转,要改善幼儿园场地设施、设备等办园条件,积极开展公共关系,创造条件改善办园条件就显得尤为必要。

3.积极开展公关,创设良好的育人大环境,有利于幼儿的全面发展

现代幼儿教育必须促进幼儿的认知、情感等各方面的全面发展,这要求除了幼儿园以外,社会、家庭等必须共同为幼儿提供适宜其成长的教育环境,否则,很难取得教育的正效果。这也要求幼儿园积极开展公关活动,与社会、家长加强沟通,让社会、家长理解、认识幼儿园的教育,更好地形成教育的合力,以取得更好的教育效果。

4.公共关系有助于提高幼儿园的竞争力

随着我国全面改革的进一步深化,竞争意识已渗透到各行各业,包括教育行业。幼儿

教育不属义务教育的范畴,我国的幼儿教育以往多数是福利性质的,属于国家教育,投入是有限的,政府鼓励私人办幼儿园教育。通过多年的发展,私立幼儿园逐渐具备了与公立幼儿园抗衡的能力,而近年各地推行公办园转制,将公办园推进了竞争之中,生源问题已成为各幼儿园必须认真对待的问题。除了幼儿园通过改善办园环境、提高师资水平、办特色园来增强自身的竞争力外,通过公共关系塑造幼儿园整体公众形象,提高幼儿园的知名度,增强公众对幼儿园的信心,获得公众在教育上的配合以及较好的生源,就显得尤其必要了。

四、幼儿园公共关系的原则

幼儿园公共关系的原则是有效地开展幼儿园公共关系工作应遵循的基本准则,不论采用何种模式,不论对内还是对外的公共关系都应注意以下几条原则的贯彻。

1. 坚持服务社会、互惠互利的原则

公共关系中,公关和被公关双方的行为都受一定的或物质或精神的利益驱动,单方付出或单方得到都是不可能的。公共关系中互惠互利是最基本的原则,公共关系是在互惠互利基础上进行的。

幼儿园的公共关系同样也必须坚持互惠互利的原则,要以社会利益为本,以公众利益为第一出发点,坚持服务社会。因为公众是幼儿园的服务对象,是幼儿园生存发展的基础。

2. 全员公关的原则

幼儿园没有类似企业的公关部门及专职的公关人员,因此,全员公关的原则对幼儿园来说尤为重要。要让全园工作人员认识到幼儿园公共关系不仅是幼儿园领导的事,更是全园教职工的事,但这并不是要求全园每一个人都成为公关人才,而是要求每一个人都意识到自己是幼儿园的一员,自己的形象代表着幼儿园的形象,必须随时自觉地注意检点自己的言行,力所能及地参加幼儿园的公关活动。

3. 双向沟通的原则

在幼儿园外部公共关系中,必须利用媒介对外宣传自己,让外界认识、了解幼儿园,树立幼儿园形象;同时必须听取外部公众的意见和建议,将这些信息反馈给幼儿园的决策层,对工作进行调整和改善。在幼儿园内部公关中,园长可向下属下达指示,下属也可向上反映问题,从而使得幼儿园上下间相互认同、互相理解与支持,形成有利于幼儿园工作开展的良好公共关系。这就是双向沟通的原则,而双向沟通的最关键一点就是幼儿园必须认识到自己与公众处于平等的地位,应互相尊重。

4. 诚实守信的原则

公共关系中必须以诚信为先,这是幼儿园立足的长远之计。不能言而无信,欺骗公众,要认真对待公众的批评意见,甚至敢于宣传幼儿园自身的缺点,取信于公众。

第二节　幼儿园公共关系的对象和内容

研究幼儿园的公共关系,就要了解幼儿园公共关系的对象都有哪些,幼儿园公共关系的具体内容是什么。

一、幼儿园公共关系的对象

（一）公众的含义

公众是公共关系学中的一个基本概念，是指与组织发生直接或间接联系，对该组织的生存和发展具有现实或潜在影响力的个人、群体和社会团体。例如，每一个幼儿家长都是与幼儿园有密切联系的个人，本地教育部门是与幼儿园有密切联系的社会团体。

（二）公众的分类

1. 依据公众与幼儿园的密切程度划分为非公众、潜在公众、知晓公众和行动公众。

（1）非公众：在幼儿园所在的社区环境中，在一定的时空条件下，既不受幼儿园影响，也不作用于幼儿园的个人或组织。

（2）潜在公众：在幼儿园所在的社区环境中，已经面临着由幼儿园行为引起的共同问题，但尚未意识到问题存在的个人或组织。

（3）知晓公众：在幼儿园所在的社区环境中，已经意识到自己与幼儿园面临着共同的问题，并对问题产生的原因及解决方法感兴趣，但还没有采取行动解决问题的个人或组织。

（4）行动公众：在幼儿园所在的社区环境中，意识到自己与幼儿园面临着共同的问题，并积极采取行动寻求解决问题的办法的个人或组织。

一般说来，知晓公众由潜在公众发展而来，行动公众由知晓公众发展而来。幼儿园要善于分析各种公众类型，积极地帮助行动公众解决问题；主动、及时地与知晓公众沟通交流，使其转化为行动公众；发现潜在公众，提前做好公关准备，等待机会开展公关工作；注意观察非公众的动态。

2. 依据公众与幼儿园有无归属关系划分为内部公众和外部公众。

（1）内部公众：内部公众是幼儿园的组织部分，主要包括教职工和幼儿。

（2）外部公众：除内部公众以外的所有公众。

内部公众和外部公众的具体组成见图8-1。

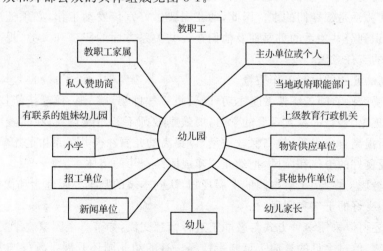

图 8-1 幼儿园内部公众和外部公众示意图

二、幼儿园公共关系的内容

从内部公众和外部公众的角度,幼儿园公共关系的内容可分为两大类,即幼儿园内部的公共关系和幼儿园外部的公共关系。

(一)幼儿园内部的公共关系

幼儿园内部的公共关系是指对幼儿园教职工的公共关系、对幼儿的公共关系和对幼儿园主办单位的公共关系。

1. 对教职工的公共关系

教职工是幼儿园教育教学工作的核心,他们的工作积极性决定了幼儿园办园质量的好坏,直接影响了幼儿园的对外形象。所以幼儿园要注意创设和谐的内部关系,调动教职工的积极性。

幼儿园领导要多与教职工进行思想的沟通与交流,通过向教职工描绘幼儿园发展的美好前景、满足教职工的物质需求、帮助教职工解决实际生活中的困难以及举办丰富多彩的娱乐活动等增加教职工的归属感、自豪感,增强幼儿园的凝聚力。

另外,教职工能够专心于工作与家属的理解和支持是分不开的,所以,幼儿园也要对教职工家属进行公关。如济南市某幼儿园曾利用中秋节,让教职工各带一名家属参加幼儿园举办的茶话会。会上,幼儿园领导诚心诚意地对各位员工家属支持幼儿园的工作表示感谢。在轻松愉快的乐曲声中,大家自由自在地吃一吃、玩一玩、唱一唱、跳一跳、聊一聊,彼此的感情更浓了,关系更融洽了,教职工以后的工作积极性也更高了。

幼儿园教职工公共关系可以从以下几个方面做起:

(1)强化教职工的全员公关意识

幼儿园要广泛地进行公关教育,强化教职工的公关意识。研究发现,那些从教职工处获得幼儿园积极信息的人,比那些通过其他渠道获得幼儿园积极信息的人更支持幼儿园教育。当幼儿园出现事故时,社会上往往会流传多种说法,但社区居民更倾向于相信教职工的说法。而现实中存在的问题是,教职工往往认为自己的职责主要是搞好保教本职工作,改善公共关系是领导们的事。因此,幼儿园要做好宣传发动工作,必须让所有的教职工充分地认识到公共关系的重要性及他们在公共关系方面的职责和义务,提高全体教职工公共关系的责任意识。

(2)提高幼儿园的保教工作质量

幼儿园要鼓励教师苦练保教基本功,既要重视教师唱、跳、画、弹等技能技巧训练,又要加强教育理论、最新的教育观念的学习,要鼓励教师不断超越自我,在实践中不断思考和锻炼,不断提高自身素质,提高保教质量,以提高幼儿园在公共关系中的影响力。

(3)形成良好的士气和园风,把幼儿园建成团结奋斗的集体

让全体教职工参与、了解本园的发展规划,认同本园的基本办园理念和优秀的组织文化,形成全园良好的士气和园风。

幼儿园还可以采用多种方式与教职工进行情感交流,如节日全园家庭聚餐会、给教职工送节日礼物、给过生日的教职工订制蛋糕等。有的幼儿园还开展了领导与每一位教职工单独进行的"零距离对话",切实了解每一位教职工的真实想法,拉近与每一位教职工的

心理距离,采纳他们独到、有效的建议,关心他们的思想和家庭,使其感到大集体的温暖,有助于幼儿园这个大集体形成团结向上、和谐奋进的集体心理气氛。

（4）必要时可以对全体教职工进行公关技能训练

加强全体教职工的公关技能培训,让教职工掌握基本的公关技术。例如,如何通过自己得体的着装、和善的表情、温婉的语言和大方的举止动作在待人接物中表现自己的自信、尊重、诚恳与热情;如何运用沟通交流技术与幼儿家长和社区公众进行愉快的交谈,加深双方的感情,增进彼此的信任等。教职工在职前极少接受这样的训练,所以幼儿园有必要在职业训练中加进公关技能培训的内容,帮助教职工提高公关技能和技巧。

2.对幼儿的公共关系

幼儿是幼儿园最庞大的公众群体,通过对幼儿的公共关系可以对社区和家长产生影响。

对幼儿的公关主要通过热爱幼儿、尊重幼儿、建立良好的师生关系来进行,以此培养幼儿对幼儿园的感情,让孩子喜欢上幼儿园,爱幼儿园,以幼儿园为荣。幼儿园可以通过"我爱我的幼儿园"、"幼儿园是我家"、"我爱教师妈妈"等活动,开展爱园教育,让孩子油然而生一种自豪感和敬意,并以这样的心态去感染社区中的其他幼儿,影响父母和社区公众。

3.对主办单位的公共关系

幼儿园的主办者可以是企业、事业单位,也可以是个人。对主办者的公关主要有以下几个方面:

（1）注意定期汇报幼儿园的发展情况,包括取得的成绩、出现的问题,争取主办者的理解和支持。

（2）尊重主办者的权利,贯彻主办者的决定,自觉接受检查和监督。

（3）主动邀请主办者参加幼儿园的管理决策,征求他们的意见和建议。

（二）幼儿园外部的公共关系

幼儿园作为一个实体单位,与社区公众有着广泛的联系。对幼儿园生存和发展具有重要影响的外部公众主要有家长、社区和上级教育行政部门。

1.幼儿园对家长的公共关系

幼儿家长不仅是幼儿园保教工作的合作者,可以作为幼儿园丰富的教育资源参与和帮助幼儿园开展丰富多彩的教育教学活动,而且作为幼儿园的间接服务对象、作为"客户",幼儿家长也是幼儿园教育教学工作的评价者和幼儿园声誉的有效传播者,对幼儿园的公众形象会产生很大的影响。所以,幼儿园必须充分地认识到家长工作的重要性,采用多种形式加强与家长的沟通和联系,与家长群体建立起良好的公共关系。具体的公关方法参见本章第三节相关内容。

2.幼儿园对社区的公共关系

社区是与幼儿园生存、发展关系最密切的外部环境。积极开展对社区公众的公关活动,开展多种形式的为社区公众认可的社区教育服务工作,一方面可以树立幼儿园的良好形象,有利于幼儿园扩大生源;另一方面,可以了解社区教育需要,为幼儿园的生存与发展提供更大的空间。所以,幼儿园要重视对社区的公共关系,为幼儿园的生存和发展创造良好的外部环境。幼儿园可以经常组织师生走出幼儿园开展社区精神文明的宣传活动,如爱护树木,不随地乱丢垃圾,不随地吐痰等环保宣传活动,以受人称道的园风和幼儿园教师良好的精神面貌影响社区,树立幼儿园的文明形象;幼儿园管理人员、教师还要积极地参与社区公共事务及社区公益事业,强化与社区的良好关系。具体的公关方法参见本章第四节相关内容。

3.幼儿园对上级教育行政部门的公共关系

上级教育行政部门是幼儿园的业务主管单位,它运用政策、法规、信息等手段宏观上调控幼儿园,监督、检查幼儿园,以保证幼儿园正确的办园方向和良好的办园质量,保障幼儿的身心获得健康和谐的发展。所以,幼儿园在业务上要虚心接受上级教育行政部门的监督、检查和指导,有关幼儿园办园方向、办园特色等重大决策问题要主动向上级教育行政部门汇报,寻求其帮助和指导,争取得到上级教育行政部门的理解、支持和信任,为幼儿园争得更大的发展空间。

(1)尊重上级,认真学习领会上级批示。认真学习和领会上级教育行政部门下发的国家、地方的各种文件法规资料,并抓好贯彻落实。尊重上级,配合上级人员对幼儿园工作的监督、检查,虚心接受领导意见,及时改进工作。

(2)主动与上级沟通情况。幼儿园要采取书面或口头等形式向上级汇报本园情况,包括人员变动、重大决策、各项成就、自身不能解决的问题等。幼儿园也要善于利用园庆、总结表彰大会、六一或元旦等节日活动机会,邀请上级领导到场,以融洽与领导部门的关系,得到他们的理解和支持。

(3)熟悉了解上级教育行政部门运作的特点,严格按其办事程序请示汇报工作,理顺工作关系,避免上下级关系紧张,降低工作效能。

第三节　幼儿园的家长工作

幼儿园不是孤立的小岛,它的发展受多方面因素的影响。对幼儿而言,家庭及社会环境对他们的影响很大。幼儿园教育只有与家庭、社区很好地配合,才能取得更好的效果。

家长是幼儿的第一任老师,家长对幼儿的影响非常大。人们常说:江山易改,本性难移。这句话说的是一个人从小养成的行为习惯,对其一生都会产生深刻的影响。家庭在人的成长过程中起着至关重要的作用。随着社会文明的不断进步,家长越来越重视幼儿教育问题,他们很希望更多地了解幼儿在园里的表现。家庭是幼儿教育的摇篮,家长在幼儿成长中起着不可替代的作用。幼儿园应该充分发挥家长在教育中的作用,取得家长的配合和支持,使幼儿园教育有更大的发展。

一、幼儿园家长工作的意义和任务

(一)意义

促进幼儿的发展是幼儿园与家长的共同愿望,两者的目标是一致的。"家园一体化教育"是现代教育发展的趋势。如果把幼儿园教育视为一项工程,家庭教育则是这项工程的重要组成部分。做好家长工作对幼儿园教育有非常重要的作用,主要表现在以下几个方面:

1. 家长是幼儿的第一任教师，也是幼儿教育的重要力量

家长参与幼儿的教育，能够极大地促进幼儿身心健康和全面发展。《幼儿园工作规程》指出："幼儿园应主动与家长配合，帮助家长创设良好的家庭环境，向家长宣传科学保育教育幼儿的知识，共同担负幼儿教育的任务。"家长不仅负有教养孩子的责任，而且其一言一行都会直接影响孩子的成长和发展。

（1）父母影响孩子的生活习惯。人的许多行为来自于习惯，而习惯常常是幼年养成的。好的生活习惯，会给孩子发展提供良好的基础；坏的生活习惯，会成为孩子发展的障碍。幼小的孩子主要靠模仿成人来学习。父母的饮食、起居、卫生等习惯成为孩子模仿的对象。良好的习惯将会使孩子终身受益。

（2）父母影响孩子对生活的态度。对生活的态度可以是积极的，也可以是消极的。父母对生活的态度常常会留在孩子的脑海里，这些印象仿佛一些难以消除的痕迹，时常影响孩子未来的生活。若父母热爱生活，用热情拥抱生活，用好奇探寻世界，用心灵去感受美好，这样的生活态度就像电波一样传递给孩子，孩子会以同样的态度对待生活，热爱生活，善待生命，用心去感受生活的七彩斑斓。相反，如果父母厌倦生活，消极地看待生活，对生活失去兴趣，对周围的一切麻木不仁、冷漠、迟钝，缺少应有的激情，那么孩子就可能受到影响。孩子就可能变得冷漠、迟钝、乏味、狭隘、利己。因此，父母应该用积极的情感去感染孩子，影响孩子。

（3）父母影响孩子的人格。幼儿期是孩子人格萌芽期，它奠定了人格发展的基础，影响着人的一生。人格是孩子在社会中、与他人相处的过程中形成的独特风格，这种风格不是瞬息而成的，它经历了由简单到复杂，由不稳定到稳定，由零乱到系统的过程，应该说幼儿从出生起就踏上了形成自我风格的人格之路。父母的教养方法对孩子人格的形成有直接的影响。专制的教养方法，将培养出胆小、依赖、无主见、对抗的孩子；放任的教养方法，将培养出缺乏责任心、自私、无原则性的孩子；民主的教养方法，将培养出独立、自主、热情、合作、有责任感的孩子。

2. 家庭教育是幼儿园教育不可替代的，发挥家庭教育的优势，可以促进幼儿园教育的发展

人都是生活在家庭环境中，家庭的教育影响到孩子的一生，因此发挥家庭教育的优势是非常必要的。家庭教育的特点或优势体现在：家长与幼儿之间是血缘亲情关系；家庭成员之间在时间和空间上交往频繁，接触密切；家庭教育是一种个别教育，是一对一进行的；家庭教育是在日常生活中随时随地进行的，通过潜移默化来影响孩子；家庭教育具有比较强的示范性、直接性。

3. 做好家长工作，可以充分发挥家长的积极性，帮助和促进幼儿园改进工作

幼儿园教育要取得家长的理解、支持和配合，这样才能有比较好的效果。幼儿园的发展目标、教养方法、规章制度等都要让家长充分了解并得到他们的支持，充分调动家长的积极性。

（1）家长是幼儿园的重要资源。幼儿除在幼儿园，大部分时间都在家里，家长对他们有直接的影响。教育是一个大的系统，需要教育机构、家庭、社会等方面共同配合，只有这样才能形成合力。

家长从事各行各业工作,幼儿园可以请他们为幼儿上课,如请当医生的家长给幼儿讲讲医院及医院里发生的事;请当交通警察的家长为幼儿讲讲如何遵守交通规则;请从事艺术工作的家长带幼儿从事一些艺术活动。这既丰富了幼儿的知识,也增进了家长对幼儿园的了解。

(2)家长是幼儿园的服务对象。家长的感受与评价直接影响着幼儿园在社会公众中的形象。有的教师对幼儿很有耐心,不厌其烦地辅导幼儿,受到家长的广泛赞誉,家长会向其周围的人进行宣传,家长的宣传影响着幼儿园在社会上的声誉。

架起幼儿园与家长之间的桥梁,急家长之所急,想家长之所想,家长积极性的调动有利于幼儿园工作的改进。

(二)任务

通常幼儿园开展家长工作主要是建立家长联系簿,召开家长会,向家长开放半日活动。这些工作是十分必要的,但比较狭窄,需要进一步拓宽。这不仅是幼儿园发展的需要,也是社会发展的需要。

1.向家长宣传幼儿园的发展规划、教育目标,让家长对幼儿园的发展有更全面的了解

发展规划与教育目标具有激励作用,幼儿园不仅要向教职工宣传本园的规划与目标,还应让家长了解。这样家长对幼儿园的整体发展会有一个较完整的了解,因而更好地理解幼儿园的工作与一些具体做法,赢得他们的协助和合作。

幼儿园可以召开家长会,向家长介绍幼儿园的基本情况、发展思路、规划与目标,让家长充分认识到幼儿园的规划与幼儿发展的关系,以及家长的作用。为了让家长留下更深刻的印象,还可以印发一些资料,或在宣传栏中重点宣传。向家长做宣传,目的是为了让家长对幼儿园有更多的了解,缩小家长与幼儿园之间的距离,请家长积极主动为幼儿园的建设与发展出谋划策。幼儿园针对家长困惑的问题展开讨论,可让家长观摩幼儿园的活动,结合实际进行讨论。可采用专题讨论会的形式,也可以请家长写书面材料。通过讨论让更多的家长了解当代儿童观、教育观,从而更好地协助幼儿园工作。

2.组织家园同乐的活动

通过家园同乐活动,给家长提供更多的参与幼儿园活动的机会。一些幼儿园开展了"亲子轩"、"亲子游戏"等活动,吸引家长参加幼儿园活动,增进了相互之间的感情,幼儿在与家长的活动中显得十分愉快。家园同乐的活动有很多,如游戏、读书等。我们不仅让家长观看观摩课,还可让他们参加到活动中。在活动中既可调动家长的积极性,又可让家长了解自己孩子在园中的表现。

家长常常受感情的影响,对自己的孩子难以做出正确的评价。例如,有一位家长一直认为自己的孩子能力很强,当参加了幼儿园组织的一次活动后,他感慨地说:我原来一直认为,我的孩子能力很强。今天,参加了你们的活动,我发现他与别的孩子相差很大,胆子小,语言表达能力也比较弱。在参与幼儿园的活动中,这位家长对自己的孩子有了进一步认识。

3.成立家长委员会,制订相应的工作计划

家长委员会是由园长、教师代表、家长代表等组成的,可以定期召开会议。一般每学期开学后马上就应成立,并应做出本学期家长工作计划。幼儿园的家长工作不是可有可

无的,而是幼儿园工作不可缺少的重要组成部分。因此,应该有计划,并根据计划展开家长工作。家长工作计划应多听取家长的意见,不断地调整,使计划实用、有效。

二、幼儿园开展家长工作的形式与管理

幼儿园开展家长工作需要通过一定的形式和管理手段来保证,只有这样,幼儿园的家长工作才能落到实处。

（一）形式

1.家访

家长是幼儿的第一任老师,家庭是幼儿成长的摇篮。为了更好地了解幼儿,就必须走进幼儿的家庭。现在能深入到幼儿家庭的老师越来越少。其原因有三个:

第一,幼儿园的工作量大,要写教学计划、观察日记、游戏活动的组织与分析,还要制作教具、准备大量的教学材料。教师的教学压力较大,难以腾出时间进行家访。

第二,幼儿多。各班幼儿人数增多,有的幼儿园每班人数达40~50人,如果把所有家都走一遍,需要一个多月的时间。

第三,幼儿住得很分散,四面八方到处都有,这也给教师家访带来很大难度。

尽管教师家访的困难较多,但是,家访是十分必要的。通过家访可以全面了解幼儿,增进与家长的感情,也让家长对幼儿园有更多的认识。教师可分批分类进行家访,分阶段、有重点地进行。要做好家访工作关键要树立服务意识,充分认识家长工作在幼儿园管理中的地位与作用。幼儿教育工作是一项十分细致的工作,教师要想更好地教育幼儿,就必须做更细致、更深入的工作,家访正是这样一项工作。

家访的内容是多方面的,如了解幼儿在家中的表现、探讨幼儿的表现与家庭教育的关系、向家长介绍幼儿在园中的表现、了解家长的要求、请家长为幼儿园出谋划策、向家长宣传幼儿园的宗旨及教育目标。教师做家访不是告幼儿的状,而是让家长更多地了解幼儿在园中的表现,更好地配合幼儿园的教育工作,以达到促进幼儿全面发展的目的。

2.家长开放日

请家长观看幼儿园的活动,了解孩子在园里的表现,从而进一步了解幼儿园的工作。幼儿园可设统一开放日,每学期开放几次,增进家长之间的交流。各班应该随时向家长开放,只要家长愿意,随时都可以进班。幼儿园不应该将家长拒之门外,应向家长敞开大门,欢迎他们的监督。

开放日不是搞形式,要让家长了解幼儿园的真实情况。有的幼儿园将家长开放日变成一种表演,把事先准备好的活动再向家长表演一遍。家长开放日是为了让家长了解幼儿园的情况,并给幼儿园提出意见和建议。如果家长不能了解幼儿园的真实情况,他们也难以提出有益的建议,即使提出也不符合幼儿园的真实情况,因此,幼儿园的开放日应是自然的、真实的。

3.请家长参与幼儿园的活动

幼儿园的家长工作搞得好不好,更多要看家长是否参与了幼儿园的工作,参加的面有多大,参加的程度如何。幼儿园可聘请家长给幼儿上课,开阔幼儿的眼界,增加幼儿的兴趣;也可带幼儿到家长工作的单位学习、参观;还可组织一些讨论会,请家长参加,发表意见。

4.组织家长撰写幼儿教育的文章

幼儿园可办简讯,请家长投稿,参与幼儿教育的讨论,积极思考实践中出现的问题;还可组织家长编写育儿经验。没有条件的幼儿园可开办"家长专栏"。这些方式为家长参与幼儿园工作创造了条件,提供了机会。

(二)管理

1.成立家长委员会

家长委员会是幼儿园家长工作的重要组织,它将幼儿园与家长紧密联系起来。家长委员可由家长互相推荐,也可由教师推荐。所推选的委员要有一定的代表性,对幼儿园的工作热心,愿意为大家服务,有一定的能力和水平。

2.将家长工作纳入到幼儿园的工作计划中

家长工作是幼儿园管理工作的重要组成部分,应该纳入到幼儿园工作计划之中,在计划中明确提出家长工作的目标、实施方式。有效的幼儿园教育在于调动各方面的积极性,其中家长是十分重要的积极因素。

3.确定家长工作的指标

幼儿园对教师的家长工作要提出明确的指标,如必须对每个幼儿进行家访、每学期应该组织数次家长活动等。定出的指标要容易操作,还要符合实际,既不可定得太高,也不能定得太低。

4.建立家长工作的监督机制

对教师开展的家长工作要有一定的监督机制,可以随时记录,也可以随时抽查。一旦发现没按要求做,就应给予相应的处罚,对做得好的老师要给予鼓励。

第四节　幼儿园的社区工作

国家的政治、经济、文化、科技的发展对幼儿园影响很大。幼儿园不再是幼儿受教育的唯一场所,各种大众媒体的浸透、家长文化素质的提高、社会人际交往的发展,使幼儿获得更多的信息。若社会、家庭对幼儿的影响与幼儿园的教育不完全一致,这既不符合教育的原则,也难以取得良好的教育效果。为了提高教育效果,形成教育的合力,幼儿园、社会、家庭教育必须达成一致。

一、幼儿园与社区的关系

随着住宅小区建设的发展,小区的功能越来越向综合化方向发展。教育已成为社区重要的功能。教育的社会化将成为未来教育发展的趋势。

社区教育是社区内为儿童或全体居民设置的教育设施和教育活动,它是多层次、多内容、多种类型的社会教育。随着社区教育的发展,社区学前教育也在迅速发展。

(一)幼儿园与社区相互作用

幼儿园在地域上总是依附社区而存在,它是社区的组成部分,在很多方面要接受社区和街道的直接领导(如消防与卫生检查、疾病防治等)。为社区服务是幼儿园的重要任务之一。社区对幼儿园的影响很大。由于生活在同一个区域里,人们常常会面临共同的问题,受共同文化氛围的影响,社区成员易形成共同的观念与意识,长期的积累,就构成了社区文化。

社区丰富的资源对幼儿园是极大的支持。幼儿园可将教育延伸到小区,充分利用社区的各种资源,向社区成员宣传幼儿早期教育和学前教育的重要性,吸引更多的社区成员接受幼儿早期教育的思想,并形成人人愿意为幼儿园出谋划策的风尚,自觉地担负起教育下一代的责任。

幼儿园对社区的影响也很大。幼儿园是教育机构,它具有极强的文化氛围,这种氛围会辐射到周围,影响到小区的居民。如幼儿园每天播放的音乐、组织的各种有趣的活动等,有的家长看到后,也希望将自己的孩子送到幼儿园来。幼儿园也会协助社区搞一些宣传活动,如开办宣传栏、慰问军烈属和敬老院、植树绿化、环保宣传等。

（二）幼儿园社区化已然是幼儿园发展的趋势

新中国幼儿园的初创,更多的是为了减轻家长的负担,因而形成了各单位自己办园——“自家孩子自家抱”的格局,幼儿园主要解决本单位职工子女入托问题,经费主要由办园单位支付,幼儿园生活在单位的保护伞下,没有后顾之忧,没有社会竞争意识。

随着国家行政机制的转换和国家大中型企业的改革,国家要减轻背上的包袱,压缩和减少对企事业单位的投入。企事业单位经费的减少致使它无力养活幼儿园,加之幼儿园幼儿的构成也发生了很大变化,自己本单位的幼儿已不多了,企事业单位再拿出有限的资金“抱养别人家的孩子”,它就很不情愿了。这样许多幼儿园将走向社会,自谋出路。靠单位养、国家包的模式将一去不复返。幼儿园逐渐从各单位脱离出来,走向社会,由原来的单位办幼儿园的模式,转变为社会办园、办教育的模式。这既可以减轻企事业单位的负担,又可以动员全社会的力量,吸纳各界资金,冲破原有的办园模式,建立适应市场经济体制发展需要的新的办园、办教育模式。幼儿园必须在竞争中求生存、求发展。

二、幼儿园与社区合作的途径

幼儿园与社区合作的途径是多方面的。

（一）为小区居民服务,解决小区居民的后顾之忧

幼儿园地处小区,为小区居民服务是义不容辞的责任。大部分幼儿园主要招收小区周围的孩子,尤其是新建的小区园。为了更好地为家长服务,办出质量与特色,幼儿园必须与社区建立紧密的联系,及时了解居民的需要,不断改善幼儿园各方面的工作,让家长满意。只有这样才会吸引幼儿,保证幼儿园的生源。有了生源,幼儿园才有生存的可能与必要。幼儿园要面向小区,想小区居民之所想,急小区居民之所急,努力为小区居民创造良好的幼教条件,及时满足家长和幼儿合理的需要。

1. 不断提高教育教学质量

未来的竞争主要是科学技术的竞争。掌握科学技术的人才,将成为国家的宝贵财富。家长对孩子寄予厚望,他们希望孩子能受到更好的教育。因此,幼儿园质量的高低直接影响到生源,影响到为居民服务的可能性。质量不高,家长宁肯多走路,多付出辛苦,也将孩子送到较好的园里。办出质量是幼儿园为小区家长服务的根本。幼儿园必须花大力气提高教学质量,创造为小区居民服务的条件。

2.满足小区居民的不同需要

居民的文化、家庭状况、收入各不相同,这就造成他们需要的多层次,幼儿园应改变过去单一的模式,向多元化方向发展。如有的家长经常出差,家里无人照顾孩子,幼儿园应该增加这样的功能,专门为出差的家长或不能按时接孩子的家长服务。

另外,幼儿园可根据本园的实际情况,向下延伸幼儿入园年龄,如收 1.5~2 岁的孩子。只要居民有需要,幼儿园就应该尽量提供服务,这样既解决了居民的后顾之忧,也增强了幼儿园的活力。

(二)促进小区学前教育网络的形成

幼儿园是专门的学前教育机构,在学前教育方面具有明显的优势。为了加强与小区的联系,幼儿园应主动向小区延伸,发挥幼儿教育的主导作用,带动小区学前教育的发展。如向小区开放,更多地向居民宣传学前教育的知识,普及学前教育的基础知识;举办学前教育的宣传活动,开办讲座,提高社区成员的教育意识与水平;承办小区的一些活动,为孤寡老人服务等。

1.与社区居委会建立密切的联系,条件成熟可成立相应的机构,机构由居委会、家长、幼儿园教师兼职担任。机构将成为幼儿园和社区关系的桥梁,及时向幼儿园提供居民的需求,使幼儿园能更快捷、更全面地了解小区居民对幼儿园的要求、意见及建议;同时应向居民宣传幼儿园的情况,让居民通过正常渠道了解幼儿园。

2.开通幼儿园与小区之间的通道。幼儿园定期向小区居民开放。小区的资源应面向幼儿园,如幼儿园可到小区医院、工厂、商店等机构参观,树立全社会参与儿童教育的风尚。

3.增加相应的设备,如宣传栏、活动场地、运动场等。

4.积极组织同台活动,增进幼儿园与小区的联系。通过活动有益于双方的了解,增进双方的感情。每年可以定期或不定期地组织几场活动,在活动中增进交流、互相促进。

考考你

1.幼儿园开展家长工作的意义和任务?
2.简述幼儿园家长工作有哪几种形式?
3.你如何认识幼儿园与社区的关系?
4.幼儿园与社区合作的途径有哪些?

实践训练

1.请你设计一个幼儿园与社区合作的大型活动(包括活动的目的、形式等)。
2.请设计一个邀请家长参加的幼儿园半日活动计划。

案例分析

案例1 谈处理教师的工作失误和协调教师与家长的关系

一天,某家长气冲冲地带着6岁的儿子到办公室找园长。园长正好外出,总务负责接手处理这件事。总务客气地向家长了解事情缘由,原来他的孩子昨天被老师罚了一个小时站,小孩还说老师用板擦敲他的头。家长很生气地说要告老师虐待,接着大肆批评该幼儿园的制度,还说该幼儿园的老师都不正常,不是生理有问题就是心理有问题。总务极力安抚这位家长的情绪,保证把事情反映给园长并给予适当的解决,家长这才悻悻然地走了。

之后,总务向该老师了解事情的经过和真相。发现这个孩子长期以来(一年多)一直是让老师头疼的孩子,上课总是调皮捣蛋,不仅自己不好好听讲,还总是捣乱不让其他孩子专心学习。除此之外,户外活动时,这孩子不是推人咬人,就是捡小石子打人,有一回甚至就地在树下小便。老师也常常向小孩的母亲反映,母亲总是向老师道歉,情况却不见改善。听到这里,总务不禁皱起了眉头。

分析与思考 ●●●

评析一:

从这一事件中,我们不难发现其中有许多值得探讨与改进之处,首先谈谈问题所在:

1.家长工作处理不当,与家长缺乏沟通(引起误会,家长气冲冲地到学校告状,大肆批评该园制度和该园教师);

2.教师与幼儿关系不佳,教师工作态度有待改进(孩子不与老师配合,造成师生处于对立局面,教师体罚孩子,用板擦敲孩子头部);

3.教师缺乏经验,不能有效地组织活动(不能约束孩子,无法纠正不良行为);

4.全园交流不够,没能及时发现问题,做出调整(问题持续一年多,教师也没有向上级反映)。

针对以上问题,应做以下几方面改进:

1.改进园所、教师与家长的关系

做好家长工作对幼儿园来说意义重大。班级保教工作要取得效果,必须与幼儿家庭及家长密切配合。只有在教师与家长经常联系沟通的情况下,双方交换意见与心得,才能对幼儿进行配合一致的教育。

定期做好家访,除了能了解幼儿家庭背景和让家长明确幼儿在园表现外,还可以互相研究、探讨问题,一同寻找出帮助、教育幼儿的办法。

事实上,沟通工作可以成为引导家长改变教育观念、改进家教方法的有效途径。就拿这个个案来说,此园若从一开始就与家长好好交流,及时让家长了解幼儿园的一些规章制度及其孩子的不正确行为,引导家长与幼儿园默契配合,则可避免许多不愉快的事件。

2.改进师生关系

幼儿园教育注重保教合一。所谓保教合一即指要保育也要教育,两者并重。保育强调保护和增进幼儿的健康,包括生理、心理和社会性交往。教师应积极创设有利于幼儿发展的环境,利用适宜的教育手段与形式实施有目的的影响,而非采用不正确的手段来企图改变幼儿的某种行为,不正确的手段如体罚、大声斥责、恐吓或批评都会影响幼儿的情绪与心理健康。

幼儿园是集体教养的场所,制度和常规的建立是集体保教幼儿的需要。常规的实行可使工作有条理，有助于形成良好的工作与教育环境，从而提高效率。这是有效的教育条件，也是重要的教育手段。

幼儿园担负的责任并非仅限于丰富知识技能，同时也必须顾及幼儿品德的发展。教师可通过常规培养，将道德教育同幼儿生活实践紧密结合起来，从而使幼儿形成良好的生活卫生习惯，发展自立自律能力，学习如何协调个人与集体的关系，促进良好个性品质的形成。除了建立生活制度与常规之外，教师的言行举止对幼儿也有影响。因为幼儿是通过模仿学习的，如果教师要让幼儿听从指示，首先必须以身作则，耐心听幼儿说话；如果教师对幼儿缺乏同情和谅解或动辄斥责、打骂，不仅会让幼儿误以为这些都是对的，同时也会促成幼儿的反抗心理，影响师生关系。

教育孩子的正确态度应该是心平气和、循循善诱的，要在讲清道理的情况下传授正确的行为思想，教幼儿适度地表达自己的情绪情感，对有特殊情况的孩子展开心理咨询以发现是否有心理障碍，有必要时应及早治疗。

3.改善活动的组织

良好的教育活动必须依据幼儿本身的特点及具体情况，考虑所提目标是否符合幼儿的年龄特点和实际需要；活动本身必须能激发幼儿的兴趣和积极性，教法必须灵活多样，这样才能引起幼儿的学习热情；教育过程中要注重创设宽松的教育气氛，教师与幼儿应形成良好人际心理环境。如果教师能够抓住幼儿好奇好动的心理，组织各种以游戏为主的活动，就能让幼儿在轻松愉快的情况下学习，当幼儿聚精会神地从事自己感兴趣的活动时，就不会再去干扰或影响别人了。

4.进行岗位培训，协调同事关系

为了确保教师工作质量的提高，应尽可能安排保教能力欠缺的教师进行在职培训，通过课程学习新知识。此外，也可以组织各班老师相互观摩学习与交流，以推广先进经验。除此以外，由富有经验的老师直接示范和言传身教，可使无经验的教师较快熟悉保教工作，减少摸索过程，也可使全园上下积极交流与沟通。

5.改进领导工作

领导者必须严格履行自己的职责，采取民主开明的政策，注重与关心园内的事情，在重大事项上要听取群众意见，定期检查工作，关心下属，发现问题要给予指导，凡事必须对事不对人。同时也可以设立奖惩制度以激发各类人员的责任感，使其自觉积极地围绕本组织本部门的目标去努力工作。

评析二：

总务在事情发生后极力安抚家长的情绪，做得非常好。家长正在火头上，让他先消消气是最重要的，这可避免许多不愉快的冲突发生。这时总务可向家长稍作解释：也许是孩子误解了老师的话，也许是孩子没有时间观念，罚站一会儿却误以为一小时，因此引起了一场误会。同时，总务也应向家长表示歉意，并保证会将事情反映给园长，让园长去调查清楚。如此安抚家长，有利于园长在查清真相后更好地与家长沟通。

安抚好家长后，总务亲自向有关老师了解事情的经过，查明情况，并向家长说明真相，她这种"以人为本、尊重老师"的做法，能使老师将实情说出，有关老师也会心悦诚服地服从她的领导。在取得老师的信任与支持后，总务应利用机会明确指出老师在处理这件事上的偏差,并提出良好的建议。

　　幼儿在活动时不专心、调皮捣蛋恶作剧,老师应积极主动地对幼儿进行有针对性的教育,以更灵活多样的方式去激发幼儿的兴趣。适当的惩罚是必要的,过多过密就会失去教育作用,而且也不该动手。老师应当尊重儿童,要用爱心、耐心来教育他们,避免伤害他们幼小的心灵。总务也可向该老师建议第二天向家长道歉,解开彼此的心结。

　　从本案例中也可以看出,幼儿园与家长有效沟通是非常重要的。家长是幼儿园教育的合作者,是幼儿园的"衣食父母",是"顾客",幼儿园必须做到"顾客第一",通过增强服务意识、改进服务质量,以质量求生存,以服务求发展。否则,"顾客"跑到别的幼儿园,幼儿园的生源不能保证,在激烈竞争的市场中就很难生存下去。

　　认识到这一点之后,幼儿园应反思自身存在的一些问题。一年多来,园长完全不知道存在着这样的问题,这表明她没有走出办公室了解园中的事情,不太关心园里的运作情况。当家长来时,她又恰巧不在,这说明她不太重视与家长沟通的时间与机会。一位好园长应做到下列几点:

　　1.经常在课间巡视园中的一切活动,从中发现师生之间的问题。

　　2.要有固定的园务会议,并且不断提醒老师遵守本园的规章制度。

　　3.在园务会议中或其他必需的情况下,帮助老师解决教学或生活中的困难。

　　4.园与园之间要有教研和观摩活动,促进老师之间的互相学习。

　　5.有定期的培训工作,使老师能在这日新月异的世界中跟上不断变化的时代。

　　作为一园之长,应时刻牢记"领导就是服务"。园长必须为幼儿、为家长服务,更要为园中的教职工服务,要有献身的精神,做到热爱孩子,关心教职工,以身作则,将幼儿园办好。

　　思考:

　　1.家长工作需要的是平时的积累,就案例中教师的行为谈谈如何发挥教师在家长工作中的主动性?

　　2.就本案例所反映的情况,为该园设计一份家长工作方案。

　　案例2　幼儿受伤以后

　　A幼儿与B幼儿平时在幼儿园里是一对好朋友,经常一起玩游戏,有时也会因一些小事而发生争执。这一天,他们为了一件玩具吵了起来。争吵之中,A幼儿在B幼儿的腿上抓了一道伤痕,B幼儿也不甘示弱地抓伤了A幼儿。由于幼儿并没有向老师报告这件事,老师完全不知情,直到双方家长来接孩子时才发现各自孩子身上的伤痕,于是双方家长就争吵了起来。老师则认为孩子已经交到了家长手中,幼儿又不曾向她报告,故对这件事采取置身事外的态度,并没有对这件事进行调查和劝架的疏导工作,导致双方家长越吵越激烈,谁也不肯让谁。A幼儿的家长甚至还恐吓B幼儿的家长说:"如果我的孩子有什么问题,你的孩子也别想活!"结果,B幼儿的家长就因为这句话感到既害怕又担心而报了警。

　　这起纠纷刚好发生在星期六下午,园长已经离园。园长在星期一上课时获悉此事后,便立即采取补救与协调工作。园长首先向两位幼儿的负责教师了解事情的来龙去脉,再把两位幼儿叫到办公室来,在检查他们俩的伤势后,详细对证事情发生的经过与两位幼儿在事情发生后的反应。园长发现除了伤痕还没有痊愈外,这件事对两位幼儿幼小的心灵也造成一定程度的伤害。

于是,园长电话约双方家长亲临面谈。园长先代表园方与幼儿的老师向他们道歉,并把事情的来龙去脉向双方家长叙述一遍,然后进行劝说,分析报案对事情造成的严重性,让家长意识到事情的僵化与双方家长的争吵对幼儿所产生的负面影响,促使他们去销案。双方家长在园长的协调下,彼此敌意也渐趋缓和;同时家长也觉察到这两天(星期六、星期天)孩子的确寝食难安,失去了原有的天真与活泼,对孩子的身心的确起了不良影响。斟酌情况后,他们都表示愿意销案和解,冰释前嫌。而A幼儿与B幼儿看见家长握手言和、重归于好,心中的恐惧与不安顿时消失,他们的脸上再现灿烂的笑容。这起冲突与纠纷在园长的耐心调节与诚挚致歉的工作原则之下,终于取得了家长的谅解和接受,双方家长与幼儿带着舒畅与平静的心情离开了幼儿园。

分析与思考 ●●●

评析:

针对本案例发生的情况,幼儿园应采取如下措施:

1. 强化岗位责任制

园长有必要强化园内教师的岗位责任感,使教师明确其职责,增强责任感。本案例中,家长的争吵虽然是发生在放学后的时间,但家长发生争吵的起因却是幼儿在园内发生的纠纷事件,教师应该立即采取适当行动,让双方家长面对面地了解事情的真相,避免互相指责、谩骂。教师需把握时机,让家长们心平气和地聆听解释,同时还要设法从中斡旋,促使大事化小、小事化无,而不是采取不闻不问、置身事外的态度以致把事情闹到报警的地步。

2. 明确幼儿园以保教工作为中心的宗旨

幼儿园应让家长明确幼儿园的任务,即依据保育和教育相结合的原则,对幼儿实施体、智、德、美等全面发展的教育,以促进幼儿身心的和谐发展。两幼儿争吵与打架的行为是幼儿身心发展的特点,也是幼儿学习如何形成良好的社会适应性的过程,是幼儿个性品德锻炼与实习的机会。身为家长与教师,不可一味地呵护着他们,应该培养幼儿的独立自主性,使之学会对自己的行为负责。家长和教师不必为此小题大做,生怒气、动干戈,这对幼儿的身心发展与成长是有害而无益的。

3. 做好家长工作是当务之急

园长从这件事情得到一个启示:成立"家长委员会"是当务之急。幼儿园有义务主动承担指导帮助家长的责任。建立家长委员会可以加强家长与幼儿园的联系,无论是幼儿与幼儿,还是教师与家长出了问题都可以通过这个渠道使幼儿园与家长达到相互了解、理解,建立一种相互信赖的关系,从而迅速而有效地采取适当的措施与行动来解决矛盾、困难与纠纷。正如这起事件,如果有家长委员会去处理的话,事件就可以迎刃而解,幼儿的身心不至于受到伤害。

思考:

1. 园长解决了两个家长之间的纠纷,使两个幼儿及家长握手言和。你认为园长的机智和处理问题的能力如何？

2.教师在工作中失职造成了家长之间的矛盾，自己却置身事外，你认为该教师应该怎样认识这次事件？假如你是当事人应该如何处理？

案例3　借助家长委员会调解家长矛盾

最近一段时间，中一班连续发生了几起家长因为孩子之间的矛盾而发生不愉快的事件。一次是明明和涛涛在户外游戏时为了争抢一个玩具发生了争吵，明明把涛涛的脸抓了一个道子，涛涛妈妈为此和明明妈妈大吵一架。还有一次是兰兰穿了一件非常漂亮的裙子到幼儿园来，上绘画课时被遥遥不小心洒上了颜料，虽然老师及时地为兰兰洗了裙子，但仍然难以完全洗净。兰兰的妈妈为此和遥遥的妈妈搞得很僵。

连续两周的时间，洋洋每次来幼儿园时都又哭又闹，并吵着让爸爸妈妈带他回家。家长问他为什么不愿意来幼儿园，他说小朋友们都不愿意和他玩，老师也不喜欢他。其实是因为洋洋的家长非常厉害，如果谁不小心碰到了洋洋，一定要没完没了，所以别的小朋友的家长都让自己的孩子离他远一点，老师也生怕他出问题，总是看牢他。为此，家长对幼儿园表示出极大的不满。

园长了解到这些情况后，建议中一班找家长委员会联系，请家长委员会帮助解决家长和家长之间、家长和老师之间的误会和不愉快。在园长的建议下，中一班老师找来了三名家长委员会的成员，认真分析了这些问题存在的根源。他们一致认为有必要开一次家长会，让所有家长一同探讨一些关于幼儿家庭教育的问题；请几名表现优秀的幼儿的家长介绍家教经验；由幼儿园开办家园联系交流专栏，向家长介绍和宣传好的育儿知识、观念和经验。

在家长会上，老师提出了一些问题请家长讨论：当你的孩子被别人欺负了，你会怎么办？当你的孩子欺负了别人，你会怎么办？孩子不愿来幼儿园怎么办？会上，家长们畅所欲言，发表自己的看法，听取别人的经验，取得了很好的效果。

从此以后，中一班家长之间的关系比以前融洽多了，家长和老师之间的沟通多了，也能达成彼此谅解，孩子之间更能和睦相处，再没有发生过类似前面的那些事情。

分析与思考 ●●●

评析：

现在的孩子都是独生子女，家长都非常"宝贝"，害怕孩子受伤害。而幼儿在幼儿园难免会磕磕碰碰，产生摩擦，这样的摩擦有时就会演变成家长之间的纠纷，因此解决家长矛盾成为幼儿园家长工作的重要方面。那么如何妥善处理家长纠纷而又不引起各方面的矛盾呢？

本案例中，幼儿园能够借助家长委员会，通过家长相互之间沟通交流让家长自己认识问题、解决问题，在这里起到了穿针引线、启发诱导的作用。幼儿园在做家长工作中有两点值得称道：

第一，充分发挥家长委员会的作用。家长委员会是幼儿园为了实行民主决策、科学管理、方便家长工作而设的一个组织。作为管理组织，每个幼儿园都会设家长委员会，但很多幼儿园只是将其作为一种形式，并没有充分发挥它的作用。本案例先从家长委员会几名成员打开工作缺口,然后逐步调动起家长探讨解决问题的积极性,这样充分发挥家长委员会的作用,成为做好家长工作的有效途径。

第二,通过问题启发引导教育家长。幼儿园老师应以幼儿园实际发生的问题为依据,通过提问不断深入,促使家长思考,在讨论中使家长得到教育提高。

思考:

1.结合本案例,谈谈您对家长委员会作用的认识。

2.你的幼儿园是否有家长委员会,如果有,请简述你园的家长委员会工作,并简单评析。

案例4 孩子在幼儿园吃了曲别针

某寄宿制幼儿园中五班幼儿午睡时,四位保教人员都到走廊去搬东西,寝室里大约有五分钟没有老师。等老师回到寝室时,一个小朋友对老师说:我把曲别针吞到肚子里去了。老师听后马上找到保健医,一起带孩子去医院检查。医院建议先拍X光片,看看曲别针在哪里。X光片显示曲别针还滞留在孩子的胃里。医生说目前孩子不会有什么危险,关键是曲别针排出时要经过肛门,会有一定危险,建议老师可以给他吃一点如韭菜之类的粗纤维食物,往下带一带,这样可能会尽快排出来。从医院回来后,老师立刻从厨房拿了一把生韭菜,洗烫干净后让孩子吃了下去。

因为第二天中午家长就会来接孩子,并且孩子当时没有什么不良反应,幼儿园考虑到为了不妨碍家长的正常工作,就没有及时通知家长。到晚上9点多,孩子说屁股疼,老师认为可能是曲别针要排出来,就从医务室拿来开塞露,给孩子打上通便,但曲别针还是没有排出来。这之后孩子一直说肛门痛。这一夜,该班老师一直陪着孩子观察他的反应。

第二天上午,曲别针仍没有排出。园长派了两名教师陪孩子到医院又进行了一次检查,医生仍建议拍X光片检查,发现曲别针已经到了小肠处。中午,园长在家长来接孩子之前给孩子的母亲打了电话,向她详细描述了发生的事情,并表示诚恳的道歉。大约下午2点左右,孩子的爸爸、妈妈、姥姥一起来到了幼儿园,他们对幼儿园的处理非常不满意,指责幼儿园没有尽到看护的责任,没有在事故发生后及时通知家长,不应该在24小时内让孩子连续照两次X光片,不应该给孩子吃生韭菜,不应该用开塞露把孩子的肛门弄得很痛等。

针对家长的种种指责,园长一一给予了解释:拍X光片是医生的建议,不是幼儿园的责任;给孩子吃韭菜也是医生的建议,是为了把曲别针裹下来;没有马上通知家长是认为孩子暂时不会有大的危险,不想让家长着急;给孩子打开塞露也是出于为孩子考虑。

家长听了园长的解释后仍然十分不满。经双方协商后,决定先由家长把幼儿接回家中继续观察。这之后,园长经常打电话询问孩子的情况,三位园领导也带着水果和玩具登门道歉。观察一段时间后,孩子仍然没有排出曲别针,家长要求孩子继续上幼儿园。经协商,幼儿园允许孩子的姥姥在园陪读,照顾观察幼儿。幼儿园每天负责接送,并在整个寒假期间免收了孩子的托保费。

在孩子没有排出曲别针的这段时间,园长时刻关注着事态的发展,和家长积极协调,安抚家长情绪。至今,家长仍未正式通知幼儿是否已排出曲别针。

分析与思考 ●●●

评析：

幼儿在园的人身安全是幼儿保育的重要内容,作为园长、教师,要时时刻刻警惕、注意孩子的安全。但是幼儿由于年龄小,安全意识差,所以有些问题防不胜防,那么当事故发生后,如何做好善后处理呢?

本案例中,家长和幼儿园矛盾的焦点在于:家长在不知情况的前提下,幼儿园擅自为幼儿进行了医疗处理。到底出了事故之后该不该通知家长?

幼儿园出于不想把事情扩大、不让家长担心着急的考虑,在未经家长同意的情况下,对孩子进行了医疗处理,原本是好意,结果不但没有治好孩子,反而招致家长的抱怨,将事情闹大。这件事反映了幼儿园工作的几点失误:

第一,孩子在幼儿园吃了曲别针,这本身就说明幼儿园的保育工作没有做好,表明教师的防范意识差,是幼儿园工作的失职。

第二,出了事故之后,幼儿园出于不让家长担心的考虑,先带着孩子到医院检查,这样做很好。但是当医生建议拍 X 光片时,这关系到孩子健康的问题,幼儿园未经家长同意擅做主张,这样就为家长抱怨埋下了隐患。任何家长遇到这种情况都可能会不冷静,即使幼儿园及时通知家长都还无法确定家长会不会抱怨,更何况幼儿园擅做主张。

家园关系是幼儿园工作的重要方面,服务家长是幼儿园的宗旨,如果这方面做得不好,会为幼儿园的工作带来很大的不便。因此幼儿园一定要重视孩子的保育工作,防患于未然;遇到类似的情况一定要慎重处理,做好善后工作,巧妙地处理好敏感的家园关系。

思考:

1.作为本案例中的园长,是否还有更加积极的解决问题的办法,谈谈你的看法。

2.遇到比较苛刻的家长,你会怎样做? 谈谈你对"个别"家长的看法。

知识拓展 ●●●

与幼儿家长谈话的方式

与家长谈话如同家访一样,是幼儿园教师做好家长工作的又一种形式。这里讲的与家长的谈话,不是一般性的聊天,它要通过交谈达到完善家庭教育、促进幼儿品德发展的目的。

一、谈话的准备

与家长谈话之前,要通过家访研究儿童的家庭,要通过观察研究家长与子女的关系。

家访可以使教师了解到家庭成员之间的关系如何,成年人与幼儿之间的关系如何——平静和睦,还是神经过敏、点火就着;家长同幼儿谈话的态度如何——和蔼可亲、情真意切,还是横眉立目、虚情假意。通过家访,教师要了解幼儿在家处于怎样的地位——他是不是享有充分权利的一个家庭成员,能否得到欢乐和关心;他是不是被大人当成了玩物,是不是成了家庭中的中心;一家人都关心他,还是谁也不照顾他的利益。了解这些情况将有助于教师判明家庭的内部关系及其道德环境。

研究家长与子女的关系,除进行家访外,还可以在幼儿园做些观察。这种观察教师不用花许多时间和精力。教师可以观察家长接送幼儿的情况,幼儿怎样与家长分开、又怎样与家长相聚;可以分析家长对教育提出的问题、意见和要求;研究家长在严肃场合对幼儿的顽皮和任性所持的态度以及家长最关心孩子在幼儿园的哪些活动。

为了避免研究结论的产生带有偶然性,必须在类似情况下反复观察。经过验证的结论才能作为教师与家长谈话的依据。总之,教师与家长接触越多,对问题了解得越深,与家长的谈话也就越容易进行。

二、谈话的技巧

1. 区别对待,因人而异。教师与家长谈话要采取区别对待的方法,不能采取一个模式,因为家长的修养也不同,心理特点不同,家庭教育的传统也不同。

2. 简明扼要、内容充实。针对教育子女中的问题进行的谈话,要言简意赅,要使家长感到谈话内容很有分量。

3. 先叙家常,后入正常。谈话开始时,可从家长里短入手,然后再言归正传。不论怎样开始,都要先使家长产生一个良好的印象。

4. 积极引导,摸清问题。为了能在谈话中不知不觉地把问题摸清楚,就要引导家长把该说的话都说出来。因为交谈的一个重要原则,就是双方都要有交谈的积极性。

5. 调查研究,深入了解。谈话中,教师要调查幼儿家庭生活的主要内容,研究家长的教育方法,了解家长对子女性格特点的忧虑。事先准备好问题,例如家长同幼儿交谈时涉及哪些问题,看过书或电影之后进行过哪些讨论。通过这样的谈话,教师就能深入地了解到,家长是如何形成幼儿是非观念的,他们认为哪些个性品质对他们的幼儿来说最为重要和必不可少。

6. 提出建议,具体帮助。如果教师对所研究的问题已经胸有成竹,就可以向家长提出具体建议。如果谈话时不可能提出有针对性的建议,那就在弄清典型错误之后,安排一系列家长座谈会,请有相同问题的家长参加。分组座谈的题目可以是"合理要求是一个重要的教育方法"、"家庭环境是幼儿的道德基础"等。当然,也可以采取个别辅导等其他形式给家长一些具体的帮助。

第九章

幼儿园的领导工作

🌊 学习目标

1. 了解园长的角色、地位和工作职责,明确园长的基本素养与能力要求。
2. 了解不同的领导类型与领导风格。
3. 理解领导影响力的构成,掌握园长如何运用非权力性影响力,掌握提高园长领导艺术的方法。
4. 了解领导班子建设的意义,掌握领导班子建设的方法。

第一节 园长的角色、职责与聘用

幼儿园实行园长负责制,幼儿园教育目标的实现,要由以园长为首的领导集体通过计划、组织、指挥、协调、控制等活动去实现。因此,园长的素质决定着幼儿园的管理水平和教育质量。那么,园长在幼儿园管理中具有怎样的角色和地位?

一、园长的角色与地位

(一)园长是全园工作的领导者

园长是幼儿园行政工作的最高领导者,在完成幼儿园的保教双重任务和园所建设发展中,处于关键的核心地位,是实现领导职能,办好幼儿园的关键。

(二)园长是全园工作的带头人,要有较强的服务意识

1. 园长要对国家负责,保证正确的办园方向和幼儿教育任务的总体实现,为我国学前教育事业的发展服务。

2. 园长还要对幼儿园的主办单位负责,保障幼儿园的生存,促进幼儿园的不断发展。

3. 园长也要对广大教职工负责,为其提供较好的工作和学习条件,让教职工在完成好工作任务的同时,获得个人的专业成长和职业的快乐。

4. 园长要对幼儿家长负责,保障在园幼儿的健康成长。

5.园长要对幼儿负责,让幼儿有一个快乐、幸福的童年。

在实际工作中,许多园长在把握自己的角色时,出现了一些迷惘(详见本章案例1)。作为园长,明确自己的角色定位是至关重要的。

根据亨利·明茨伯格(Henry Mintzberg)的研究,管理者在管理工作中表现为 10 种"角色",这 10 种"角色"分为三类:人际、信息和决策方面的角色。

人际角色:挂名首脑、领导者、联络者。

信息角色:接受者、传播者、发言人。

决策角色:企业家、资源分配者、故障排除者、谈判者。

从这 10 种角色中,并没有显示出领导者身先士卒的角色特征。作为领导率先垂范固然重要,但不要忽视领导者其他优秀的品质和素养。

一个优秀的园长,不但要明确自己管理者的身份,还要摆正自己的位置,坚持"领导就是服务"的现代管理思想,做好"勤务员和公仆",全面贯彻党和国家的教育方针,协调好与上级领导的关系,充分调动广大教职工和家长的积极性,兢兢业业,带头做好本职工作,使全园上下一致、齐心协力,为实现幼儿园的教育目标、完成好双重任务而努力。

二、园长的职责

园长的职责是指担任园长这一职务的人应该承担的责任和工作。园长必须明确职责,才能做好自己的工作。《幼儿园工作规程》第 36 条明确规定了园长的主要职责如下:

1.贯彻执行国家的有关法律、法规、方针、政策和上级主管部门的规定;

2.领导教育、卫生保健、安全保卫工作;

3.负责建立并组织执行各种规章制度;

4.负责聘任、调配工作人员,指导、检查和评估教师以及其他工作人员的工作,并给予奖惩;

5.负责工作人员的思想工作,组织文化、业务学习,并为他们的政治和文化、业务进修创造必要的条件;

6.组织管理园舍、设备和经费;

7.组织和指导家长工作;

8.负责与社区的联系和合作。

园长的主要职责可归纳为:坚持正确的办园方向,加强幼儿园的保教队伍建设,主持幼儿园的保教中心工作,做好幼儿园的后勤管理工作,发挥幼儿园的教育主导作用,努力创设良好的育人环境。

三、园长的任命与聘用

《幼儿园工作规程》第 36 条明确规定:"幼儿园园长由举办者任命或聘任。非地方人民政府设置的幼儿园园长应报当地教育行政部门备案。"

可见,幼儿园园长的任命和聘用权属于幼儿园的创办单位。由地方人民政府设置的幼儿园,按干部管理权限,由区(县)教育局直接任命或接任,或者经区(县)教育局同意,由幼儿园教职工代表大会选举推荐,每届任期三年,可连任。园长任期满后,主管部门可根据平时对幼儿园工作的督导检查、教代会对园长的评议和园长任期目标实现的状况进行综合考核,做好连任或离任的决定。

如园长在任期内要求辞职,必须向主管部门提出书面申请,经主管部门批准方可离职。园长连任期内不胜任工作或严重失职,主管部门有权免除其职务,必要时可追究其责任。主管部门也应该表彰奖励园长工作中的成绩。

第二节　园长的素养与能力

园长作为幼儿园的管理者,对于幼儿园的发展起着毋庸置疑的重要作用。随着园长负责制的实行,园长办园自主权不断扩大,对园长的素养和能力也就有了更高的要求。一所幼儿园保教水平的高低、管理质量的好坏往往与幼儿园园长的素养有直接的关系。

《幼儿园工作规程》第35条规定:"幼儿园工作人员应拥护党的基本路线,热爱幼儿教育事业,爱护幼儿,努力学习专业知识和技能,提高文化和专业水平,品德良好,为人师表,忠于职责,身体健康。"第36条规定:幼儿园园长除符合本规程第35条要求外,幼儿园园长还应有一定的教育工作经验和组织管理能力,并获得幼儿园园长岗位培训合格证书。综合来讲,园长的基本素养包括以下四个方面:

一、思想道德素养

1.具有较高的方针政策水平

管理工作的政策性比较强,要求园长要能够坚持党的基本路线,全面理解、贯彻党和国家有关的各项法规和方针要求,坚持正确的办园方向和指导思想,敏锐地觉察法规执行中的错误倾向,迅速予以纠正。

2.具有正确的办园思想和教育理念

幼儿园园长在掌握国家教育方针政策的前提下,要正确理解国家的办园思想和最新的幼儿教育理念。比如,当前幼儿园实行国家、地方、学校(幼儿园)三级课程管理之后,幼儿园的课程自主权进一步扩大,这是以前的园长管理中没遇到过的问题。所以,园长应正确理解三级课程管理体制的精神,在保证完成国家规定的幼儿教育目标的基础上,突出自己幼儿园的特色,开发自己的园本课程,开拓幼儿园的发展空间。

3.具有较强的事业心和责任感

园长要热爱孩子,热爱学前教育事业,关心教师,充分认识自己所从事工作的重大社会意义,能把全部精力倾注到工作中去,不怕困难,勇于探索,始终对工作怀有浓厚的兴趣和饱满的热情,勤勤恳恳,任劳任怨,尽最大努力为孩子、为教师服务,认真做好各项工作。

4.具有良好的人格品质和高尚的道德修养

园长应该具有谦虚诚实、豁达大度、宽以待人、公平公正的人格品质,有襟怀坦白、光明磊落、实事求是、严于律己、勇于承担责任的职业道德风范,以便妥善处理各种人际矛盾,尊重并信任员工,努力在园所创造一种和谐宽松的人际环境,有效调动保教人员的积极性。园长还要发挥自己的人格魅力,形成一个团结奋进、具有较强战斗力的优秀集体。

二、文化专业素养

1. 具有广博的文化知识

园长要具有高中以上文化水平及中等文化科学知识,具备较强的语言表达和交流能力。特别重要的是,在观念知识不断更新发展的今天,园长应树立终身学习的观念,善于在日常工作和生活中不断学习和吸收现代科学知识,关注社会的新变化,开阔视野,培养较广泛的兴趣爱好,丰富自己的精神世界。

2. 具有专业的学前教育知识

《幼儿园工作规程》第 36 条规定:幼儿园园长应具备幼儿师范学校(包括职业学校幼儿教育专业)毕业及其以上学历。园长要了解婴幼儿年龄特点和身心发展规律,懂得学前教育的基本理论,学习教育科学和卫生保健方面的知识,以便科学地指导幼儿园的各项教育工作。

3. 具有坚实的管理学知识

园长应系统学习和掌握幼儿园管理方面的科学知识,掌握最新的管理理念,不断提高自己的管理水平。一个没有坚实管理理论知识的园长,很难成为一个优秀的园长。

三、领导管理能力

幼儿园园长既是管理者又是领导者,所以,园长在强调自身作为管理者的身份时,要不断地塑造自己,将强有力的领导能力和管理能力结合起来。

1. 计划决策能力

幼儿园的工作比较烦琐,涉及幼儿生活、学习的方方面面,幼儿园的许多大大小小的事情需要园长来决定,因此,园长必须具有根据幼儿园的发展情况做出计划、进行决策的能力。决策是以组织为基础,是做决定时的一种组织行为。

决策能力是指在复杂的条件下,从许多个为达到同一目标而可以更换代替的行动方案中选定最优方案的才能。决策在管理中的作用不容忽视,需要注意的是,园长在管理过程中切忌局限于个人的主观认识,忽视与员工的沟通与交流,从而影响决策的有效性和执行力。

园长要根据幼儿园的实际情况与需要,做好幼儿园的整体规划、长远规划,要能够透过现象把握本质、抓住关键,要能够高瞻远瞩,把握未来发展的大方向,在审时度势、周密思考、科学判断的基础上大胆决策,果断地采取行动,打开工作的新局面。

2. 组织协调能力

幼儿园的计划、方案、措施要付诸实践,就必须做好组织工作,所以幼儿园领导要具有组织能力。园长要根据每个人的特点和长处,根据岗位要求,知人善任,组织安排好各岗位人员,使各种人员的组织安排合理,分工明确,职责分明。同时,要协调沟通各组织、各部门及人与人之间的关系,要引领全体员工立足本职,树立全局观念,齐心协力做好幼儿园的工作。

3. 创新能力

美国当代著名的管理学家戴尔说过:"真正的管理人员永远是一个创新者。"办好一所幼儿园没有固定的工作模式,特别是在社会不断发展的今天,园长要面临许多新情况和新问题,需要园长站得高、看得远,不断更新教育观念,了解社会发展和改革动向,把握和预见社会改革对幼儿教育和幼儿园管理的影响,并能依据教育发展的趋势规划幼儿园的未来发展,开拓新的发展领域,这些工作特别需要园长具有比较强的创新能力。

四、身体素质

园长要身体健康,精力充沛,才能适应高强度的幼儿园管理工作。一个好园长就是一所好幼儿园。

第三节　园长的领导风格与领导艺术

办好幼儿园,提高整体教育质量,关键在于园长。从某种意义上说,一个好的园长就意味着一所好的幼儿园。园长在办园过程中处于管理系统的核心、主导和决策地位,园长的思想、行为和作风在幼儿园工作中影响全局。因此,园长在管理中要重视自己的领导风格与领导艺术,以利于各项工作的协调和开展。

一、领导的含义和功能

(一)领导的含义

领导实质上是指引和影响个体、群体或组织在一定条件下实现所期望的目标的行为过程。

事实证明,在现实社会中,凡是有人群聚集的地方就有领导者存在。任何群体或组织,无论其规模大小、正式与否,总会有自己的领导者。领导者对内主持和管理整个群体,对外代表整个群体同外界进行协调活动。

(二)领导的功能

领导具有两大基本功能。一是组织功能,即建立组织管理机构,科学地组织活动,实现组织目标。实现组织目标是领导的最终目的,领导者必须合理地使用人、财、物、时间、空间、信息等管理内容和手段,建立科学的组织管理体系,才能发挥组织的功能。二是激励功能,即调动人的主动性、积极性和创造性的功能,包括激发组织成员实现组织目标的热情、提高组织成员接受和执行组织任务的自觉程度以及提高组织成员的工作效率。成功的领导既要增强组织成员的积极性和创造精神,又要保证组织目标的顺利实现。

从职能的角度看,现代领导者的主要职能是:

1.制定战略目标;

2.建立、健全组织机构和规章制度;

3.选人、用人,建立和谐的人际关系;

4.合理决策;

5.联系群众,调查研究,沟通信息;

6.学习新知识、新技术,掌握新的管理方法和策略。

二、领导的类型

(一)勒温的领导行为类型

目前最有影响的领导分类学说是按领导行使权力和发挥影响力的方式,把它分为专制型、民主型和放任型三种。它是勒温、怀特和李皮特根据群体动力学的思想,于1943年在实验研究的基础上提出的一种分类方法。各种类型领导行为的表现见表9-1。

表 9-1　　　　　　　　　　　　　勒温的领导行为类型

专制型领导	民主型领导	放任型领导
所有方针由领导一人决定	所有方针均由全体成员讨论决定,领导者在旁鼓励与支持	群体或个体的决定完全自由做出,领导者不参与其事
工作的方法与程序由领导者一步一步指示,群体成员无法知悉下一步和整个目标	成员对工作程序与目标在讨论时获得了解,技术上需要建议时,领导者提出两个以上方案,供群体成员自己选择决定	领导者提供各种材料,并提供咨询,但不参与工作方面的讨论
分组时的人选,每个人工作的分担,均由领导者指定	分组时个人可以自由选择同伴,工作的分担也由群体自己决定	领导者完全不参与分组活动
领导者夸奖或批评群体成员时,不以客观事实为依据,全凭其主观的喜恶而行之	领导者以客观事实为依据来夸奖或批评成员,领导者尽量不代替成员工作,而努力在精神上成为其中的一员	从不评价群体成员的工作,除非出现了问题;从不主动参加活动或干预工作进程

勒温进一步研究了在民主型和专制型领导方式下,组织成员的行为反应。

1.在专制型群体中,各成员间攻击性言行显著;在民主型群体中,则彼此比较友好。

2.在专制型群体中,群体成员表现出对领导者的服从,或引人注目的行为多;在民主型群体中,则以工作为中心接触多一些。

3.在专制型群体中,成员多以"我"为中心;而在民主型群体中,成员则多具"我们"的情感倾向。

4.当实验导入"挫折"时,专制型群体彼此推卸责任或进行人身攻击;民主型群体成员则会团结一致试图解决问题。

5.领导不在场时,专制型群体成员的工作动力大大降低;民主型群体成员则仍会继续工作。

6.专制型群体成员的满足感较低;民主型群体成员对群体活动的满足感较高。

由以上研究结果可以看出,专制型领导下的组织成员之间关系比较紧张,缺乏合作,更多地以自我为中心。他们工作的动机更多地是为了取悦领导,工作满足感低。民主型领导下的组织成员之间则团结和谐,大家相互关心,互相合作,领导在和不在一样。他们以工作任务为中心,试图通过共同努力来解决问题。因此,民主型领导方式有利于工作任务的完成。

(二)管理方格理论

美国德克萨斯州立大学教授布莱克(R. Blake)和莫顿(S. Mouton)于1964年提出了"管理方格理论",以更直观的方式深入地分析了领导关心工作和关心人的程度。如图9-1所示,以对业务的关心为横坐标,对人的关心为纵坐标,每个坐标有几个数量等级,等级的大小表示关心程度的高低。每种领导风格就用它的横坐标和纵坐标数值来表示。

如图9-1所示,布莱克和莫顿把领导的类型分为五种,这五种类型的领导行为不仅对

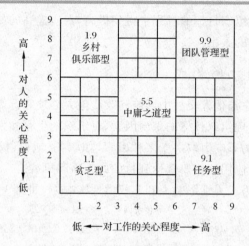

图 9-1 管理方格

生产经营企业有参考价值,对幼儿园管理也同样有着重要的启示。

贫乏型管理如图 9-1 中 1.1 型领导。这类领导者以个人为中心,既不关心职工,也不关心工作,可谓在其位而不谋其政。这种管理容易出现人心涣散,造成组织严重失控。这样的管理行为是最差的一种,如果一所幼儿园有这样一位园长,那么这所幼儿园只能走下坡路,最终被淘汰。

乡村俱乐部型管理如图 9-1 中 1.9 型领导。这种类型领导的最大特征是只关心人,而不督促其工作,重视增进同事和下级对自己的良好感情,在管理中过多地使用表扬和鼓励,组织内充满轻松友好的气氛。这种管理可以最大限度地满足教职工的个人需要,但是极少关心甚至完全不关心工作的完成情况,容易造成工作效率低下,工作不能按时完成。

任务型管理如图 9-1 中 9.1 型领导。这种类型的领导只关心工作,不关心人,注重任务、计划和效率,指导和控制成员的行为,工作中"见物不见人",工作方式往往简单粗暴,缺乏人情味,属专制型的领导,又被称为权威服从型领导。从表面看这样的管理者雷厉风行,但会使被领导者变得冷漠、疲劳、怨声载道,以至于下属公开或暗地里反对领导者。作为幼儿园的园长,对待全园工作要有人情味,不能一味地强调工作,强调奉献,从而使教职工产生职业倦怠感,要适时地对工作思路进行调整,考虑职工的生活、精神需求,注重发挥教职工的主体作用,既关心幼儿园的发展,又关注教职工的发展。

中庸之道型管理如图 9-1 中 5.5 型领导。这种类型的领导兼顾任务的完成和对员工的关心,寻求两者间的平衡与妥协,推崇对问题的折中处理,能保证工作正常运转,但成绩不大,对组织成员关心,但深度不够。这种领导有点"不求有功,但求无过"的心态,又被称为中间型的领导。

团队管理型管理如图 9-1 中 9.9 型领导。管理者既关心工作又关心人,工作任务完成得好,职工关系协调,士气旺盛,职工利益与事业目标相结合,属于战斗集体式管理。这是最理想的领导行为,也是最有效的领导行为。

由以上分析可以看出,团队管理型管理是一种最理想的管理类型。卓有成效的领导者和管理者,应当站在各项工作的前列,尽可能把每个人都安排到其感兴趣的、适合的、能够促进其不断成长的岗位上,帮助他们去实现个人目标。实际上,员工的能力素质需要在全身心投入地工作、实现组织目标的过程中得到提高,素质提高的员工又更有利于幼儿园的发展,二者是相辅相成的关系。

三、领导者影响力的构成

影响力是指一个人在与他人交往中影响和改变他人心理和行为的能力。领导者的影响力是完成组织任务、实现组织目标的重要因素,对组织的生存和发展具有重要意义。一个领导者是否具有强大的影响力取决于多种因素,如职务、地位、权力、资历、品格、能力、知识、情感等以及领导者应用这些要素达到目的的策略和机智。

领导者的影响力分为权力性影响力和非权力性影响力,如图9-2所示。

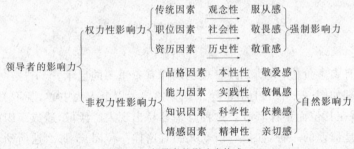

图9-2　领导者的影响力构成

(一)权力性影响力

权力性影响力是由权力机构授予权力而使个人获得的影响力,具有强制性和不可抗拒性,被领导者必须无条件地服从。一旦领导者的职务消失,这种权力也随即消失。

影响权力性影响力的因素主要有三个方面:

1.传统因素。传统观念一般认为领导者都是不同凡响的人,有权力、有能力,从而使下属产生服从感。

2.职位因素。它是指领导者自己在组织中的职务和地位而具有的强制下属的力量,如可以决定下属的命运,从而使下属产生敬畏感。这种影响力以合理、合法的职务为基础,职位越高,权力越大,影响力也就越大,它与个人素质好坏无关。

3.资历因素。资格、阅历和经历反映一个人的过去,是一个人安身立命的资本。领导者资历越深,其产生的影响力越大,越容易让下属产生敬重感。

我们看下面这个案例:某幼儿园的园长在一次抽查中,发现某大班的当班老师在打电话,想起自己刚在全园大会上重申的制度,便气不打一处来,对着该老师很严厉地怒斥道:"昨天刚讲了上班期间不许打电话。你看看你,光顾着打电话,班上的孩子乱七八糟的!警告你,取消你今年的评优资格……"当班老师眼里含着泪,好像一个受委屈的孩子呆呆地愣在那里。原来,班上一个小朋友发烧,她正在通知家长及时赶来送孩子去医院。

显然,园长的怒斥是和她园长的身份分不开的,以"取消你评优资格"作为对老师的处罚,更是显示自己的权力影响。这种有失领导风范的行为,势必会让老师感到不安,难免会让老师产生抵触情绪。

(二)非权力性影响力

非权力性影响力与领导的职位没有必然的联系,是由领导者的品格、能力、知识、情感等人格因素所导致的,它让组织成员从心理上感到领导者可亲可敬,令人信服,让人敬佩,从而乐于接受领导者的影响,听从领导的调遣。这种影响力产生的作用比较持久,就算领导者离开了领导岗位,其影响也依然会存在。

影响非权力性影响力的因素主要有四个方面:

1.品格因素。领导者的品格是非权力性影响力的本质性因素,它是在领导者言行中反映出来的,诸如道德、品行、人格、作风等方面的素质,如真诚、友好、热情、大度、可信、负责、不自私等。这些优秀的品格可使领导者具有巨大的感召力和说服力。若领导者具有虚伪、贪婪、自负、狭隘等恶劣的品格,不论其职务有多高,资历有多深,也会令人厌恶和鄙薄,让组织成员产生对抗情绪。

2.能力因素。能力是领导者成功开展工作所必需的,如敏捷、深刻的理解和判断能力,准确到位、风趣幽默的口语表达能力,全面周到、机智灵活的组织协调能力,大胆开拓、勇于打破常规的胆识和创新能力等。这样的领导容易让组织成员感到踏实可靠,产生敬佩感。

3.知识因素。知识就是力量,知识渊博的领导者在工作中往往思路开阔,考虑问题深刻灵活,感悟力强,充满人生的智慧。这样的领导者往往能在"山穷水尽"之时,左右逢源,带领组织成员到达"柳暗花明又一村"的境界,充分地显示领导者的无穷魅力,让下属产生信赖感。

4.情感因素。情感是人对客观事物的一种态度体验,表现为好恶、亲疏等内心倾向。领导者宽容、大度和善解人意等良好的个性品质可以增加其亲和力和感染力,营造亲密、融洽的组织氛围,让组织成员产生亲切感。例如,某幼儿园的园长把教师子女入学问题当成幼儿园的大事,每到暑假就开始东奔西跑,不论是上小学还是上初中,她都一一记在心里,多方联系幼儿园周边学校,解决教师子女入学问题。原本让孩子入学牵肠挂肚的教师,有了园长的关心和奔走,他们不再焦虑和不安,踏踏实实地上班,勤勤恳恳地工作。

这位园长把幼儿园看做一个大家庭,把教师看做是家庭成员,解决好教师生活中的实际问题,让教师感受到大家庭的美好和温馨,园长注入的是关爱和真情,赢得的是尊重和爱戴。

四、提高园长领导艺术的方法

园长负责制赋予园长实施管理的权力,这是园长这一职位带来的权力性影响力。但这种影响力对人的激励作用是有限的,光凭权力性影响力往往会使组织成员消极被动地适应或应付工作,不能充分调动员工的积极性、主动性和创造性。

管理实践证明,在领导者影响力的构成中,非权力性影响力占主导地位,决定着领导者威信的高低。一个知识广博、能力强、人格高尚、关心体谅下属的领导往往会自然而然地受到人们的敬佩和爱戴,让组织成员产生亲切感和信赖感,愿意接受其建议和劝告,心悦诚服地服从其领导。所以,提高领导者影响力的关键是提高其非权力性影响力。

孟子说:"以力服人者,非心服也,力不赡也;以德服人者,中心悦而诚服也。"所以,园长要善于运用非权力性影响力来提高自己的威信。提高园长影响力主要可以从以下几方面入手:

(一)努力提高自己的领导魅力

领导者的个人魅力是领导者个人的领导风格、领导艺术和领导者人格的综合体现,是领导者影响力的主要组成部分。领导者的个人魅力对其竞争对手将产生威慑力,对其追随者将产生吸引力。同时,领导者的个人魅力还应符合时代的潮流和本组织的需求。

1.学识渊博,能力强,成绩大。魅力是比较而言的,有魅力的人必须要比别人更优秀,这既是前提和基础,也是根本所在,否则就是外强中干。领导者相对于自己的下属,不仅是掌握的权力要大和多一些,更主要的是自己的知识、能力和经验要高一些。

2.人格高尚。一般来说,人格是指人的性格、气质、能力等特征的总和,也指个人的道德品质和人的能够作为权力、义务的主体的资格。比如《孟子·滕文公下》中说:"富贵不能淫,贫贱不能移,威武不能屈,此之谓大丈夫。"这就是君子的人格魅力。现实中有些领导,媚上欺下,耍两面派,这就是最大的人格缺陷。

3.良好的个性气质。首先,园长的着装既要大方、庄重、得体、不过于花哨,又要符合时代潮流,有时代感,带给人现代的气息。当前,随着生活水平的提高,人们对生活质量的要求也提高了,其中之一就体现在着装上,人们需要漂亮、富有艺术感的服装来点缀我们的生活。人们既希望自己穿着漂亮,也希望周围的人都穿上漂亮的服装给自己带来美的享受,幼儿园的女教师们尤其如此。所以,幼儿园园长虽然年龄一般要比老师们大,着装不可过于古板。此外,园长还要注意发型及其他服饰的搭配,尽量使自己外表潇洒、气度不凡,增加个人魅力。

其次,园长的言谈举止要优雅、得体,有气度。日常生活中,园长要注意自己言行举止间透露出来的个人气质,如情绪饱满、面部表情轻松平和、声音温婉有力、举止沉稳有度、自信踏实等。园长要以自己的自信和从容营造井然有序的工作气氛,让组织成员产生踏实、信赖感。

再次,园长在做好工作的前提下,安排好自己的家庭生活,提高自己的家庭生活质量,以增加自己的个人魅力。目前,我国幼儿园园长几乎都是女性,而幼儿园的工作非常琐碎和繁忙,如果不能妥善安排,园长的家庭生活质量会受到很大的影响。"蜡炬成灰泪始干"的奉献精神虽然令人敬佩,但不值得提倡,家庭是女人生活中非常重要的一部分,家庭生活不幸福的女人也很难保持个性魅力。有能力、会工作的园长应该能够充分地调动组织成员的工作积极性,合理调配人员,妥善安排,既能让幼儿园的各项工作有序、有效地运转,又不至于影响自己正常的生活、休闲和娱乐。

4.风格独特,良好的人格品质。园长优雅气质的形成需要以丰富的内在涵养作为基础,否则就是虚假的。所以,幼儿园园长要不断提高自己的内在修养,完善自己的人格品质,增加自己的人格魅力,提高自己的非权力性影响力。一个人没有个性和特点就容易庸庸碌碌。一个领导没有自己的风格就很难出类拔萃。这种独特的风格不是大写的自我太另类,而是一种适合于己、业已成熟、便于识别、行之有效的行为方式。现实中,每一个成功的领导者都有一种属于自己的为人处世的风格特点,这样才能吸引人,获得追随者。

5.宽广的胸怀。一个人的魅力不是取决于他的身高有几尺,而是取决于他的胸怀是否宽广。民族英雄林则徐题于书室的一副自勉联就是一个很好的例子。对联写着:"海纳百川,有容乃大;壁立千仞,无欲则刚。"一个小肚鸡肠、斤斤计较的人是不能成大事的。心中能装得下天下,那么天下就是他的舞台。

6.稳定、持续的工作原则。魅力也是一种耐力。反复无常,变化莫测有时可以造成一种神秘感,自然可以迷惑人们一时。但真正的魅力则会让人们清晰亲切地感知,而且会比较稳定、比较持久地影响着人们的心理(情绪)。

(二)关心、体谅员工,以情动人

情感具有能动性。在我们利用规章制度去约束教职工言行的同时,也要强调以情感人,以情动人,这就是近几年来人们普遍重视的"柔性管理"的思想精髓。

有的幼儿园领导十分关心和体谅员工,用感情留人,让员工对幼儿园有"大家庭"的归属感。如逢年过节给教师买礼物,发奖金;一年当中领着教师至少旅游1~2次;在教师节时请家属聚餐,表示最真诚的感谢;每逢员工过生日,园领导都要亲自发送信息以示关怀,并为员工购买生日蛋糕等。幼儿园领导所做的这些感情投资,必然会收到理想的留人效果。

(三)加强学习,成为教育行家

近几年来,提高教师的专业化水平,让教师成为教育专家的呼声越来越高。那么幼儿园园长是不是也要成为教育专家呢?

实际上,一所幼儿园要发展得好,必须有一个懂业务、会管理的园长,而且园长只有懂业务才能更好地进行管理工作。在这里对园长业务能力的要求不仅局限于精通某一类活动、某一种方法或某一种保教活动形式,而是对幼儿园各种保教活动综合全面的了解与把握,对幼儿身心发展特点和幼儿教育理论知识的深刻理解。所以,我们不要求园长都成为教育专家,但应该要求她成为教育行家,要能够整体把握幼儿教育发展与运行规律,能在幼儿园管理工作中游刃有余,不断开拓,科学管理。

五、幼儿园管理中园长应注意的问题

1. 坚持以人为本的管理理念

日本索尼公司总经理盛田昭夫说:"日本公司的成功之道,并无任何秘诀和不可与外人言传的公式,不是理论,不是计划,也不是政府和政策,而是人,只有人才能使企业获得成功。"今天,人是组织最重要的资源已经是不争的事实,尊重人、爱护人、调动人的积极性就成为组织管理最重要的工作,能否真正实行以人为本的管理已成为组织成败的关键。

所以,幼儿园园长要充分尊重教职工,与教职工建立平等、信任、合作的关系,要生活上关心、工作上重视教职工,鼓励教职工充分自由地发表意见和建议,提供机会让教职工发挥特长,实现自己的价值。

2. 正确对待权力需要,慎用职权

幼儿园园长在与教职工交往、合作的过程中要淡化当官意识,平易近人,身先士卒,与教职工打成一片,以自己高尚的品格、超凡的能力去影响和感化教职工,让教职工心甘情愿地接受自己的指导和管理。园长不能时刻把自己摆在管理者的位置上,滥用职权、指手画脚。幼儿园教师都有一定的文化层次,自尊心普遍比较强,园长的这种做法非常容易引起教职工的反感。因此,园长使用职权时要保持客观、恰当,要尽可能多地利用非权力性影响力。

在以权力为中心的幼儿园里,教职工的注意力容易集中在如何讨园长欢心方面,而不是如何将工作做好。所以,园长要慎用职权,更不能以权谋私、以权徇私或义气用权。

3.明确职责,把握幼儿园未来发展方向

在当前幼儿园推向市场、自主发展的背景下,幼儿园园长必须具有广阔的视野,准确把握时代精神,潜心研究幼儿园发展所面临的各种环境因素,既要明确幼儿园发展的优势和潜能,又要分析幼儿园的弱项及幼儿园发展所面临的威胁,准确定位,从宏观上把握幼儿园发展的方向。园长只有抓住机遇,迎接挑战,在纷繁复杂的环境下及时做出战略决策,提高幼儿园适应社会环境的能力,才能促进幼儿园的可持续发展。面对孩子越来越少,幼儿园可能出现生源不足的情况,幼儿园园长要全面分析现代社会人才培养目标的发展变化,正确预测未来家长的教育需求,分析本园的各种潜能和优势,在不断提高保教工作质量、突出办园特色的同时,探索幼儿园多元化发展的道路。

例如,浙江省温州市第三幼儿园于 2003 年 3 月在温州市率先创办了园中园形式的 1～3 岁儿童"早期教育指导中心";山东省济南市国棉一厂幼儿园根据周边地区孩子不断减少、老人不断增加的发展趋势,在继续办好幼儿园的前提下,同时开办了敬老院。总之,在市场经济的大潮中,幼儿园园长要掌握好"舵",将把握幼儿园发展的大方向放在自己工作的首位,不断开拓创新,为幼儿园的生存和发展谋求新路。

4.分清主次,合理安排工作

幼儿园的工作千头万绪,如果处理不好,园长就会疲于应付,陷于被动,难以提高工作效率。工作中,园长要全面分析幼儿园的各项工作,分清主次,按事情的轻重缓急进行分类安排,能委职放权的就不要包办代替,要放手让别人来做。例如,社会各部门经常通知幼儿园开各种相关会议,园长完全可以根据分工情况,让分管负责人参加;对一些突发事件可以分类管理,尽可能常规化、制度化,由分管领导负责,以减少不必要的商量、讨论的时间,如对员工结婚、老人病故等红白喜事的祝贺和安抚工作都可以形成制度;对一些例行工作也要进行分析,不必要的就取消,能合并的就合并,一次能做完的事不分两次,能简便处理的就简便处理,尽量减少管理活动中的繁文缛节,以便提高管理工作效率,保证办园质量。

第四节　幼儿园领导班子建设

幼儿园领导班子包括正副园长、党支部书记和保教后勤负责人。通俗地讲,领导班子中的个人与领导班子之间的关系就好像一部机器零件和整机的关系,零件好不等于整机好,好零件只是好机器的前提,一部好的高效能的机器是由一定数量和质量的零件合理组合而成的。同时,幼儿园领导班子中某些不理想的个体条件可以通过合理的组合得到相互补偿,以发挥最大的工作效能,这就是领导班子的建设。

一、幼儿园领导班子建设的意义

合理的幼儿园领导班子有利于群策群力,发挥领导集体的作用,形成优势互补,减少工作的片面性和失误,保证幼儿园各项工作优质高效地运转。

二、幼儿园领导班子的合理结构

1. 人员组成结构

幼儿园领导班子的人数多少要根据幼儿园规模的大小、工作任务的多少来确定。人数太多容易出现相互扯皮、人浮于事,人数太少又往往导致园长陷于繁杂事务,无暇考虑幼儿园的未来发展问题,把握幼儿园发展的大方向。而且,园长大权独揽也不利于调动员工的积极性。

幼儿园领导班子的人员组成可参考国家劳动人事部和国家教委颁发的《全日制、寄宿制幼儿园编制标准(试行)》规定进行安排:"三个班以下的幼儿园设一人;四个班以上的幼儿园一般设两人;十个班以上的寄宿制幼儿园可设三人。"

2. 年龄结构和性别结构

不同年龄的人具有不同的经验、智力和心理状态。年长的同志阅历深,经验丰富,遇事冷静;中年干部年富力强,志趣稳定,有较强的分析判断能力;青年人则精力旺盛,容易接受新鲜事物。但老年人容易保守、固执,年轻人容易冲动、偏激。所以领导班子要有合理的年龄结构,达到优势互补,扬长避短。在当今社会发展速度越来越快的时代,我们还是提倡领导班子以中青年为主。

此外,领导班子性别结构也很重要。近几年有不少男性加入幼儿园的工作队伍中来,甚至参与幼儿园的管理工作,这必将对我国幼儿教育事业的发展起到推动作用。

3. 个性气质结构

领导班子的组织还要注意气质结构搭配合理。如有的沉稳、内向,有的冲动、外向;有的活泼、擅长社会交际,有的勤于埋头苦干;有的工于言辞,有的善于深入思考。总之,领导班子成员要气质性格互补,以便适应多种性质的管理工作。

4. 知识结构

幼儿园工作涉及面广,包括保教、行政、后勤、营养卫生保健等多个方面。一个人不可能对所有这些方面都感兴趣、都擅长,所以领导班子要根据每个成员的特长和兴趣分工合作。每个班子成员在自己分工的方面要具有丰富的知识,而且还要在实践中不断提高,力争成为这方面的行家里手,以便做好分管的工作。

5. 能力结构

为应付各种工作的需要,领导班子必须具备计划决策能力、组织指挥能力、协调沟通能力、业务指导能力,既需要高瞻远瞩、善于为幼儿园的发展进行合理规划的思想家,也需要脚踏实地、兢兢业业的实干家。因此选拔配备领导班子成员时,要充分考虑每个成员能力的特点,把他们安排在合适的岗位上,达到能力互补。

如表 9-2 所示,高层管理人员如幼儿园园长要求有较强的识见能力,才能审时度势,根据社会的发展和家长的需要,科学规划幼儿园的未来发展蓝图,突出办园特色。中层管理人员则需要有比较强的协调能力,以便协调好上下级关系,合理配置园内各种教育资源,组织安排人员做好各项工作,调动员工工作积极性,提高幼儿园的组织效能和教育教学质量。基层管理人员则需要有比较强的技术能力,在第一线具体指导教师工作,对教师的工作做出合理科学的评价。因此,幼儿园的领导班子中各层次的领导管理者要注意能力的差异,合理搭配。

表9-2　　　　　　　　　　　各层管理人员所需的三类能力

能力类别	识见(%)	协调(%)	技术(%)	合计(%)
高层管理人员	47	35	18	100
中层管理人员	31	42	27	100
基层管理人员	18	35	47	100

三、合理分工,充分发挥领导班子集体的作用

（一）把实行园长负责制和发挥领导班子集体作用结合起来

幼儿园实行园长负责制,园长在幼儿园行政工作中处于核心地位,全面负责幼儿园的各项工作。园长要想对幼儿园工作实行有效的领导和管理,园长必须重视发挥领导班子集体的作用,只有大家团结一心、合理分工、各负其责,又能够互相支持配合,才能保证幼儿园的各项工作落到实处,取得优质高效的管理效果。

1.园长要合理调配领导班子成员,根据每个人的特点和优势,合理分工,明确职责。比如,必须选择教学业务能力强的副园长负责全园的业务管理工作,才能让教师乐于听从其教学方面的分析、评价和具体指导,而对负责总务后勤工作的领导则不必有这样的要求。

2.园长还要善于授权,把园长总管全局的权力分授给每一个行政领导。行政领导有了明确的职责分工,又在一定范围内享有履行职责分工所需的决策权、指挥权、检查权,就能调动每一个班子成员的积极性,独当一面,独创性地开展工作,提高工作效率。

（二）领导班子成员要互相支持,提高整个领导班子的威信

威信一般是指人们对自己的领导、上级、长者或同事所持的一种信赖、尊重的态度。一般地,能使集体出色地完成任务、取得卓越成绩的人,会获得较高的个人威信;能使集体中人与人的关系团结和谐的人,会获得较高的个人威信;而对这两种集体功能无助益的人,只能有较低的威信或没有威信。因此,提高领导班子的威信要注意以下几个方面:

1.领导班子成员要多谋善断,科学决策,能提出幼儿园发展的前景目标,并采用科学合理的工作方法,提高工作效率,使幼儿园的各方面工作取得新成绩。

2.领导班子成员要团结一致,相互配合,互相合作。在树立个人威信的同时,还要维护领导班子集体的威信,要胸怀全局,切忌互相拆台,甚至贬低别人、抬高自己的恶劣行为。

3.领导班子成员要襟怀坦白、作风民主、平等待人、处事公正、言而有信、以身作则,这样才能取信于民。

（三）督促领导班子成员进修提高

如今社会发展的速度越来越快,知识、观念不断更新。领导班子中的每一个成员都应该注重自我学习,保持对新生事物的敏感性,业余时间要多读书、看报,学习幼儿教育改革的新思想和新理念,不断提高自己的业务管理水平。条件允许时,也可以参与脱产进修学习。近几年来,按国家的相关文件规定开办的园长培训班就是园长提高自身管理水平的好机会。

（四）重视后备干部的培养和选拔

幼儿园领导班子建设除了注意领导班子成员的合理使用和培养,还要选拔助手,做好后备干部的培养工作,以便后继有人,并调动广大教职工的积极性。

考考你

1.园长有哪些主要职责?

2.简述领导的含义及领导的功能。

3.园长应具备哪些基本素养?

4.园长的管理能力包括哪几方面?园长在管理中应注意哪些问题?

5.勒温的领导类型有哪几种?

6.简述领导班子建设的意义及建设的内容。

实践训练

1.请采访一位优秀的园长,结合园长的真实故事,谈谈如何做一名有魅力的园长。

2.试述现代幼儿园园长应具备的素质与能力要求。

案例分析

案例1　孙园长的一天

孙园长是从一名优秀的幼儿教师成长起来的园长。每天早早地来到幼儿园,亲自开启幼儿园的大门,清扫操场,打开烧水的电热水器……站在幼儿园大门口迎接着陆续上班的教师和入园的孩子。然后是走食堂、看早操、跑教室、查卫生、查午睡、看起床、开会议事等,围绕着一个又一个的活动,处理着总也处理不完的杂务。孩子们离园的时候到了,又到大门口送走孩子和家长。一天很快就过去了,一天下来做了些什么?不知道,好像做了很多事情,又好像什么都没做。明天要干什么?不知道,因为明天不知道会发生什么。就这样,孙园长每天迈着急匆匆的脚步,往返于家庭和幼儿园之间,穿梭与幼儿园的教室、教师、孩子之中,满身疲惫,满头雾水。

分析与思考

评析:

在幼儿园管理中,像孙园长这样的园长太多了,她们为幼儿园付出大量时间和精力,事事亲临,事事过问,生怕哪个环节因为自己不能把握出现问题。但付出了辛苦的园长,换来的却是副手的不配合,员工的不理解,园长自己的困惑和彷徨也由此而生,甚至感到委屈。

思考:

1.案例中的孙园长很敬业,值得称赞。但是作为园长,她的领导能力和领导方式你是怎样看待的?

2.假如将来你成为园长,你应该从孙园长的工作借鉴些什么?

案例2 规划不是园长个人的事

又到了"三年一度"制定规划的时间了。经过两轮规划的制定和实施,园长尝到了规划带来的好处:管理更有目标性、计划性和科学性,幼儿园各项事业得到了持续发展。园长也深深地认识到:形成一份良好的规划不仅仅是园长个人的事——只有管理者、员工和家长共同参与,积聚智慧,互相碰撞,产生共鸣,才能使规划目标更明晰,操作性更强,认可度更高,实现的可能性也就越大。

对于幼儿园园长来说,在制定规划过程中迫切需要某些外界的因素提供帮助和支持,于是召开了新规划制定的意见征询会,分批请领导、教职工、家长及相关专家,就幼儿园的发展目标定位、课程资源的优势和劣势发表意见,为新的规划找出着力点和实施途径。

一、分层征询。一个良好的规划要体现幼儿园教育体系中各层面参与者的想法和愿望。首先发动教师,在教师中进行分层征询;其次听取教育局分管领导、退休职工、家长等的建议;最后邀请相关人员,分层开展意见征询。

二、结构访谈。在征询活动前,园长要事先做好准备。首先在管理层进行头脑风暴,寻找下一轮发展规划中的要点和难点,梳理成文,将其中有困难、有疑惑的问题提炼出来,形成分层征询活动的思考问题。其次,要将思考问题提前发给参与人员,并让他们预先思考并在同层人员中进行求证。

三、开诚布公。园长在征询会上一定要开诚布公,让大家了解征询活动对幼儿园发展的意义和管理者对大家意见的重视等。

四、过程反馈。规划不只是一个制定的过程,更重要的是执行和落实。在执行和落实的过程中,也要重视各方人员的参与,形成规划执行情况反馈例会制度。例如,每学期进行管理层和教研组长的规划反馈活动,在每学年开展针对全体教职工和家长的规划执行的反馈活动,让各方人员了解规划执行中的成果和问题,集思广益,不仅确保了规划的有效落实,更有力地推动了规划的发展。

分析与思考 ●●●

评析:

本案例中的园长高度重视幼儿园的规划,征求了方方面面人员的意见,充分体现了民主治园的精神。园长不仅工作认真,而且善于调动各方面人员的积极性,群策群力,制定规划,实施规划,落实反馈规划的执行情况,有力地推动了规划的发展。此案例也说明该园长具有一定的社会影响力和号召力。

规划是园所工作的目标和努力的方向,是幼儿园一切管理工作的指南。幼儿园管理工作都应该按着规划要求有计划、分步骤的进行,这样才能使幼儿园一年一个台阶,三年实现一个跨越式的发展。

思考:

1.幼儿园的规划是可有可无的吗?制定规划有什么意义?

2.对案例中园长的工作,你认为是否有需要改进的地方?如何做更能提高工作效率?

3.假如让你做一份幼儿园的三年规划,你会怎样制定?

案例 3 幼儿园教师的形象建设

某幼儿园的园长非常注重教师的形象建设,在幼儿园规章制度里对教师的仪表有明文规定,如教师不染发,衣着得体,不得过于时髦和暴露,不戴首饰,不化浓妆,不穿高跟鞋等。园长经常在会上三令五申教师的仪表和着装。春节开学的第一次全园教师会上,园长发现有两个教师将头发染成了十分显眼的颜色,并且化着浓妆,穿着时髦靓丽的衣服。园长看在眼里,气在心上,真想在会上给予严厉的批评。但她又想了想,过年了老师想改变一下形象也是人之常情,如果在会上进行批评,可能会使这两位教师难堪。但如果不指出她们存在的问题,又可能会给幼儿园带来负面影响。于是,园长在会议结束时,讲了一个关于教师时髦服装带来烦恼的小故事,善意地提醒教师在仪容和着装上要符合幼儿教师这一职业的要求。第二天,两位教师穿着整洁大方的服装,头发也恢复了本色,主动地来到园长办公室。

分析与思考 ●●●

评析:

两位年轻的教师借着春节放假的时机,换了一种新的形象,本无可厚非,可她们忽视了自己教师的身份。作为园长,对不注重教师形象的教师理当予以批评。但她考虑到春节这一传统节日和教师的自尊,没有贸然指责,而是采取了"旁敲侧击"的策略,以讲故事的形式把教师的形象要求委婉地传递出去,既间接指出了两位年轻教师存在的问题,还给其他教师提了醒,于人于己于工作都大有裨益。

思考:

1. 本案例中园长处理问题的方式你认为如何?你即将成为幼儿园教师,希望自己的教师形象应该是什么样的?

2. 结合本章内容及案例,谈谈园长应如何塑造个人形象。

案例 4 三任园长的故事

7月初,某幼儿园的教职工们议论着这样的话题,"徐园长上任了,第一件事一准儿又要修整幼儿园的场地,这个暑假大家又不能休息了"。议论缘于几位园长在任期内都将修整场地列入任期责任目标的内容,几次更换了场地的材质。

6年前,幼儿园的院子里有3块天然的土质活动场地,海棠、白杨、垂柳等绿树环绕,梧桐树成荫。场地的边上还有一个大沙坑,孩子们兴致勃勃地在上面自由玩耍。春夏季节地上长出小草,一派生机。一条用彩色石子和水泥铺就的小径直通教学楼,避免了雨后泥泞。桂园长在任时,看到邻近某园的场地铺上了九格砖,显得干净整齐,并且彻底解决了雨后泥泞的问题,于是就筹集资金,改土质地为九格砖地。不料仅仅几个月,砖就被三轮车、汽车压裂破损。一年后,桂园长看到附近中小学的操场是平整的三合土地,刮风时不起土,下小雨时不粘泥,于是又改砖地为三合土地。当年,该园因此获得上级教育部门颁发的"环境建设显著进步奖"。

桂园长退休后,上级教育行政部门发出指令,要求扩大幼儿户外活动的场地并使之完整化,达到人均2平方米。继任的王园长于是决定修建一个柏油场地。幼儿园安排幼儿放假回家一周。园长亲自组织教职工集体劳动。把十几棵直径20~30厘米的树木砍掉,将三块活动场地连成一体。王园长四处奔走,请来市政部门的路桥施工队铺上沥青,操场变成了平滑宽阔的柏油场地。然而,新问题又出现了。只要孩子们在柏油场地上跌倒,皮肤擦伤就很严重。在炎热的夏天,小朋友们走在场地上,都嚷嚷烫脚,家长们的意见很大。

不久,王园长到南方的幼儿园参观,看到那里的塑胶场地既安全又美观,孩子们怎样奔跑、跳跃都不会跌伤,只是造价很高。王园长认为,塑胶场地安全科学,又一劳永逸。所以,她用了一年多的时间,动员各方面力量,筹集资金30多万元,将柏油场地改成塑胶场地,按照城区教育系统制定的幼儿园评估标准,修建了30米长的跑道。幼儿园终于被评为一级园所,王园长感到很欣慰。

由于干部轮换,王园长调离,继任的徐园长接受了有关专家和媒体的说法——塑胶场地质地柔软,缺乏一定的硬度,婴幼儿长期在塑胶场地上活动会影响骨骼的正常生长。再加上一些家长纷纷提出"不能因为幼儿园的塑胶场地好看,就影响孩子的生长发育"。于是徐园长筹划拆除一部分塑胶场地,改为绿草地,以实现绿地面积达到场地总面积40%的任期目标。

分析与思考

评析:

6年之间,3位园长分别制定和实施了自己的任期目标。为此,幼儿园投入了大量的人力、物力、财力和时间,幼儿的活动场地几易面貌,幼儿园也获得了一定的荣誉。然而,孩子从中又得到了什么?哪一任园长思考了这个问题?

思考:

1. 园长的任期目标与幼儿园发展的长期目标是一个什么样的关系?就园长的任期目标来谈谈你对此案例的理解。

2. 三任园长仅是从自己的政绩出发思考问题,把幼儿园改来改去,如果从孩子成长、发展的角度去思考问题又应该如何去做?

知识拓展

五常法

1. 什么是五常法

五常法是维持环境品质的一种技术,是一种管理理念,是一种长期运用后产生管理奇效的利刃。五常法是优质管理的一种模式,在确保安全、效率、品质与减少故障方面发挥了简易可行的作用。

2. 五常法的由来

五常法是香港人何广明教授在1994年始创的。在各个机构里,五常法是用来维持环境品质的一种有效技术。五常法又称5S,它源于五个日本词,即整理(Seiri)、整顿(Seiton)、清扫(Seiso)、清洁(Seiketsu)、修养(Shitsuke)。5S在日本民间已流传了许多年,何广明教授在日本研究优秀企业的时候,发现了5S在其中所起的巨大作用。1994

年,他整理出基于5S的优质管理方法,这就是五常法,即常组织、常整顿、常清洁、常规范、常自律。此法在香港获得了支持和推广,被广泛运用于各个行业中,取得了管理方面的奇迹。

3.五常法的核心内容

五常法的核心内容包括常组织、常整顿、常清洁、常规范、常自律。

4.五常法的效用

(1)营造清洁、整齐、井井有条的工作环境。

(2)改善人们的思维方法和工作态度。

(3)改善企业管理品质。

(4)提升企业安全和效率。

园长职责

幼儿园可根据《幼儿园工作规程》的规定,结合本园的实际情况,制定更为详尽具体的园长职责。下面是河北省石家庄市第一幼儿园提供的园长职责。

1.根据国家的有关方针政策,制定幼儿园的总体目标、长远规划和工作计划,包括三年规划、年计划、学期计划、课程定位、价格收费、宣传计划、人员培训等。

2.定期召开幼儿园职代会、园务会,制定幼儿园各项规章制度、各岗位职责。

3.策划整体培训方案,包括教师的业务培训,保育员、保健医、后勤人员及安全保卫人员的业务培训,新教师及其他岗位人员的上岗培训。

4.负责组织策划新学期招生报名工作。

5.每学期初,根据报名率和各位教师的特长负责分班,协调各位教师之间的配合,倡导团队精神。

6.指导检查和评估教职工的工作并给予奖励。

7.观察教职工及幼儿的精神面貌,发现问题及时解决,调整工作。

8.设立家长接待日,组织每学期一次的家长会,接受教学服务的反馈。

9.每年应有至少三分之一的教师外派接受各种相关的专业培训,并要求接受过培训的人员把所有培训内容毫无保留地与本园教师交流,并在每次培训后布置作业或进行相关考核,确保全园教师真正受益。

10.倡导良好的文化氛围,不定期组织教职工外出参加相关的特长培训,不断提高教职工素质,使大家都各具专长。

11.管理登记好园舍设备和财产,努力改善办园条件。

12.加强对财务的指导做好预决算,合理安排各项收支,定期听取会计汇报。

13.定期购进图书、杂志、各种教材、教具以及幼儿图书、玩具等。

14.每年外出接受专业培训一至两次,掌握最近幼教精神和理念,加强与社会联系,获取新信息,建立广泛的社会关系。

15.监督业务园长、后勤园长的工作执行和完成情况。

女性领导如何塑造自我形象

1.增强自我意识,提高自身素质

自我意识即主体对自我的认识,包括自我观察、自我体验、自我鼓励、自我控制等多重含义。这正是女性园长塑造自我形象所必需的。对于女性领导来说,增强自我意识主要是要充分认识自身的价值,坚定自信心,做到自强不息;要勇于正视自身的缺陷,去掉虚荣心,坚持自省自励,努力克服自己的弱点。在此基础上,更重要的是发展自己,全面提高素质。为此,女性领导必须在工作中不断学习,在学习中注意运用,在学用结合中不断提高自己的管理水平,努力使自己成为一个优秀的园所领导者。

2.重视个性修养,改善气质结构

领导工作的职责要求园长必须具备独立、坚强、干练、开朗的基本素质,而这些素质在传统意义上几乎全属男性气质。在认识上,要力避肤浅、片面、短见,力求深刻、全面、有远见;在意志上,要不畏艰难,有坚定的自信心和顽强的自制力;胸怀大局、宽宏大量,展示出领导者的风度和较强的精神境界;要自觉抑制感情脆弱、喜怒无常、游离多变的女性通病,努力做到冷静沉着,善于理性思考,尽可能给人以稳定感。

3.树立远大理想,摆脱习俗困扰

有了远大理想,人的心胸就会开阔、充实,思想境界就会得到升华;有了理想,就有了动力;有了理想,就可以摆脱低级趣味等世俗的困扰。对于女性园长,尤其如此。

4.勇于高屋建瓴,实施正确领导

在社会主义国家里,女性领导不仅要争取一般意义上的男女平等,而且在男女平等的基点上还要去"领导男人"。如果没有这样一种坚强自信、勇往直前的气概,也就无从谈起"领导"。当然,仅有勇气是不够的,还得有真才实学。

5.善于自我调适,摆正多重关系

女性领导应善于自我调适,准确自如地处理多重微妙的关系,把握住其中的度。

(1)事业和家庭,二者不可偏废。双重角色要集于一身,如果处理得好,二者不仅不矛盾,而且是相互促进。

(2)自信与自知。没有自信就没有自强,但自信一定要建立在自知的基础上,盲目自信是不行的。

(3)阳刚与阴柔。阴柔之美是女性的优势,作为女性领导适当补充点阳刚之气也是十分必要的。但如果矫枉过正,效仿无度,势必物极必反,造成自身形象的再次扭曲。

(4)抗争和适应。对于歧视女性的偏见,应当与之抗争,但对于存在的现实,又有必要策略性地去适应。

因此,女性领导应扬长避短,掌握这些"度",摆正多重关系,塑造自己的良好形象。

第十章

幼儿园工作评价

学习目标

1. 掌握幼儿园工作评价的含义及意义。
2. 了解幼儿园工作评价的内容与原则。
3. 掌握幼儿园评价方案设计的一般步骤及应注意的问题。
4. 理解幼儿园工作评价应注意的问题。

第一节　幼儿园工作评价概述

幼儿园工作评价是园所管理的一个必不可少的内容和环节,它涉及园所工作的各个方面。客观有效的评价对于推动园所各方面的管理工作,提高保教质量都十分重要。

一、幼儿园工作评价的含义

幼儿园工作评价是教育评价的一个组成部分,它是依据一定的标准与程序,有目的、有计划、有组织地对园所的各个方面的工作进行科学调查,搜集、整理、处理相关信息,并做出价值判断的过程。

幼儿园工作评价是诊断、发现工作中的问题,不断提高保教工作质量的重要手段,其主要目的是为了改进幼儿园各方面的工作。

二、幼儿园工作评价的意义

幼儿园工作评价有利于幼儿园端正教育思想,加快幼儿园教育改革进程。它在幼儿园管理中的作用主要表现在以下四个方面:

1.幼儿园工作评价具有导向作用,有利于保证教育目标的实现

幼儿园工作评价有利于园长和全体教职工端正思想,树立正确的教育价值观和质量观,克服重教轻保,重智轻德、轻体,重教学轻游戏等片面倾向,真正实现对幼儿进行体智

德美全面发展的教育,促进其身心和谐发展的教育目标。

目前,许多幼儿园在保教活动中,为了迎合家长的教育需求,无节制地开办各种兴趣班,鼓励幼儿参加各种比赛拿名次;农村幼儿园教算术题、教认字等小学化现象十分严重。这些做法都严重地偏离了正确的办园方向,究其原因在于没有正确的幼儿园教育评价标准。通过幼儿园工作评价,可以将教育目标转化为幼儿园保教活动质量标准和各项工作的评价标准,以此为导向,保证教育目标的最终实现。

2.幼儿园工作评价具有诊断作用,可以促进幼儿园管理水平的提高

依据一定标准对幼儿园的各项工作进行全面评价,有利于了解幼儿园各种资源的使用和各项工作运转过程中的一些不合理因素,发现幼儿园管理工作中的问题和漏洞,及时做出调整和改进。它能推动幼儿园各项工作上一个新的台阶,提高幼儿园的管理水平和保教活动的质量。

3.幼儿园工作评价具有激励作用,有利于调动全园教职工的积极性

幼儿园工作评价涉及对每一个教职工的工作成绩好坏、业务水平高低、能力素质强弱等的判断,通过评价,教职工可以看到自己工作中的成绩与进步,找出差距与不足,进一步为自己找到努力的方向,增强工作的积极性。

4.幼儿园工作评价对幼儿园的未来发展具有借鉴作用,有利于推动幼教改革的不断深入

通过幼儿园工作评价可以全面采集幼儿园各项工作的信息资料,推广成功的经验,总结失败的教训,为幼儿园下一步的决策提供丰富的信息,以使幼儿园领导科学决策,不断提高办园质量。

三、幼儿园工作评价的类型

幼儿园工作评价可从不同的角度划分为不同的类型,各种评价的侧重点也有所不同。其分类主要有以下几种:

1.从评价的目的来分,有诊断性评价和甄别性评价

诊断性评价又称发展性评价,侧重于发现幼儿园工作中的不足或问题,找出问题产生的原因和影响因素,以此作为改进和调整工作的依据。这种评价的观点使评价具有"研究"的特点,幼儿园多使用这种评价。它不仅能帮助教师和管理者了解教育的适宜性和有效性,诊断和发现工作中的问题和症结所在,不断提高教育质量,还可以提高教师的专业发展水平,促进教师的专业成长。基础教育课程改革非常强调使用诊断性评价,把评价作为提高教育质量的必要手段。

甄别性评价又称效果评价,侧重于对工作的结果给出好与坏的评价,然后按成绩把被评价者分出等次。它不关心工作到底出了什么问题,产生的原因是什么以及如何调整,因此对改进工作意义不大。

2.从评价主体来分,有自我评价和他人评价

自我评价即评价的客体同时也是评价的主体,强调被评价者反思自己的工作情况,找出工作中出现的问题和差距,分析原因,以便日后改进工作,如幼儿园里教师对自己保教工作情况的自我反思与评价。这种评价体现了领导对教师充分的尊重与信任,可以有效

地发挥教师的主体性,提高其工作的自觉性和主动性,促进教师的专业发展。但这种评价往往缺乏客观性,尤其对自己存在的问题难以看清。

他人评价即由被评价者之外的其他人对其工作进行评价,如幼儿园的领导、幼儿及其家长对本班教师保教工作的评价。这种评价的优点是从不同的角度对教师的工作进行评价,获得的信息比较全面,便于教师发现自己工作中的问题。

3. 从评价标准的来源来分,有相对评价、绝对评价和个体内差异评价

相对评价即在被评价对象的集合体内,选定某一个或几个对象作为基准,然后将各个评价对象与基准进行比较的评价(如图10-1所示)。如幼儿园通过对各班级工作的评比,只在本园范围内确定各班的等次。

绝对评价即在被评价对象的集合体之外确定一个客观的标准,然后将各评价对象与所确定的这一客观标准进行比较的评价(如图10-2所示)。如各省市对幼儿园进行的实验园、示范园、一类园、二类园达标的评价,幼儿身高、体重是否达标的评价等都属于绝对评价。

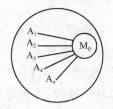 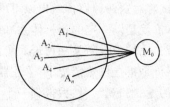

图 10-1 相对评价示意图　　　　　　图 10-2 绝对评价示意图

个体内差异评价是把被评价对象集合中各个对象的过去和现在相比,或把一个对象的各个侧面进行比较而进行的评价(如图10-3所示)。这种评价不涉及不同个体之间的比较,可以充分地照顾个体间的差异,减少评价给被评价者带来的压力,可以让被评价者看到自己的进步,提高自信心。

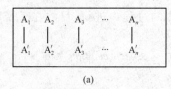 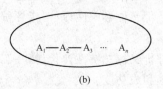

　　　　　　(a)　　　　　　　　　　　　　(b)

图 10-3 个体内差异评价示意图

图 10-3(a)所示的评价关注的是群体内个体前后的发展情况,体现了用发展的眼光看人,重视每个人的不断进步。如某幼儿园食堂工作人员在工作中随便吃幼儿的食物,工作懒散,在全园造成很坏的影响。经批评教育后,他充分认识到了自己的错误,很快改掉了随便吃孩子食物的习惯,工作也比以前勤快了。那么,虽然他的工作质量离幼儿园的标准还有一些距离,但是也要看到他的进步,应该给予他积极的肯定,以激励他在以后的工作中更加严格自律,取得更大的进步。

图 10-3(b)所示的评价关注的是同一个体不同侧面的发展情况,体现了分析每一个评价对象的特点,尊重个性,不求全责备的评价态度。如某幼儿园教师性格内向,唱歌、跳舞等技能比较差,在幼儿园的各种节日庆典活动中很少发挥作用。但她爱读书、乐学习、

喜欢思考,在很多教育问题上有自己独到的见解。她写的论文观点明确、立意深刻,经常在各种幼儿教育杂志上发表,在各级教育论文评比中获奖。管理者就应该看到她的长处和优点,给她自由施展才能的空间,如可以让她在全园的教科研活动中一展身手,发挥她的作用,实现她的价值,扬长避短而不求全责备。

传统教育评价更多是运用相对评价(如打分排队)和绝对评价(如定出一个分数线)这种横向比较评价的方法,个体内差异评价运用得较少。近几年在教育界引入的"档案袋"评价就是典型的个体内差异评价的方法,它将个体在较长时间内在一个或多个领域中所做出的努力、进步和所取得的成就等汇集起来,全面、真实、动态地评价人,反映人们千姿百态的个性。而且,这种用自己的现在与自己的过去进行纵向比较的方法以及对自己的不同侧面进行比较的方法,可以让儿童看到自己的成长与进步,增强自信心,更有利于促进儿童个性的发展,值得我们研究和借鉴。

4. 从评价的方法来分,有量化评价和质性评价

这两种评价类型是基础教育改革之后讨论最多的一种评价方式,目前尚没有严格的定义,本书试着对这两种评价做出以下的界定和区分。

量化评价就是以一定的指标体系和标准,力图把复杂的教育现象简化为数量,进而从数量的分析与比较中推断某一评价对象的成效和水平的一种评价方法。

质性评价是指在自然情境下,采用收集多种资料的方法,通过对评价对象进行深入、细致、长期的考验和观察,然后得到一个比较整体性、解释性的评价,全面充分地揭示和描述评价对象的各种特质,以彰显其中的意义,促进理解的一种评价方法。

质性评价是作为对量化评价的反思、批判而出现的。但从根本上讲,质性评价本质上并不排斥量化评价。质性评价与量化评价是从不同的侧面、用不同的方法对事物进行评价,它们是互为补充、互相支持的。质性评价为量化评价提供了应用的框架,而量化评价又为质性评价的深入创造了条件。

5. 从评价的时间上来分,有过程性评价和终结性评价

过程性评价又称形成性评价,指评价在工作的过程中进行,目的在于及时发现问题,及时调整。

终结性评价又称总结性评价,指在工作完成之后对其效果的评价,目的在于检验工作所取得的成绩和成功度。

6. 从评价的内容范围来分,有分析评价和综合评价

分析评价是把评价内容分解成几个项目分别进行评价的方法,是对幼儿园工作某一方面或侧面的评价,如单纯对幼儿园卫生保健工作进行的评价。

综合评价是对评价对象的整体进行评价,它以分析评价为基础,如省级示范园的达标评价即属此类。

第二节　幼儿园工作评价的原则与内容

客观有效的评价对于推动园所各方面的管理工作、提高保教质量都十分重要。幼儿园在进行工作评价时,要把握好幼儿园工作评价的原则,充分发挥评价的作用。

一、幼儿园工作评价的原则

（一）科学性原则

幼儿园工作评价的科学性是指评价过程的各个环节、评价标准、评价步骤、评价方法等都具有科学性，以保证评价结果的客观可信。

1. 评价的指标体系和标准要科学，要体现正确的办园思想，并根据教育科学、管理科学和评价的有关理论进行设计，各指标要叙述明确，内容独立、不相互交叉，权重合理。

2. 具体评价过程中，材料收集要全面、客观、实事求是，要尽可能通过园领导、教职工、幼儿、幼儿家长等多种渠道搜集信息，进行多方印证，以保证所获得的资料准确可靠。

3. 评价方法要科学，如定性评价与定量评价相结合，形成性评价和总结性评价相结合。

（二）民主性原则

民主性原则指评价过程要充分发扬民主，以自评为主，并增加评价工作的透明度。民主性原则体现在以下几个方面：

1. 制定评价方案时要广泛征求意见，既要征求专家的意见，保证方案的科学性，同时也要征求广大教职工的意见，使评价方案更符合客观事实，更具有可行性，达到让教职工了解方案、以积极的态度接受评价的目的。必要时可让全体教职工参与方案制定的全过程。

2. 评价时要自我评价与他人评价相结合，发挥教职工的主体性、积极性。他人评价则要尽可能地让多人参加，代表各方面的意见。

3. 在做出评价结论之前，应该让教职工知道结果，并听取他们的意见，失实之处要及时改正。

（三）客观公正性原则

要想让评价结果令人信服，就必须保证评价的客观公正性。

1. 评价指标和评价标准要遵循科学的标准设计，不能掺杂人为因素，如为了照顾某个人而添加或删除必需的某项指标。

2. 评价人员的选择要照顾到各个相关组织层面，既要结构合理，又要考虑评价对象对他们的信赖度，不能依某个领导者个人的喜好选择确定。

3. 评价人员的工作态度要客观公正，对所有对象的评价要严格按标准进行，一视同仁，不能带个人感情色彩。

（四）评价与指导相结合的原则

评价的根本目的在于诊断幼儿园工作中出现的失误和漏洞，以便发现问题，及时调整和纠正，而不是为了定出优劣高低。所以，评价并不是管理工作的结束。评价必须与指导相结合，对评价结果做出分析，找出问题及产生的原因，提出改进的意见和建议，不断提高工作水平，这样的评价才是有价值的。

二、幼儿园工作评价的内容

幼儿园工作评价是以幼儿园内部各方面工作为对象的教育评价。它涉及的范围较广，评价的内容和范围有四个方面，如图 10-4 所示。

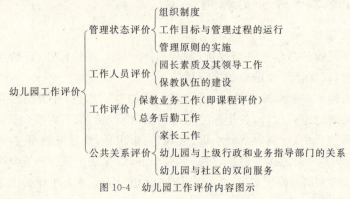

幼儿园工作评价
{
- 管理状态评价
  - 组织制度
  - 工作目标与管理过程的运行
  - 管理原则的实施
- 工作人员评价
  - 园长素质及其领导工作
  - 保教队伍的建设
- 工作评价
  - 保教业务工作（即课程评价）
  - 总务后勤工作
- 公共关系评价
  - 家长工作
  - 幼儿园与上级行政和业务指导部门的关系
  - 幼儿园与社区的双向服务
}

图 10-4　幼儿园工作评价内容图示

1. 管理状态评价

幼儿园管理状态评价要对幼儿园工作目标制定的科学性、组织机构设置的合理性、规章制度的完整性及其他各项组织管理工作的实施情况做出全面的评价，以确定幼儿园整体管理水平的高低。

2. 工作人员评价

幼儿园工作人员评价是对幼儿园所有岗位人员进行的评价，包括园长素质及其领导工作评价，教职工的任用、培训、个人素质和工作效果评价，以确定保教队伍的整体素质。

3. 工作评价

幼儿园工作评价分为保教业务工作和总务后勤工作两部分内容。

对幼儿园保教业务工作的评价主要包括教养活动开展情况的评价和保教工作管理水平绩效的评价。如通过对幼儿园一日常规活动的组织、游戏活动的情况、教学工作的组织安排等的了解和分析，对幼儿园保教工作开展情况和质量进行全面的检查。

幼儿园总务后勤工作主要涉及对办园条件的改善、设备的维修保养、卫生保健、膳食营养、财产财物管理、档案资料管理、教职工的福利待遇等工作的评价。

4. 公共关系评价

幼儿园公共关系评价包括幼儿园外部公共关系活动开展情况和幼儿园内部公共关系活动开展情况两个方面。与外部的公共关系主要包括对幼儿园家长工作开展情况的评价，幼儿园与社区协调、开展双向服务工作情况的评价，幼儿园与上级行政领导部门协调关系的评价等。与内部的公共关系主要包括全员公关意识的培养工作评价，领导与内部员工的关系协调，营造良好的组织氛围和创建优秀组织文化工作的评价。

第三节　幼儿园工作评价的方法和步骤

幼儿园工作评价要以促进幼儿的发展、教师的反思性成长和提高教育质量为目的，制定可行的评价方法。

一、幼儿园工作评价标准的确立

如果说，评价指标是对目标的分解和具体化，那么评价标准则是对目标质量要求的具体化,而且要用清晰、明确的语言加以描述。如表 10-2 中,对教师热爱幼儿的评价分为合格与优秀两个等级,每个等级又有三个具体的质量标准。依照这些具体的质量标准,评价人员就可以根据观察到的某教师日常工作中的表现和所收集到的资料,对教师"热爱幼儿"的工作打出合格或是优秀的等级。评价标准的制定有利于增强评价工作的科学性和客观性,减少评价人员在评价工作中的主观性和随意性。

评价标准同样要遵循国家教育法规、教育方针、政策的要求,还要依据教育教学的规律和理论,以保证评价标准的方向性和科学性。同时,还要考虑评价对象的现状,使评价标准具有现实意义。在评价标准制定之后,也要经过教育权威人士和考评小组的反复论证,并广泛征求全体教职员特别是被评价者的意见和建议。影响重大的考评还必须进行试评,以便发现问题,进行修改,保证评价标准的科学性与合理性。

确立评价标准应遵循方向性原则、科学性原则、可行性原则。

二、幼儿园工作评价方案的设计

设计幼儿园工作评价方案是幼儿园工作评价准备工作最重要的一项内容。幼儿园工作评价方案的设计要解决四个问题:确定园所评价目的与指导思想、选择评价内容与对象、建立评价的指标体系并选择适宜的评价方法、确定评价主体及主客体之间的相互关系。

（一）确定评价目的与指导思想

《幼儿园工作规程》明确规定了幼儿园的主要任务是"实行保育与教育相结合的原则,对幼儿实施体、智、德、美诸方面全面发展的教育,促进其身心和谐发展",这是幼儿园保教工作总的方向和目标。幼儿园工作评价的目的不能与总的教育目标相悖,评价必须保证幼儿园正确的办园方向,有利于教育总目标的实现,以保证评价正确的导向性。

（二）选择评价内容与对象

幼儿园工作评价的内容很多,范围很广,可以是幼儿园工作的各个方面,如上节所列的各种评价内容。管理者可以根据本园实际需要和各阶段的工作重点,选择确定所要评价的内容。然后根据评价内容的特点,制定科学、合理的评价方案。

（三）建立评价的指标体系并选择适宜的评价方法

1. 设计评价的指标体系

评价的指标体系是对评价内容的规定,即它针对具体被评定对象规定从哪些方面去评价。而评定标准是指评价对象达到什么程度才能获得相应的分数、等级或评语。评价目标与标准必须和园所的总目标一致,它是将教育目标与园所工作目标转化为教育质量的标准和幼儿园各方面工作的具体要求,将其具体化、操作化,用以衡量工作状况及其效果是否达到和实现教育目标的程序。

幼儿园的任务和保育与教育的主要目标是评价的最终目标和依据,但是这种评价目标通常比较抽象、笼统和概括,难以具体操作。所以,必须在理论分析的基础上对评价目标进行层层分解,直到分解成可测量的具体指标,形成指标体系。

如表 10-1 所示,幼儿园园长的管理水平是本次评价的内容,其管理水平可以从管理职能的角度分解为规划水平、组织水平、指挥水平、控制水平四个方面,这是一级指标。但这四个指标还是过于概括,难以具体操作和考核。于是一级指标又分别分解为几个二级指标,如幼儿园园长的组织水平,可以从能否合理分配,安排好人、财、物、事;能否协调各岗位、各部门的关系;能否明确各岗位的责任,责任到人三个方面进行具体评价。这三个方面就已经具有一定的可操作性,可以从园长的人、财、物的合理调配,各种人事安排和岗位责任制度的制定等方面加以分析考评。在表 10-2 中,幼儿园教师日常保教工作评估指标体系也分为两级,一级指标三项,分别为教育思想、保教能力和自我提高,二级指标比较多,共有 17 项。

表 10-1　　　　　　　　　　　幼儿园园长管理水平考核表

一级指标	二级指标	评价等级				评价主体			得分
		好	一般	不够	无	自评	众评	园评	
规划 (25分)	1.确定目标,方向明确	7	5	3	0				
	2.制订计划能结合实际,细致周到,有新意	9	7	4	0				
	3.安排好,做到定人、定质、定时	9	7	4	0				
组织 (25分)	1.能合理分配,安排好人、财、物、事	10	8	6	0				
	2.协调各岗位、各部门的关系	8	6	4	0				
	3.明确各岗位的责任,责任到人	7	5	4	0				
指挥 (25分)	1.指导得当,不包办代替,工作有条理	7	5	3	0				
	2.善于激励、调动职工积极性	6	4	2	0				
	3.认真负责,敢于承担责任(责任心)	6	4	2	0				
	4.果断,有秩序,不优柔寡断,朝令夕改	6	4	2	0				
控制 (25分)	1.检查(主要检查工作过程,探究因果关系)	7	5	3	0				
	2.监督(落实岗位责任制,有工作标准)	6	4	2	0				
	3.调整(能朝着目标不断修正措施)	6	4	2	0				
	4.进度(能否掌握实际工作进度)	6	4	2	0				

表 10-2　　　　　　　　　　幼儿园教师日常保教工作评估指标体系

一级指标	序号	二级指标	一级指标参照标准	
			合格	优秀
教育思想	1	热爱幼儿	①对幼儿态度亲切,爱幼儿 ②能耐心倾听幼儿的表述,了解幼儿的需要 ③坚持正面教育,不体罚、变相体罚	①面向全体,关心照顾每个幼儿,为幼儿提供表现的机会,对特殊的幼儿给予特别的关照 ②满足幼儿的合理要求 ③善于发现幼儿点滴进步,予以鼓励、肯定
	2	目标意识	(以下内容略)	(以下内容略)
	3	保教结合		

（续表）

一级指标	序号	二级指标	一级指标参照标准	
			合格	优秀
保教能力	4	制订计划		
	5	观察分析		
	6	组织活动		
	7	保健护理		
	8	创设环境		
	9	指导游戏		
	10	灵活应变		
	11	语言表达		
	12	驾驭教材		
	13	艺术技能		
	14	家长工作		
自我提高	15	学习进修		
	16	研究总结		
	17	言行修养		

在现实的评价工作中,如果觉得二级指标还是太笼统,不可操作,也可以分解得更多,如三级指标、四级指标,分解层次的多少可视实际情况来定。一般将分解层次控制在三层,因为分解层次过多,容易使评价过于追究细枝末节,偏离正确的评价方向,而且也会导致评价工作过于烦琐复杂,更加难于操作。

指标体系初步设计好之后,还要聘请相关教育专家及考评小组全体成员进行反复的论证,以确保指标体系的科学性。

考查指标体系的科学性,可以从以下几个方面进行:

(1)各项评价指标必须与评价目的的方向相一致,也就是要最终体现幼儿园保教总目标的导向性,不能出现有悖于我国幼儿教育方针、偏离幼儿教育方向的内容。

(2)指标体系要能够覆盖评价对象的全部本质属性,不能有所疏漏。

(3)各项评价指标要表述清楚、含义明确,不能让评价人员在理解上产生歧义。

(4)各项评价指标要相互独立,不能出现相互交叉、包含。

(5)各项评价指标要用可操作化的语言加以表述,它规定的内容是可以通过实际观察和测量获得的。

(6)指标体系要力求层次简明、得当,量化方法简便、易于操作。

2.赋予指标体系权重

在指标体系中,各项指标的重要程度可能一样,也可能不一样。例如,在表10-1中,一级指标的规划、组织、指挥、控制的水平对衡量园长的管理水平来说,重要程度是一样的,各占25%。而在二级指标中,如对园长组织水平的评价中,"能合理分配,安排好人、财、物、事"的重要程度最高,占40%(10除以25再乘以100所得结果),"协调各岗位、各部门的关系"占32%,"明确各岗位的责任,责任到人"占28%。这些百分比数值即为各项的权重系数。

由于权重系数的差别,各个指标在整体中的重要程度就有了较为清晰的排列,它告诉人们哪些评价内容是重要的,哪些稍次,并影响着人们对各部分内容的重视程度。在这个意义上,指标权重系数与指标本身一样也具有很强的导向作用。例如,如果幼儿园对教师的年终考评没有"参与科研,撰写论文"一项,或虽然有但权重系数很低,那么教师在以后的工作中就会不愿意搞科研、写论文,而把注意力放在权重系数比较大的项目上。同样的,近几年来高校对教师的考评侧重于科研成果、著书、发表论文上,那么就会出现高校教师不重视教学工作,导致高校教育教学质量严重下降的现象。

3.选择适宜的表述方法

(1)程度表示法,又叫等级评价法,指把各项评价指标按程度分出等级,分别对被评价者的工作情况做出不合格、合格、优秀;优、良、中、差;好、较好、一般、较差等类别等级进行评定。

(2)数量表示法,就是按照标准或把以上各等级分别赋分,就可以计算出每个人的总分。这种方法便于进行横向比较,适合于对评价对象进行甄别和选拔。

(四)确定评价主体及主客体相互关系

评价人员需要借助评价方案掌握评价工作的指导思想和具体操作方法,所以评价方案最好形成文字材料,让评价人员人手一份,以便随时翻阅、严格按标准评价。

评价方案主要包括以下内容:

1.评价的目的和指导思想;

2.评价指标体系和权重系数;

3.评价标准和评价方法;

4.评价实施过程的具体时间、地点安排。

三、幼儿园工作评价的步骤

幼儿园工作评价的一般步骤包括:

1.建立评价领导小组,负责评价的组织工作;

2.草拟评价方案;

3.实施预测评价;

4.对评价结果进行处理,提出改进意见;

5.将评价过程中的有关资料进行分类整理,建立评价资料档案;

6.对评价过程以方向性、科学性、可行性等原则作为指标,进行再评价。

第四节　幼儿园工作评价的组织与实施

幼儿园工作评价是指依据一定的标准和程序,有目的、有计划、有组织地对幼儿园各个方面的工作进行深入调查,并做出价值判断的过程。评价工作的组织与实施直接关系着评价工作的实效性。

一、幼儿园工作评价的准备

1. 组织和人员准备

这主要是建立负责组织和实施评价工作的委员会或领导小组。这种评价组织一般为非常设机构，根据不同的评价对象、评价内容和评价要求，临时选择合适的人员参加。

由于评价组织是非常设机构，评价人员也就都是兼职人员。负责人可由分管领导兼任，工作人员可由各部门、各班级组长组成，也可由教职工公选大家都信赖的教师参与。规模比较小的幼儿园，可以全员参与。此外，还要注意尊重幼儿家长参与幼儿园管理的权力，选择一部分幼儿家长参与幼儿园工作的评价。

需要注意的是，随着人本主义思潮的兴起，近几年在教育评价领域非常重视教师的自我评价，如《幼儿园教育指导纲要（试行）》中明确要求：幼儿园教育工作评价实行以教师自评为主，园长以及有关管理人员、其他教师和家长等参与评价的制度。因此，我们在确定评价人员的时候，必须考虑教师的自我评价。自我评价有利于教师对照目标和标准检查自己的工作，进行自我调整和改进，这也是教师自我教育的过程。

2. 培训评价人员

为保证评价工作科学性、客观性和公正性，首先要做好评价人员的思想动员工作，让评价人员正确对待幼儿园工作评价工作，认识评价工作的意义，树立高度的责任心和认真负责的工作态度，保证评价的客观性和公正性。其次，根据参加评价人员的实际情况，还要对他们进行一些必要的评价理论和评价技术的培训。理论和技术培训可结合评价方案进行。如组织他们学习评价方案，统一对各项评价指标、评价标准的认识，学会收集、分析和处理有关信息，学习评价的具体方法，统一评价的尺度，进行科学的评价。

3. 设计评价方案

评价方案的设计是评价准备阶段的核心工作。它非常复杂，而且具有一定的技术难度。评价方案的科学合理性直接影响着评价工作的成败，需要认真对待。

4. 广泛宣传，争取员工支持

在正式开始评价活动之前，可以就评价进行广泛的宣传动员工作。如向全体员工尤其是被评价者说明本次评价的目的、任务；特别要申明是为了发现工作中的问题，以便改进工作，希望取得大家的支持和配合，希望有关人员积极提供相关材料，保证评价工作的顺利进行。

二、幼儿园工作评价的实施

幼儿园工作评价的实施是评价人员以评价方案为依据，在收集、处理信息资料的基础上对评价对象进行价值判断的过程。

1. 运用多种方法收集、处理资料

资料收集的方法主要有观察法、谈话法、问卷法、个案法、文献资料法、测试法、统计法、抽样法等。要根据所要收集资料的性质，选择合适的方法。如考查教师的工作态度，最好用日常生活观察法；了解教职工对幼儿园最近一次教育改革的看法，可以用谈话法；了解家长对幼儿园各项工作的满意度，可用问卷调查法；了解教师的家长工作开展情况，

可用文献资料法(如教师与家长谈话的记录、教师家访记录等)。有时候也可以用多种方法收集一种资料,以便相互印证。

收集大量的信息资料之后,评价人员可以根据评价指标和评价标准对所有的资料分别进行归类整理。首先,要看资料是否齐全、完整,要把评价指标和评价标准规定范围内的资料全部收集到,不能遗漏,否则难以对评价对象做出全面、客观的评价。其次,要看资料是否准确可靠。有时候,从多种渠道获得的信息资料可能互相矛盾,这就需要对其进行分析、筛选,以求去伪存真。只有这样才能保证评价结果的真实可靠。

2.实施评价,得出评价结论

在综合分析评价对象全部信息资料的基础上,根据评价标准对各项指标进行评定,定出好坏等级,如优、良、中、差,或打出合理的分数,或写出评价报告。对前两种还要经过统计分析,得出评价结果,写出具体评价意见。

需要注意的是,评价人员要遵守客观、公正的评价原则,根据所收集到的事实资料进行评价,不能掺杂个人感情因素。

另外,为了发挥评价的作用,评价结果既要有相对的等次或分数结果,又要有中肯、合理的评价意见和建议。而且所提意见要有理有据,令人信服;建议要精确恰当,富有建设性。

3.反馈评价结果,广泛听取意见

为了有利于引导和激励评价对象不断改进、完善自己的工作,评价小组要把评价结果及时反馈给评价对象和有关部门,并广泛听取意见,了解评价对象对评价结果的接受程度、具体看法以及针对评价结果所制定的改进措施。

三、幼儿园工作评价的总结

1.对评价的评价

为了不断提高幼儿园工作评价的水平,必须对评价工作进行评价,总结评价工作中的经验和不足。具体可从以下几个方面进行:

(1)分析整个评价的流程是否科学合理,评价的准备、实施和总结的各个评价环节是否有所疏漏。

(2)评价的指标和标准是否科学合理。根据大量的反馈信息,尤其是评价对象对评价结果的不同意见进行分析,考查评价的指标体系和评价标准是否科学合理。

(3)分析问题产生的原因并提出合理化建议。对评价过程中所产生问题进行分析,找出原因,并提出合理化建议。

2.整理评价资料,建立评价档案

每次评价之后,会产生有关评价对象的信息资料,这些资料要分门别类存档管理。

3.撰写评价报告

评价报告是分析整个评价流程,形成全面总结评价工作的文字材料。评价报告内容一般包括:

(1)简介评价的时间安排、评价的组织、参与评价的人员情况;

(2)评价方案产生的背景信息;

（3）评价方案的实施过程；

（4）评价结果及结果分析；

（5）评价结论和建议；

（6）评价工作的效果。

四、幼儿园工作评价应该注意的问题

1. 对评价工作的重要性要有足够的重视

评价工作是幼儿园的一项重要工作。如果评价指标、评价标准和评价方法正确、科学、合理，评价程序和评价人员的态度客观、公正，就可以及时发现工作中出现的问题，不断调整、改进、完善工作，保证幼儿园正确的办园方向，还可以发挥评价的激励作用，充分调动教职工的积极性，鼓舞全园士气。否则，它可能使幼儿园教育偏离幼儿保教总目标越来越远，工作中积累的问题也越来越多，或者人为地激发人际矛盾，导致人心涣散，全体员工士气低落。

例如，每学期期末，幼儿园按比例评出 10％ 的优秀工作者，大多数教职工则为非优秀工作者。然后，开一开表彰大会，放一放音乐，发一发奖品就算了事。这种做法往往会打击一大批教职工的工作积极性，对改进幼儿园工作没有好处。只有让教职工切切实实感觉到评价过程是一个研究如何改进工作的过程，他们在这个过程中能够得到帮助和提高，幼儿园评价工作才能发挥应有的作用。所以，幼儿园领导必须充分重视评价工作，确保评价科学、合理、客观、公正，发挥评价的积极作用。只要幼儿园的领导和管理者切实想把评价工作做好，不固守现状，勇于探索，大胆尝试，扎实工作，肯定能找到合适的评价办法，发挥评价的积极作用。

2. 评价的价值取向要正确，重视评价的发展功能

评价应有利于调动和发挥园长、教师和其他所有工作人员改进工作的主动性、积极性和研究精神，这是幼儿园工作评价的总原则。《基础教育课程改革纲要（试行）》中明确规定："建立促进教师不断提高的评价体系。强调教师对自己教学行为的分析与反思，建立以教师自评为主，校长、教师、学生、家长共同参与的评价制度，使教师从多种渠道获得信息，不断提高教学水平。"因此，我们不能忽视评价对教师专业成长的作用。

目前我国幼儿园工作评价大都采用行政（奖惩）性管理评价制度，幼儿园行政管理者处于评价的支配地位和主体地位，他们的意见是唯一标准，教师对评价基本上没有参与和讨论的机会。而且，这类评价过于偏重评价的奖惩和管理意义，把对教师的评价作为评定教师工作优劣、予以奖惩并进行管理的主要手段，忽视评价对教师专业成长和发展的指导意义。教师常常只知道自己的评价等级，却不知道为什么，因而不利于教师发现、分析、研究、解决工作中的问题。

幼儿园的教职工，特别是幼儿园教师都有着一定的文化素养，他们对自己的教育教学工作有着自己独特的认识和评价。而且这种评价的过程，也是教师运用幼儿发展、学前教育原理等专业知识审视教育实践的过程，是他们不断学习、不断提高的重要途径。因此，幼儿园工作评价应该强调以自评为主，园长、其他教职工参与评价，发挥教职工群体的作用，共同研究、共同提高。因为任何"外部评价"所提出的改进措施或建议都要通过教师理解、接受和创造性地应用才能落实。充分与教职工沟通,尊重他们的意见,并把这个过程作为一个平等研讨的过程,共同商讨解决方法和改进方向,把评价的结果作为发展的一个新起点。

3.综合使用多种评价方法

在 20 世纪 60 年代之前,人们一度十分重视量化评价,认为只有量化分析才是科学的。在这之后,随着社会批判思潮的兴起,人们认识到评价不是一个单纯的技术问题,纯粹价值中立的描述是不存在的,因此,评价要对被评价对象的价值或特点做出判断,价值问题由此在评价领域凸显出来,人们评价的重点转向了价值观。20 世纪 70 年代以后,"量化评价"逐步被"质性评价"所取代,质性课程评价也日益兴盛起来。

量化评价也有其自身的优越性,具有简明、精确、公正的特点,在现阶段仍不失为有效的选拔考试的形式。但是它的不足也显而易见,它无法全面考察教师的综合素质和创新、实践能力及批判思维等高层次的认知能力,对评价的过程性和发展功能重视不够,而这些不足恰恰是质性评价可以弥补的。不同的评价方法可以用在不同的环境以满足不同的需要。新的评价方式应该在量化评价中有意识地引入质性评价,更多地关注教师专业成长的过程。

4.评价结果的解释和使用要合理

评价结果的解释要合理,要有利于调动被评价者的积极性。除了要进行绝对评价和相对评价,找出被评价者的不足和差距之外,还要本着宽容、信任的原则,注意运用个体内差异评价的方法,看到其工作中的提高和进步,以培养其自信心和积极性,对年轻教师尤其应该如此。评价结果应主要用于帮助教师认识缺点和不足,完善自我,改进工作。一定要改变根据评价结果,把教师分成三六九等,不尊重教师的情况。

总之,评价工作做得好坏直接影响着办园方向,影响着教师积极性的调动和发挥,影响着幼儿园以后工作的开展。

考考你

1.简述幼儿园工作评价的含义和意义。

2.简述幼儿园工作评价的原则。

3.幼儿园工作评价应注意哪些问题?

4.试举例分析幼儿园工作评价中自评方法的可行性。

实践训练

1.请调查一所你熟悉的幼儿园,了解该幼儿园的教育教学工作评价情况,他们是怎样评价的? 评价类型和方法有哪些优势和不足?

2.请你设计一份对幼儿自我服务能力的评价表。

案例分析

案例 1　园长的观察

王老师是某幼儿园小班的一位老师,由于性格较外向,给别的教师造成的印象就是:

大大咧咧,组织纪律性差,松散,干什么都不行。久而久之,这种看法也影响到了王老师本人工作的积极性。她在平日工作中的工作热情越来越低,对教学敷衍了事,对幼儿也漫不经心,使得该班班长及其他教师对此很不满,向园领导反映了情况。

园长立刻找王老师谈话,但并没有给她处分,而是在日常工作中加强了与她的接触。经过一段时间的观察,园长发现王老师本人有一个很大的优点:爱学习。凡幼儿园有外出学习的机会,不论机会大小、是否由园里安排学习名额,她都积极要求参加。而且,别的派出学习的老师都会去找园长讲条件:补回学习所占用的假日;索要因学习而带来的加班费等。但王老师从来不为此提出任何要求,每一次仍积极要求参加学习。接触过程中,园长还发现王老师每次都能将她学到的东西与园长讨论一番,并有自己的认识、见解。园长觉得王老师并非像她表面所表现出来的那样大大咧咧、随随便便,在一些教育问题上,她还是很细致认真的。

分析与思考 ●●●

评析:

在日常工作中,人们经常会带有主观色彩地评价他人,他人的主观评价也常常会影响到被评价者的情绪。案例中这位园长并没有因为其他老师的反映对王老师采取批评,而是细心地观察,发现了王老师许多的优点。作为园长,当有人反映问题时,要客观地对待,就像案例中的这位园长一样。如果园长只听不观察、不了解,势必会影响到对老师的整体评价,甚至带来不良的后果。

思考:

1. 本案例中其他老师的评价给王老师带来什么影响?

2. 请分析案例中其他老师和园长对王老师的评价有什么不同?

案例2 幼儿园教育评价制度

这是一份《幼儿园教育评价制度》,内容如下:

一、为全面提高教育质量,幼儿园逐步开展对教育工作的全面评价工作。

二、成立教育质量评价小组,由园长担任组长,教研组长及教师代表、保育员代表参加。

三、教育质量评价小组在全面教育质量评价的基础上参考本园每个学期教育工作重点,研究确定评价的内容,制定评价标准,确定评价的方法及时间,并将评价后的材料进行分析,做出评价总结报告,提出本园改进教育工作的意见及建议。

四、每学期期末开展评价活动。

五、教育质量结果与奖惩制度挂钩。

六、每学期教育质量评价总结应作为下阶段制订教育工作计划的重要参考资料。

分析与思考 ●●●

评析:

教育评价是幼儿园教育改革和发展中的一个热门话题,是教育工作的重要组成部分,是了解教育的适宜性、有效性,调整和改进工作,促进每一个幼儿发展,提高教育质量的必要手段。它对教育活动有诊断、反馈、定向等功能,科学的教育评价在教育实践中起着有力的杠杆作用,有助于提高教育工作的质量和效益,推进幼儿教育向更深发展。教育评价既不是模式化的,又不能脱离于教学之外,应为教学服务,自然地伴随着整个教育过程,因人、因时、因事而有所不同。幼儿园要针对幼儿的身心特点进行合理、恰当的教育评价,促进幼儿的发展。

思考:

1. 你认为这份《幼儿园评价制度》制定的如何?请做出具体的分析。

2. 你认为建立教育评价制度对幼儿园教育教学会有什么样的作用?

案例3 按章办事的园长

某单位所属幼儿园的陈老师,在日常工作中不能很好地遵守劳动纪律,时有迟到、早退、串班聊天等违章情况的发生。在年底奖金发放时,园长根据奖罚制度从其年终奖金扣发150元作为处罚,并奖给出满勤、工作积极认真负责的李老师,以起到奖优罚劣、奖勤罚懒、调动职工积极性的作用。陈老师感到心理很不平衡,认为幼儿园工作量大,放松一下没什么了不起,况且也没出现什么意外情况,要求园长退还扣发的奖金。园长认为,既然制定了规章制度,就该认真贯彻执行,否则会挫伤本园职工的积极性,拒绝了陈老师的要求。陈老师很愤怒,认为园长对自己有看法,是打击报复她,还对园长进行人身攻击,并让家里人和她一起到园里大吵大闹,看到园长没有让步的意思,又找到单位主管幼儿园的上级领导哭闹,歪曲事实。而此领导在没有调查清楚的情况下,轻率地表态,认为批评一下就可以,让园长把扣发的奖金还给陈老师,这样就使园长处于被动地位和两难境地。但该园长并不盲从上级领导,而是写材料呈报上级,讲明情况:如果不能贯彻执行幼儿园的规章制度,那么自己就无法胜任园长的工作,况且自己的做法是正确的。上级领导对此很重视,经反复调查研究,做出决定:给陈老师记处分一次,扣发奖金不必退还;表扬该园园长对工作认真负责,能把制定的方针政策贯彻执行到底的做法。

分析与思考 ●●●

评析:

显然,园长按制度办事是对的。如果制定了制度却不去执行,那么园长就成为一个没有原则性的领导,失去了信用,就不能再领导全园的职工和处理园内事务了。俗话说,"没有规矩,不成方圆"。有了制度不执行,就比没有制度还要可怕。目前我国还有相当一部分幼儿园属于单位承办,在这样的幼儿园中实行园长负责制出现了很多困难。在这种情况下,园长能否得到上级的支持、理解与信任直接决定了自己管理行为是否有效。

在本案例中,上级领导在没有调查实情的情况下就轻率地表态是错误的。但是该园长并不是完全处于被动地位,而是积极地与上级协调。这表明实行园长负责制并非意味着园长就完全说了算,他还要接受上级的领导。要使上级支持幼儿园,首先得先让上级了解幼儿园,因此需要幼儿园做扎扎实实的沟通协调工作,多汇报多请示,让上级领导了解幼儿园的所有制度、措施以及存在的困难,这样上级对幼儿园事务心中有数,谁是谁非自然态度明朗。

所以,实行园长负责制的幼儿园,园长应该做到以下两点:一是要做坚持原则的园长,按制度规定的正确决策办事,绝不能收回;二是在特殊和意外事故中,除了果断做出决策以外,还应请示上级,让领导研究分析,采取正确决策共同管理好幼儿园。

思考:

1.结合本章内容分析案例,谈谈园长如何在幼儿园工作评价中激励教师们主动反思。

2.请你对本案例中陈老师的一些做法谈谈自己的见解。

知识拓展

西方学前教育评价的当代特点

现代学前教育评价相对于早期学前教育评价而言,其主要特点可以概括为以下几个方面:

1.在评价的目的上,强调促进学前教育的发展

早期的学前教育评价主要是通过测验来鉴别儿童、选拔适合教育的儿童,而现代学前教育评价则是用来诊断问题和改进学前教育的,它的目的是创设适合儿童的教育。这一评价目的的转变是现代学前教育评价区别于早期学前教育评价的一个重要标志。与学前教育评价目的的转变相适应,学前教育评价也从早期重视对结果的评价转为现在更重视对过程的评价。对结果的评价其主要功能是给被评价对象做出某种资格证明,比如证明幼儿的体格发育达到标准或对幼儿在绘画方面的能力加以认可。对过程的评价其主要功能是通过揭示存在的问题,向有关人员及时反馈信息,以促进工作的改进,比如通过评价指出幼儿园工作中存在的某些问题,并提出建议帮助幼儿园改进这些方面的工作。

2.在评价的过程上,重视自评方法的运用

一般地讲,现代学前教育评价均主张把受评者的自评作为整个评价活动的预评阶段,从而促进受评者自己发现问题、改进工作,同时促进受评者与评价者的沟通与理解,使受评者易于接受评价者的评价意见和建议,不会产生与评价者的对立情绪。

3.在评价的方法上,重视定性与定量的结合

在学前教育评价发展的早期阶段即学前教育测验阶段,人们主要是用客观方法如实验设计的方法(在评价设计中运用对照组进行比较等)和客观资料的方法(对收集来的资料进行统计分析等)来进行评价。由于这样的评价其评价结果不以评价者的主观意志为转移,似乎非常公正,所以在评价的早期,定量的方法或客观评价的方法备受人们赞赏,相当多的人都认为只有客观的量化的方法才是科学的方法。随着学前教育评价活动的广泛开展和普及,通过大量的学前教育评价实践活动,人们逐渐认识到学前教育活动是一种极为复杂的社会现象,每一种学前教育现象都是多种因素相互作用的结果。因此,片面追求用客观的、定量的方法进行学前教育评价容易把复杂的社会现象简单化,或者导致评价者忽视较难定量的和缺乏客观资料的因素,从而使学前教育评价失之片面。比如,对幼儿的社会性发展,完全采用定量评价的方法,就目前来说是不合适的,这是由于:一则现在没有像智力测验那样的一套系统的社会性发展测验量表;二则即使有了社会性发展测验量表,也难以想象它可以包容幼儿社会性发展的所有方面,因为社会性发展的许多方面是难以

量化的。所以,近年来的学前教育评价工作者非常重视定性评价方法的运用,如采用非实验的自然观察法和谈话法等,并力图把定量分析的方法与定性分析的方法结合起来综合运用,在学前教育评价工作中收到了较好的效果。

4.在评价的内容上,重视立体评价和全面评价

过去的学前教育评价主要集中于对幼儿智能的评价,如通过各种测验评价幼儿的认知、语言等。现在的学前教育评价相对于过去而言,已有了巨大变化。

首先,对幼儿的评价不再仅仅局限在智力评价上,即不是把主要注意力放到智力评价上,而是充分注意到了幼儿发展的各个方面,如体能、社会性、情绪情感等方面,对幼儿发展的不同方面、不同层次进行评价已成了学前教育评价的一个重要特征。

其次,学前教育评价已不再是单纯对幼儿发展的评价,而更重视对学前教育的整个过程的评价和对学前教育诸方面的评价。对学前教育整个过程的评价包括对教育方案或计划的评价、对教育过程的评价和对教育效果的评价,而对学前教育诸方面的评价包括对园长的评价、对教师的评价、对环境的评价、对社区服务的评价等。

再次,近年来,学前教育评价的范围由幼儿发展、学前教育、教育的微观领域和中观领域扩展到了宏观领域,如学前教育改革的科学性、学前教育的理论水平和科研水平、学前教育管理人员和组织机构设置的合理性等。

5.在对待评价结果的问题上,重视全面的解释与慎重的处理

现代学前教育评价高度重视对结果的全面解释,主张把每一个幼儿、幼儿园、幼儿教育模式的特色加以充分考虑,不以偏概全,不凭个别数据下结论,重视全面解释与慎重处理评价结果,从而既维护了结论的权威性,不因某个人的好恶或其他原因而改变结论,又保证了对结论解释的适当性,使评价结果真正能起到它应起的作用。

幼儿园教育评价应该注意的问题

幼儿园教育评价有利于促进幼儿园教育质量的提高。从20世纪80年代开始,我国的幼儿园教育评价工作越来越受到关注,逐渐成为幼儿园提高教育质量的重要管理手段。但是,幼儿园教育评价还存在着许多问题,如:热衷于评价的甄别与选拔功能,注重终结性评价,忽略形成性评价;过于强调对儿童知识、经验和技能的评价,等等。针对以上问题,我们必须注意:

(一)树立正确的评价观

评价就是一种价值判断,以什么样的评价观为指导,就会导致什么样的评价结果。因此,在进行幼儿园教育评价过程中,评价者首先应具有正确的评价观。现代幼儿园教育评价的思想观念有了重大变化,主要表现在以下几个方面:

1.评价功能的变化。注重评价在教育过程中的价值,评价的过程就是学习的过程;评价的标准不仅仅是一个目标,而且可以告诉被评价者应该怎样达到这个目标;评价的结果主要是用来指导被评价者改进自己的行为,使之获得反思自己行为的依据,从而促进其发展;评价者和被评价者的关系从相互对立或紧张戒备的状态,变为相互尊重、协同和合作的关系,从而共同发展;评价的方式从注重他人评价向注重自我评价发展。

2.评价目标的变化。评价目标重在发展,即以发展的眼光看待幼儿和教师,让教师与

幼儿共同发展，重视促进每一位幼儿和教师都获得最佳的发展。评价不是"选拔适合教育的儿童"，而是"创造适合儿童的教育"，不是鉴别教师的优劣，而是促进教师不断成长。

3.评价内容的变化。这是指评价的指标和标准应该具有多样性，根据不同的心理学、教育学理论依据建构的评价，都有利于适应不同的情况，只要有利于促进人的发展，符合教育发展规律的评价，都是可以尝试的。但是评价时应该注意其全面性，要全面、客观、辩证、科学地看待幼儿发展和教师的教育工作。为适应社会对幼儿综合发展与终身发展的要求，评价的功能不只是检查幼儿知识、技能的掌握情况，更是关注幼儿掌握知识技能的过程与方法，以及与之相伴随的情感态度和价值观的形成；要"承认和关注幼儿的个体差异，避免用划一的标准评价不同的幼儿，在幼儿面前慎用横向的比较"（见《幼儿园教育指导纲要（试行）》）。同时，评价内容也拓展到幼儿园教育的各个方面，如教师与幼儿人数的比例、教师资格和受培训的情况、教育活动组织的情况、幼儿的发展状况等都纳入评价范畴，进行综合评价。

4.评价方法的变化。现在的评价较重视定性评价，定性与定量评价相结合，实现评价方法多样化。一段时期以来，幼儿园教育评价过分强调"量化"，由于人的发展的特殊性，采用完全"量化"的方法来对教师工作或幼儿发展进行评价是不恰当的，有时甚至是错误的。因此，幼儿园教育评价要注重评价中的人文因素的影响，注意量化评价的局限性，应该将"量"的评价和"质"的评价结合起来。

5.评价主体的变化。重视参与与互动、自评与他评相结合，实现评价主体多元化。新的评价观在强调全员（管理人员、教师、幼儿和家长）参与评价的同时，注重了自我评价，其核心价值是促进人们客观地认识自我，不断地寻找新的生长点，获得在现有基础上的自我主动发展。美国心理学家马斯洛认为："以自我批评和自我评价为主要依据，把他人评价放在次要地位时，独立性、创造性、自主性、社会性就会得到促进。"在幼儿园教育评价中，自我评价可以促进幼儿自我意识的发展，促进幼儿和教师不断自我反思、自我教育，激发内在的动因；可以提高评价的客观性、公正性和可信度，不至于只依赖外部的评价来鉴定一个人的发展；还可以弘扬民主气氛，增强主人翁意识，密切幼儿、教师之间的关系及幼儿园与教师的关系。

6.评价类型的变化。注重对教育过程的评价，对教育结果的评价要与对教育过程的评价相结合，终结性评价与形成性评价相结合，实现评价重心的转移。在教育评价工作中，人们往往只注意教育工作的结果，而常常忽视教育过程，对怎样取得这种效果的方式方法不太关心，往往造成教师不顾儿童的身心特点去追求特定的教育效果，这是得不偿失的。因此在教育工作评价中，既要注意教育工作的客观效果如何，又要考察教师是怎样达到这样的效果的，幼儿在这一过程中又是怎样变化发展的，将对教育工作结果的评价与对教育工作过程的评价、对幼儿学习与发展的结果与幼儿学习过程结合起来。这里的教育工作过程包括以下几层含义：一是教师是如何遵循幼儿的身心发展特点，设计与组织适当的教育活动，达到教育效果的；二是在教育活动过程中，幼儿是如何学习和发展的，教师又是怎样引导幼儿主动学习，并形成良好的个性、品德、情感的；三是教育工作过程中各要素对幼儿全面发展教育的整体影响如何。

（二）与日常教育工作相结合

幼儿园教育评价并不是超越幼儿园日常工作之外的额外工作，它本身就是教育过程的一个重要环节，要"在日常活动与教育教学过程中采用自然的方法进行"（见《幼儿园教育指导纲要（试行）》）。这样做才能保证评价信息的真实可靠。幼儿园评价教师时，要随时关注教师施教的情况并进行评价。教师或幼儿园在评价幼儿的发展时也应随时观察幼儿的表现，及时调整教育行为。将评价融入幼儿园日常工作，并不排斥某一阶段结束后的集中评价，两者应互为补充。

（三）充分、合理地运用评价结果

幼儿发展评价是否对幼儿园教育质量的提高起到促进作用，还要看如何利用评价的结果。如：由于幼儿对评价场景不适应等多方面的原因，对幼儿认知发展评价很难真正反映幼儿认知发展水平，教师在评价时要谨慎，不可给孩子乱贴标签，更不能将不成熟的评价结果公之于众，这样做会给孩子发展带来很大的消极影响。因此，应以积极性的鼓励评价为主，特别是对那些发展落后的幼儿，更应以正面肯定为主。幼儿各方面的能力获得与发展，如良好的习惯、正确的发音，是引导鼓励出来的，而不是纠正、嘲笑出来的。对教师的评价结果的发布方式更要注意个别化，不能随意公布，以免造成教师的反感或紧张。应注意评价的诊断功能，引导教师通过评价发现自己的长处和不足，从而促进教师的成长。

附　录

附录一　幼儿园的园务计划

某公办幼儿园园务工作计划

一、幼儿园现状分析

1.在新《纲要》的指导下,教师注意教育理念在教学中的运用,但传统的教育观及一些客观因素对观念转变为行为还有一定的影响。

2.我园教师大部分已有十年以上的教龄,在工作中形成了自己的特色,但对特色课程与一般课程的处理上缺乏科学性,比如时间、精力的分配等。

3.年轻的教师成长起来了,特别是以前做得不突出的教师(目前没有担任班长的教师),在去年的教研活动中发现,这一批教师在观念上、行为上有了很大的改变。今年应多给这些新教师展示的机会。

4.教科研工作较扎实,教师能从实际工作中的问题入手,达到了教科研的目的。但资料的积累、整理欠规范。

5.户外活动场地较小,全园幼儿一起活动有一定的局限性;另外,户外活动材料保存得不好,经常发生丢失的情况。

二、本学期教学工作计划

(一)指导思想

加强管理的监督力度,树立服务意识。创设良好的教育环境,注重幼儿身心健康的发展,提高教师的综合能力,开发家长教育资源,形成教育合力。

(二)学期目标

1.深入贯彻执行《纲要》精神,提高教师的组织与观察能力,加强教师教学能力及教学技巧的培训。本年度重点培养对象:董菲、王璐等年轻的教师。

2.搞好师德园风建设,使每一位教师都有不同程度的进步。

3.在"六一"活动中,体现奥运精神,给每位幼儿提供展示、表现自我的机会。

4.春季抓幼儿的户外活动,从场地的分配、教师的指导上进行检查与监督。

(三)具体措施

1.思想工作。成为教师的朋友、伙伴,采取集中学习与个别谈话相结合,了解教师的所思所想,学会换位思考,由此找出问题根源,使教师树立正确的人生观,树立主人翁意识、服务意识和团队意识,提倡效率,提倡创新。

2.教科研工作。做好《以材料为媒介,提高幼儿园音乐教学质量的实践研究》《以感恩教育为载体,创建和谐幼儿园环境的实践与研究》两个课题的研究工作,侧重对幼儿学习过程与效果的观察记录上,对如何评估幼儿进行研究、讨论,提高教师观察幼儿的能力,要求每个教师有自己的研究课题,并对所研究的课题有新的突破。期末要对教师科研情况进行检查和统计。

3.培训方面。一是继续学习新《纲要》,在新《纲要》的指导下,着眼于日常教学工作,把新理念运用到实际教学中。二是采用参与式培训方法对教师进行教育技能的培训。三是通过外出学习、教学研讨,开阔教师的眼界,提高教师的综合素质。

(四)家长工作

开办家教沙龙、家长学校,使家长了解幼儿园的活动,了解幼儿的特点及教学目标,真正参与到教育中来。另外,为了解决家长因工作忙不能参与教育活动的问题,利用本班的家园联系,把每天的教学情况公布给家长,加强与家长的沟通。

(五)幼小衔接工作

适当调整大班教学内容、活动形式。参观、体验小学环境及小学生活。

三、各月份工作具体安排

(一)二月份

1.教育教学

(1)熟悉教材,整理教具(磁带、配图等);

(2)与教师谈心,了解教师的思想动态,了解教师工作、生活中遇到的问题及困难;

(3)做好兴趣班准备工作及招生工作;

(4)组织教师业务学习,提高教师对教育理念的理解和认识。

2.环境材料

(1)做好升旗准备工作,安排升旗有关事宜,如音乐、新国旗、园旗等,安排升旗主持人;

(2)整理户外体育器械。

3.培训工作

(1)业务培训;

(2)教科研培训;

(3)制度培训。

4.家长工作

(1)各班布置家园联系栏;

(2)各班根据本班情况,召开家长会,向家长介绍本学期的学习计划及活动安排,为家长参与幼儿教育做好准备工作。

5.其他

新学期开始,各班老师注意对幼儿的常规培养。

(二)三月份

1.教育教学

(1)各班组织开展关于"三八国际妇女节"有关的教育活动;

(2)组织幼儿"三八"爱妈妈活动;

(3)每位教师确定自己的科研课题,并制订详细的计划;

(4)做好兴趣班开班工作,安排兴趣班教师;

(5)分组与教师交流,了解教师在教研方面的想法与做法,和教师一起探讨教育教研问题;

(6)抓幼儿间操及户外活动。

2.环境材料

(1)各班布置与春天有关的室内环境,提倡幼儿的参与性和主动性;

(2)各班投放整理户外活动器械,如沙包、球、跳绳等。

3.培训工作

(1)讨论教研活动记录方式;

(2)讨论音乐教学材料的定位;

(3)美术教学方法培训。

(三)四月份

1.教育教学

(1)督促课题小组做好研讨活动;

(2)全力以赴做好亲子班工作;

(3)组织召开春季运动会;

(4)抽查各班的教学情况。

2.环境材料

(1)加强春季户外锻炼,保证户外锻炼的时间与质量;

(2)各班准备与春季运动会有关的工作,如器械、项目、活动方式等;

(3)各班继续投放整理户外活动器械,如沙包、球、跳绳等。

3.培训工作

(1)美术教学的研讨;

(2)音乐教学的研讨;

(3)探讨"共创和谐环境,我应该怎样做";

(4)师德园风的研讨。

4.家长工作

(1)建议家长春季多带孩子进行户外体育锻炼,增强体质;

(2)建议家长引导孩子观察大自然的变化;

(3)建议家长带领孩子到烈士陵园为烈士扫墓、献花。

5.其他

做好传染病的预防、检查、宣传等工作。

(四)五月份

1.教育教学

(1)准备"六一"活动内容;

(2)接待实习生工作;

(3)抽查指导各班班级教学;

(4)"母亲节"亲子活动。

2.环境材料

(1)各班布置与夏天有关的室内环境;

(2)准备"六一"活动材料;

(3)准备与夏季运动有关的器械与活动,如玩沙、玩水等。

3.培训工作

(1)讨论"六一"活动的内容、方式;

(2)讨论"如何处理好活动与日常教学的关系";

(3)通过参与式培训,学习剪纸的技能技巧。

4.家长工作

(1)向家长介绍"六一"活动的内容、方式;

(2)发放家长调查表,收集家长意见与建议;

(3)以不同的形式向家长介绍幼儿在园情况,沟通教育方式方法。

5.其他

注意日常各环节的安全防范。

(五)六月份

1.教育教学

(1)大班毕业典礼活动;

(2)组织大班幼儿体验小学生活;

(3)教学工作、教研工作的总结;

(4)传统节日教育"端午节";

(5)"父亲节"活动;

(6)家长开放活动。

2.环境材料

(1)大班创设毕业典礼的环境;

(2)与小学联系大班听课事宜;

(3)组织与夏季运动有关的活动,如玩沙、玩水等。

3.培训工作

(1)讨论"音乐教学中材料的运用";

(2)讨论"与家长沟通的技巧";

(3)讨论"美术教学中材料的运用"。

4.家长工作

(1)向家长开放教学活动;

(2)举办"家教沙龙"活动;

(3)利用端午节和孩子一起体验"包粽子、吃粽子"的乐趣。

5.其他

(1)各班做好夏季卫生工作;

(2)配合医务室做好牙齿保健工作。

(六)七月份

1.教师总结、交流,资料汇总。

2.统计假期幼儿在园人数,安排好教师轮休与假期值班工作。

附录二　幼儿园班级的学期计划

某私立幼儿园大班上学期教学计划

班况分析	本学期我班有 17 名幼儿,其中男孩 10 人,女孩 7 人,最大的是 2005-11-24 出生,最小的是 2006-9-23 出生(另有一个 2007-1-24 出生的)。大部分的孩子是本园的老生,对园内生活有了一定的经验和知识上的准备,所以他们能较快地适应新环境,并能参与到教学活动中。但有的孩子个性较强,喜欢与他人抢玩具,有的不喜欢吃饭、挑食,有的不能按时完成作业,有的贪玩等,为了改掉孩子们的这些不良习惯,我班老师将齐心协力培养孩子的良好习惯,让每一个孩子都能在健康、快乐的环境下取得可喜的进步。				
	健康	认知	社会性情感	语言	艺术表现
培养目标	1.能够愉快地参加幼儿园的各项活动。 2.生活有规律,形成良好的生活、卫生习惯,提高生活自理能力,大班幼儿要学会自我保护。 3.培养幼儿喜爱体育活动,逐步养成运动习惯,并做到动作灵活协调。	1.培养幼儿用普通话与他人交谈,并能大胆、准确地表达出自己的愿望。 2.数学方面,可以熟练地计算 20 以内的加减法,做些简单的应用题。 3.能够欣赏各种体裁的文学作品及艺术作品,并能表达出自己的感受。	1.培养幼儿能主动关心父母及老师,帮助他人,并会使用礼貌用语。 2.培养幼儿主动与同伴交往、游戏,学会分享,遵守集体生活行为规则。 3.能完全做到自己的事情自己做,并能主动帮助其他小朋友。 4.能明确地分辨事物的是与非。	1.专心地倾听别人说话,有良好的倾听习惯。 2.能主动与他人交谈,表达自己的情感,语言较完整、流畅,用词比较准确。 3.能够独立阅读图书,养成良好的阅读习惯,讲述图书的主要内容。 4.欣赏各种体裁的文学作品,理解作品内容,并能根据作品进行创造性表达。	1.积极参加音乐活动,在感受音乐的基础上,尝试用身体动作、打击乐器等方式创造性地表现对音乐作品的理解,具有初步协调、配合的能力,体验其中的乐趣。 2.积极主动参加各种美术活动,在活动中获得美感,并熟练掌握简单图形的绘画,能选择适宜的美术表现方式,独立地表达自己的经验和情感。
具体措施	1.做好家长工作 　家园共育是幼儿健康成长的基础,是幼儿园工作的重要环节,家长的支持对我们的教育工作至关重要,我们将尽全力做好家长工作。定期向家长汇报孩子的进步和存在的问题,让家长更进一步了解自己孩子的优点与不足,对症下药,让孩子进步得更快。 2.做好幼儿工作 首先要爱孩子,然后再做好孩子的工作。让每个孩子都热爱自己的班级和老师,从而留住孩子,争取不让一个孩子退园。 3.执行幼儿园园务计划 结合幼儿园的园务计划,开展好每月的班级工作。(1)认真准备教师论坛;(2)搞好环境创设;(3)认真对待家长开放日;(4)准备好学期末的联欢会。 4.提升自身业务水平 充实自己,多学知识和经验,不断地对自身教学进行反思,从而不断地提高自身素质和业务水平,成熟起来,让自己成为一名合格的幼儿教师。				

附录三　幼儿园班级的月计划

某部队幼儿园大班的月计划

一、健康领域

1.逐步学会根据气温的变化以及自己的冷热感觉增减衣服。
2.帮助幼儿了解冬季户外体育锻炼简单卫生常识。
3.创设适宜的室内体育游戏,培养幼儿游戏中合作、不怕困难的良好品质。
4.帮助幼儿养成积极锻炼身体的习惯,逐步提高幼儿对寒冷的适应能力。
5.懂得保护眼睛的方法,能快速、灵活地躲闪。

二、语言领域

1.能积极地参与表现故事情境的创设,并表演故事。
2.能完整连贯地进行讲述。
3.培养幼儿书写习惯,积极参与书写活动,初步学习笔画及笔顺。

三、社会领域

1.了解各种不同的行业,认识他们的职业特点及与人们生活的关系。
2.积极参加班级各种活动,在集体面前勇于表现自己,懂得对帮助我们的人心怀感激。
3.创设集体或小组活动的环境,让幼儿在小组活动中体验分享、互助、合作的快乐和意义。
4.培养幼儿掌握交往的技能,能独立解决交往中的问题。

四、科学领域

1.了解北方冬季取暖的方法和常识。
2.知道造成空气污染的原因及保护空气清洁的方法。
3.了解垃圾如何分类、回收,知道进行分类、回收的益处。
4.学习 20 内数的分解组合。
5.继续学习正确书写阿拉伯数字,培养其认真、整洁的书写习惯。
6.引导幼儿会看整点、半点基础上,会看分针时间。

五、艺术领域

1.能根据歌曲的内容创编动作。
2.能用跳跃、轻快的声音演唱并按歌曲内容表演情景。
3.在律动、音乐游戏、歌舞表演中,鼓励幼儿通过即兴表演表达情感。
4.学会用装饰品和美工材料进行形象设计。
5.支持、鼓励幼儿尝试用美术创作手段(绘画、制作)描述简单故事情节。

附录四 幼儿园班级的周计划（1）

某部队幼儿园周保教计划

主题名称	环保小卫士	时间	2010.11.15～11.19	教师	刘敏、王芳、王丹	班级	大三班

目标	1.具有初步的环保意识，养成爱护环境的好习惯。 2.掌握节约用水、用电的方法，养成节约的好习惯。						

星期 内容	星期一	星期二	星期三	星期四	星期五
晨间 活动	1.指导幼儿爱劳动 2.幼儿自选活动	1.培养幼儿把衣服整齐地放入自己的柜子里 2.幼儿自选活动	1.指导值日生工作 2.幼儿自选活动	1.教育幼儿盥洗时不把水弄到地上 2.幼儿自选活动	1.培养幼儿有礼貌 2.幼儿自选活动
区域 活动	语言区:在阅读中体验故事的内容并能大胆地讲述。 建构区:学习铺平、堆高、延长、塑形等方面的建构技能,学习和同伴协调合作。 美工区:利用各种废旧材料有创意地进行制作。 科学区:新增磁铁等材料,引导幼儿在区域活动中探索体验,体会成功的喜悦。 益智区:新投放几何形体玩具,促进幼儿对立体图形的认识。 社会角色区:模仿身边见过的清洁工的角色,增强环保意识。				
教育活动 （上午）	1.艺术:环保小卫士 2.社会:环保倡议书	1.社会:节约小能手(1) 2.美工:可爱的布布	1.快乐英语 2.社会:废物变宝	1.艺术:黑烟不再冒 2.社会:节约小能手(2)	1.快乐英语 2.数学:数学分类
游戏活动 （下午）	美术活动:眼镜	音乐游戏:理发师	绘画体育游戏:老狼老狼几点钟	手工:编花篮	科学:空气实验游戏
户外 活动	1.韵律操 2.集体游戏:看谁投得准 3.分散活动	1.韵律操 2.集体游戏:赛跑比赛 3.大型玩具	1.韵律操 2.集体游戏:踩影子 3.分散活动:滑梯	1.韵律操 2.集体游戏:练习拍球 3.分散活动:大型玩具	1.韵律操 2.集体游戏:看谁投得准 3.分散活动:走跑道
生活活动	1.教育幼儿自己的事情自己做,养成独立穿脱衣服的能力,并能积极主动地帮助有困难的小朋友。 2.天气越来越冷,提醒幼儿注意保暖。				
动态环境	增添"环保小卫士"主题的图片,利用各种废旧材料有创意地进行制作,装饰环境。				
家长工作	请家长在孩子面前做好榜样,帮助孩子掌握节约用水的方法,养成节约用水的好习惯。				

附录五　幼儿园班级的周计划（2）

某幼儿园周计划

班级：小五班　　　第一周　　　时间：2010.3.1～3.5　　　教师：刘芳　王瑞霞

	上　午	下　午
星期一	晨间活动：玩具时间 教育活动：上学精神好（语言） 活动目标：帮助幼儿适应幼儿园生活 户外活动：小滑梯	生活活动：安静午睡 教育活动：开学了（生活与健康） 活动目标：了解日常的保健知识 户外活动：沙包游戏
星期二	晨间活动：阅读时间 教育活动：大红灯笼（美术） 活动目标：感受过年的气息，学习曲线画 户外活动：攀登墙	生活活动：安静午睡 教育活动：花儿对你说（社会） 活动目标：了解三八妇女节，知道如何对亲人表达自己的情感 户外活动：大滑梯
星期三	晨间活动：故事时间 教育活动：小蜜蜂的花花床（数学） 活动目标：能手口一致地点数5的物品 户外活动：传球游戏	生活活动：安静午睡 教育活动：春天歌（音乐） 活动目标：能用好听的声音演唱歌曲 户外活动：跳轮胎
星期四	晨间活动：音乐时间 教育活动：春天是个什么样子（谈话） 活动目标：能从人们的衣着变化、植物的变化等方面说一说春天与冬天的不同 户外活动：钻山洞	生活活动：安静午睡 教育活动：可练习对折剪（剪纸） 活动目标：学习对边折（或对角折），学习剪一些简单的图案，了解对折剪的乐趣 户外活动：跑跑跳跳
星期五	晨间活动：谈话时间（好妈妈） 教育活动：妈妈的笑脸（美术） 活动目标：练习曲线画，培养幼儿爱妈妈的情感 户外活动：队列练习	生活活动：安静午睡 教育活动：找同伴（数学） 活动目标：引导幼儿初步了解集合的简单概念 户外活动：幼儿自选活动
家长工作	1.请家长按时送幼儿入园，引导宝宝高高兴兴地来园； 2.准备好宝宝的个人用品，如马甲、小书包等； 3.及时将家园联系册带回幼儿园并交给本班老师； 4.注意培养孩子的生活自理能力	

附录六　幼儿园班级的半日活动计划

某幼儿园中班半日活动计划

总体目标

一、以游戏的形式,通过让幼儿在玩中学,发展感知能力,体验成功的快乐。

二、尝试大小不同球(像球的物体)的不同玩法,体验共同游戏的乐趣。

生活活动

一、接待

1.热情接待家长,与家长简短交谈,登记服药幼儿名单。

2.检查幼儿口袋,排除不安全因素。

二、游戏活动

1.引导幼儿尝试多种方法玩球。

2.愿意与他人共同玩球。

三、早操

1.引导幼儿情绪愉快地跟做。

2.能听口令、动作协调地做操。

四、盥洗

1.指导和帮助幼儿按顺序洗手(分组),知道不玩水的道理,养成饭前、便后和手脏时洗手的习惯。

2.随时观察幼儿是否需要大小便,提醒幼儿根据需要如厕。

3.适时对幼儿进行卫生常识教育,对个别幼儿进行重点指导,活动后提醒其不要用脏手揉眼睛。

五、进餐

1.以游戏口吻创设愉快的进餐气氛,并放些轻松、愉快的音乐,鼓励幼儿吃饱、吃好,培养幼儿的进餐习惯(细嚼慢咽,不挑食,保持桌面、地面、衣服整洁)。

2.帮助幼儿学习正确使用餐具,要求幼儿独立进餐,知道应该爱惜食物,保持桌面、地面清洁。

六、睡眠

1.提醒幼儿睡前如厕,指导帮助幼儿有序脱衣、鞋,并放于指定处。

2.巡回观察幼儿的睡眠,及时纠正幼儿的不良睡眠习惯,保持正确睡姿,发现异常,及时处理。

教学活动

集体教育活动:语言活动——捉迷藏

一、活动目标

1.乐于参加游戏活动,并感受游戏的快乐。

2.感知方位,发展幼儿的空间知觉。

3.培养幼儿安静倾听及用恰当词句表达自己想法的能力。

二、活动准备

1.知识经验准备:了解几种小动物的外形及生活特征。

2.物质材料准备:电视机、实物投影仪、纸画、动画、动物头饰、游戏场景布置。

三、活动进程

1.以游戏"捉迷藏的玩法"导入课题,吸引幼儿的注意力,鼓励幼儿大胆讲述。

2.教师出示立体教学挂图引出活动内容。鼓励幼儿仔细观察画面,根据已有的知识经验逐一找出小动物。

3.鼓励幼儿在活动室内寻找"藏"起来的小动物,并告诉别人"……藏在……"。

4.师生共同玩游戏"捉迷藏",引导幼儿更换主语说句子"我(他、她)藏在……"。

四、活动延伸

幼儿在操场上玩捉迷藏的游戏。

附录七　幼儿发展评价表

领域	项目	内容	I 标准内容	I 记录	II 标准内容	II 记录	III 标准内容	III 记录
习惯与自理能力	生活习惯	如厕	能自己如厕		能自理大小便,便后会冲水		便后能整理好衣服	
		进餐	能用勺进餐,清理桌面		会用筷子进餐,会清理干净		进餐时保持桌面、衣服干净	
		穿衣	能自己穿简单衣裤		能自己系扣子、拉拉链		会系鞋带,能穿各式各样衣服	
		个人卫生	提醒下能做到饭前便后洗手		饭前便后主动洗手,会用手帕		经常保持手脸干净,服装整洁	
		环境卫生	会收玩具,不随地大小便		能将果皮纸屑放在指定地方		公共场所不乱丢废物,不乱涂乱画	
	学习意识	学习兴趣	对新奇事物感兴趣		对较多活动感兴趣,问"为什么"		喜欢动手摆弄,自己寻找问题的答案	
		注意力	学习活动中需提醒、暗示		学习活动中能自己调整注意力		学习活动中能保持注意力集中	
		任务意识	几经教师提醒能完成任务		一经教师提醒能完成任务		能主动按时完成任务	
	自我保护	躲避危险	不玩、不触摸危险品		知道躲避危险		不独自上街,上街不乱跑	
		安全意识	知道解决安全问题的正确方法		知道解决可能遇到的安全问题的正确方法		知道解决突发安全事故的正确方法	
运动与平衡	大肌肉动作	走	上体正直自然地走		上下肢协调地走		听信号步伐均匀地走	
		跑	两臂在体侧自然地跑		协调、轻松地跑		听信号变方向、变速跑	
		跳	立定跳远60厘米		立定跳远75厘米		立定跳远90厘米	
		平衡	能单脚站立10秒		能单脚站立20秒		能单脚站立35秒	
		拍球	单手连续拍球10下		左右手交替拍球15下		单手拍球100下	
	小肌肉动作	画	能用笔画出直线		会画圆圈并均匀地涂色		能完成点线画并涂色	
		剪	能沿画好的直线剪下		会剪简单的图形		会剪复杂的图形	
		折	会对边折、对角折		会折简单的图形		会折复杂的图形	
		穿珠	30秒钟内穿珠5个		30秒钟内穿珠7个		30秒钟内穿珠8个	

（续表）

领域	项目	等级 标准 内容	Ⅰ 标准内容	记录	Ⅱ 标准内容	记录	Ⅲ 标准内容	记录
认知与语言	感知能力	认识空间	知道上下、里外		知道前后、高低、远近		知道以自身为中心的左右	
		认识时间	知道白天、黑夜、早、晚		知道今天、明天和昨天		知道时间的某一点	
		观察力	能感知事物的明显特征		能感知事物的细微特征		能发现相似事物的细微差别	
	思维推理能力	分类	能根据事物的明显特征分类		能根据事物的功用分类		能根据概念分类	
		想象	能根据图形想象		能根据图形进行较丰富的想象		能根据图形创造想象	
		推理	能根据图形推理		能根据图形间关系进行推理		能根据图形间较复杂关系进行推理	
		守恒	5以内数的守恒		10以内数的守恒		长度和体积守恒	
	语言能力	词汇	掌握常用名词、动词、形容词		掌握部分量词、反义词		掌握较多常用词、量词、反义词	
		讲述	能用完整的简单句讲述		能用完整的句子清晰讲述		能用完整的句子连贯讲述	
		回答问题	能针对提问回答问题		能针对较复杂提问回答问题		能准确、简练地回答较复杂问题	
		理解作品	知道故事角色和发生的事情		能按顺序说出故事的情节		能概括故事的主题思想	
		阅读	会一页一页翻看画书		理解画书的主要内容		知道看文字书的方法	
品德与社会性	自我系统	自我认识	知道自己的姓名、性别、年龄		知道自己的爱好		知道自己的优缺点	
		自信心	完成简单事情或任务		完成稍有难度的任务有信心		完成没有做过的或较大难度的任务有信心	
		独立性	在教师鼓励和要求下能独立做事		自己能做的事不请求帮助		喜欢独立做事情和独立思考	
		坚持性	能有始有终做一件简单的事		能坚持一段时间完成稍有难度的任务		经常在较长时间内主动克服困难实现目的	
		好胜心	在感兴趣的活动中努力做好		在竞赛活动中努力争取好成绩		做任何事情努力争取好结果	

（续表）

领域	项目	等级 标准 内容	I		II		III	
			标准内容	记录	标准内容	记录	标准内容	记录
品德与社会性	情绪情感	表达与控制情绪	情绪一般较稳定,经劝说能控制消极情绪		情绪状态较好,一般能自己调节与控制消极情绪		情绪状态良好,用恰当方式对不同情景做出适应反应	
		爱周围人	热爱、尊敬父母		亲近班里的老师和小朋友		关心父母、老师和小朋友,喜欢帮助他们做力所能及的事	
		爱集体	喜欢幼儿园,愿意参加集体活动		在教师引导下能关心班里的事,为集体做好事		能主动关心班里的事,维护集体荣誉	
	品德行为	礼貌	在成人提醒下能使用礼貌用语		能主动使用礼貌用语		能在不同情境下主动使用礼貌用语,举止文明	
		诚实	不说谎话,不随意拿别人东西		做错事能承认,拾到物品主动交还		做错事能承认,并努力改正,不背着成人做禁止的事	
		合作	能与小朋友一起游戏		喜欢和小朋友合作游戏和做事		能成功地与小朋友合作游戏和做事	
		遵守规则	经提醒能遵守规则		能自觉遵守规则		能自觉遵守并维护规则	
	交往行为	与老师交往	对老师的主动交往做出积极反应		有时能主动与老师交往		常主动发起与老师交往	
		与客人交往	见到客人不害怕、不回避		对客人的主动交往有积极反应		能主动与客人交往	
		与小朋友交往	对小朋友的主动交往做出积极反应		有时主动与小朋友交往		经常主动发起与小朋友的交往	
		解决冲突	与小朋友发生冲突时经成人帮助能和解		能用适宜的方式自己解决与小朋友的冲突		能帮助解决其他小朋友之间的冲突	

附录八　幼儿入园登记表

登记日期：

幼儿姓名		乳　名		性别		出生年月	
是否第一次入园		健康状况					
家庭成员情况							
	父　　亲			母　　亲			
姓　　名							
出生年月							
文化程度							
工作单位							
职　　务							
联系电话							
家庭电话							
是否独生子女							
家庭住址							
户口所在地				现有子女数			
主要由何人抚养				联系电话			
平时何人接送				联系电话			
幼儿有何爱好							
幼儿性格							
有无药物过敏史				有无食物过敏史			
有无脱臼史				特殊说明			
幼儿出生时			顺产		剖宫产		是否足月
家族中有无精神病患者							
备　　注							

附录九　幼儿园工作规程

《幼儿园工作规程》于 1996 年 3 月 9 日中华人民共和国国家教育委员会令第 25 号发布,自 1996 年 6 月 1 日起施行。1989 年 6 月 5 日发布的国家教育委员会第 2 号令《幼儿园工作规程(试行)》同时废止。

第一章　总　则

第一条　为了加强幼儿园的科学管理,提高保育和教育质量,依据《中华人民共和国教育法》制定本规程。

第二条　幼儿园是对三周岁以上学龄前幼儿实施保育和教育的机构,是基础教育的有机组成部分,是学校教育制度的基础阶段。

第三条　幼儿园的任务是:实行保育与教育相结合的原则,对幼儿实施体、智、德、美诸方面全面发展的教育,促进其身心和谐发展。

幼儿园同时为家长参加工作、学习提供便利条件。

第四条　幼儿园适龄幼儿为三周岁至六周岁(或七周岁)。

幼儿园一般为三年制,亦可设一年制或两年制的幼儿园。

第五条　幼儿园保育和教育的主要目标是:

促进幼儿身体正常发育和机能的协调发展,增强体质,培养良好的生活习惯、卫生习惯和参加体育活动的兴趣。

发展幼儿智力,培养正确运用感官和运用语言交往的基本能力,增进对环境的认识,培养有益的兴趣和求知欲望,培养初步的动手能力。

萌发幼儿爱家乡、爱祖国、爱集体、爱劳动、爱科学的情感,培养诚实、自信、好问、友爱、勇敢、爱护公物、克服困难、讲礼貌、守纪律等良好的品德行为和习惯,以及活泼、开朗的性格。

培养幼儿初步的感受美和表现美的情趣和能力。

第六条　尊重、爱护幼儿,严禁虐待、歧视、体罚和变相体罚、侮辱幼儿人格等损害幼儿身心健康的行为。

第七条　幼儿园可分为全日制、半日制、定时制、季节制和寄宿制等。上述形式可分别设置,也可混合设置。

第二章　幼儿入园和编班

第八条　幼儿园每年秋季招生。平时如有缺额,可随时补招。幼儿园对烈士子女,家中无人照顾的残疾人子女和单亲子女等入园,应予照顾。

第九条　企业、事业单位和机关、团体、部队设置的幼儿园,除招收本单位工作人员的子女外,有条件的应向社会开放,招收附近居民子女入园。

第十条　幼儿入园前,须按照卫生部门制定的卫生保健制度进行体格检查,合格者方可入园。

幼儿入园除进行体格检查外,严禁任何形式的考试或测查。

第十一条 幼儿园规模以有利于幼儿身心健康,便于管理为原则,不宜过大。

幼儿园每班幼儿人数一般为:小班(三至四周岁)二十五人,中班(四至五周岁)三十人,大班(五周岁至六或七周岁)三十五人,混合班三十人。学前幼儿班不超过四十人。

寄宿制幼儿园每班幼儿人数酌减。

幼儿园可按年龄分别编班,也可混合编班。

第三章 幼儿园的卫生保健

第十二条 幼儿园必须切实做好幼儿生理和心理卫生保健工作。

幼儿园应严格执行卫生部颁发的《托儿所、幼儿园卫生保健制度》以及其他有关卫生保健的法规、规章和制度。

第十三条 幼儿园应制定合理的幼儿一日生活作息制度。两餐间隔时间不得少于三小时半。幼儿户外活动时间在正常情况下,每天不得少于二小时,寄宿制幼儿园不得少于三小时。高寒、高温地区可酌情增减。

第十四条 幼儿园应建立幼儿健康检查制度和幼儿健康卡或档案。每年体检一次,每半年测身高、视力一次,每季度量体重一次,并对幼儿身体健康发展状况定期进行分析、评价。

应注意幼儿口腔卫生,保护视力。

第十五条 幼儿园应建立卫生消毒,病儿隔离制度,认真做好计划免疫和疾病防治工作。

幼儿园内严禁吸烟。

第十六条 幼儿园应建立房屋、设备、消防、交通等安全防护和检查制度;建立食品、药物等管理制度和幼儿接送制度,防止发生各种意外事故。

应加强对幼儿的安全教育。

第十七条 供给膳食的幼儿园应为幼儿提供合理膳食,编制营养平衡的幼儿食谱,定期计算和分析幼儿的进食量和营养素摄取量。

第十八条 幼儿园应保证供给幼儿饮水,为幼儿饮水提供便利条件。

要培养幼儿良好的大、小便习惯,不得限制幼儿便溺的次数、时间等。

第十九条 积极开展适合幼儿的体育活动,每日户外体育活动不得少于一小时。加强冬季锻炼。

要充分利用日光、空气、水等自然因素,以及本地自然环境,有计划地锻炼幼儿肌体,增强身体的适应和抵抗能力。

对体弱或有残疾的幼儿予以特殊照顾。

第二十条 幼儿园夏季要做好防暑降温工作,冬季要做好防寒保暖工作,防止中暑和冻伤。

第四章 幼儿园的教育

第二十一条 幼儿园教育工作的原则是:

体、智、德、美诸方面的教育应互相渗透,有机结合。

遵循幼儿身心发展的规律,符合幼儿的年龄特点,注重个体差异,因人施教,引导幼儿个体健康发展。

面向全体幼儿,热爱幼儿,坚持积极鼓励、启发诱导的正面教育。

合理地综合组织各方面的教育内容,并渗透于幼儿一日生活的各项活动中,充分发挥各种教育手段的交互作用。

创设与教育相适应的良好环境,为幼儿提供活动和表现能力的机会与条件。

以游戏为基本活动,寓教育于各项活动之中。

第二十二条　幼儿一日活动的组织应动静交替,注重幼儿的实践活动,保证幼儿愉快的、有益的自由活动。

第二十三条　幼儿园日常生活组织,要从实际出发,建立必要的合理的常规,坚持一贯性、一致性和灵活性的原则,培养幼儿的良好习惯和初步的生活自理能力。

第二十四条　幼儿园的教育活动应是有目的、有计划引导幼儿生动、活泼、主动活动的,多种形式的教育过程。

教育活动的内容应根据教育目的,幼儿的实际水平和兴趣,以循序渐进为原则,有计划地选择和组织。

组织活动应根据不同的教育内容,充分利用周围环境的有利条件,积极发挥幼儿感官作用,灵活地运用集体或个别活动的形式,为幼儿提供充分活动的机会,注重活动的过程,促进每个幼儿在不同水平上得到发展。

第二十五条　游戏是对幼儿进行全面发展教育的重要形式。

应根据幼儿的年龄特点选择和指导游戏。

应因地制宜地为幼儿创设游戏条件(时间、空间 材料)。游戏材料应强调多功能和可变性。

应充分尊重幼儿选择游戏的意愿,鼓励幼儿制作玩具,根据幼儿的实际经验和兴趣,在游戏过程中给予适当指导,保持愉快的情绪,促进幼儿能力和个性的全面发展。

第二十六条　幼儿园的品德教育应以情感教育和培养良好行为习惯为主,注重潜移默化的影响,并贯穿于幼儿生活以及各项活动之中。

第二十七条　幼儿园应在各项活动的过程中,根据幼儿不同的心理发展水平,注重培养幼儿良好的个性心理品质,尤应注意根据幼儿个体差异,研究有效的活动形式和方法,不要强求一律。

第二十八条　幼儿园应当使用全国通用的普通话。招收少数民族幼儿为主的幼儿园,可使用当地少数民族通用的语言。

第二十九条　幼儿园和小学应密切联系,互相配合,注意两个阶段教育的相互衔接。

第五章　幼儿园的园舍、设备

第三十条　幼儿园应设活动室、儿童厕所、盥洗室、保健室、办公用房和厨房。有条件的幼儿园可单独设音乐室、游戏室、体育活动室和家长接待室等。

寄宿制幼儿园应设寝室、隔离室、浴室、洗衣间和教职工值班室等。

第三十一条　幼儿园应有与其规模相适应的户外活动场地,配备必要的游戏和体育活动设施,并创造条件开辟沙地、动物饲养角和种植园地。

应根据幼儿园特点,绿化、美化园地。

第三十二条　幼儿园应配备适合幼儿特点的桌椅、玩具架、盥洗卫生用具,以及必要的教具、玩具、图书和乐器等。

寄宿制幼儿园应配备儿童单人床。

幼儿园的教具、玩具应有教育意义并符合安全、卫生的要求。

幼儿园应因地制宜,就地取材,自制教具、玩具。

第三十三条　幼儿园建筑规划面积定额、建筑设计要求和教具玩具的配备,参照国家有关部门的规定执行。

第六章　幼儿园的工作人员

第三十四条　幼儿园按照编制标准设园长、副园长、教师、保育员、医务人员、事务人员、炊事员和其他工作人员。

各省、自治区、直辖市教育行政部门可会同有关部门参照国家教育委员会和原劳动人事部制定的《全日制、寄宿制幼儿园编制标准》,制定具体规定。

第三十五条　幼儿园工作人员应拥护党的基本路线,热爱幼儿教育事业,爱护幼儿,努力学习专业知识和技能,提高文化和专业水平,品德良好、为人师表,忠于职责,身体健康。

第三十六条　幼儿园园长除符合本规程第三十五条要求外,应具备幼儿师范学校(包括职业学校幼儿教育专业)毕业及其以上学历。

幼儿园园长还应有一定的教育工作经验和组织管理能力,并获得幼儿园园长岗位培训合格证书。

幼儿园园长由举办者任命或聘任。非地方人民政府设置的幼儿园园长应报当地教育行政部门备案。

幼儿园园长负责幼儿园的全面工作,其主要职责如下:

(一)贯彻执行国家的有关法律、法规、方针、政策和上级主管部门的规定;

(二)领导教育、卫生保健、安全保卫工作;

(三)负责建立并组织执行各种规章制度;

(四)负责聘任、调配工作人员,指导、检查和评估教师以及其他工作人员的工作,并给予奖惩;

(五)负责工作人员的思想工作,组织文化、业务学习,并为他们的政治和文化、业务进修创造必要的条件,关心和逐步改善工作人员的生活、工作条件,维护他们的合法权益;

(六)组织管理园舍、设备和经费;

(七)组织和指导家长工作;

(八)负责与社区的联系和合作。

第三十七条　幼儿园教师必须具有《教师资格条例》规定的幼儿园教师资格,并符合本规程第三十五条规定。

幼儿园教师实行聘任制。

幼儿园教师对本班工作全面负责,其主要职责如下:

(一)观察了解幼儿,依据国家规定的幼儿园课程标准,结合本班幼儿的具体情况,制

订和执行教育工作计划,完成教育任务;

(二)严格执行幼儿园安全、卫生保健制度,指导并配合保育员管理本班幼儿生活和做好卫生保健工作;

(三)与家长保持经常联系,了解幼儿家庭的教育环境,商讨符合幼儿特点的教育措施,共同配合完成教育任务;

(四)参加业务学习和幼儿教育研究活动;

(五)定期向园长汇报,接受其检查和指导。

第三十八条　幼儿园保育员除符合本规程第三十五条规定外,还应具备初中毕业以上学历,并受过幼儿保育职业培训。

幼儿园保育员的主要职责如下:

(一)负责本班房舍、设备、环境的清洁卫生工作;

(二)在教师指导下,管理幼儿生活,并配合本班教师组织教育活动;

(三)在医务人员和本班教师指导下,严格执行幼儿园安全、卫生保健制度;

(四)妥善保管幼儿衣物和本班的设备、用具。

第三十九条　幼儿园医务人员除符合本规程第三十五条规定外,医师应按国家有关规定和程序取得医师资格;医士和护士应当具备中等卫生学校毕业学历,或取得卫生行政部门的资格认可;保健员应当具备高中毕业学历,并受过幼儿保健职业培训。

幼儿园医务人员对全园幼儿身体健康负责,其主要职责如下:

(一)协助园长组织实施有关卫生保健方面的法规、规章和制度,并监督执行;

(二)负责指导调配幼儿膳食,检查食品、饮水和环境卫生;

(三)密切与当地卫生保健机构的联系,及时做好计划免疫和疾病防治等工作;

(四)向全园工作人员和家长宣传幼儿卫生保健等常识;

(五)妥善管理医疗器械、消毒用具和药品。

第四十条　幼儿园其他工作人员的资格和职责,参照政府的有关规定执行。

第四十一条　对认真履行职责,成绩优良者,应按有关规定给予奖励。

对不履行职责者,应给予批评教育;情节严重的,应给予行政处分;构成犯罪的,由司法机关依法追究刑事责任。

第七章　幼儿园的经费

第四十二条　幼儿园的经费由举办者依法筹措,保障有必备的办园资金和稳定的经费来源。

第四十三条　幼儿园收费按省、自治区 直辖市或地(市)级教育行政部门会同有关部门制定的收费项目、标准和办法执行。

幼儿园不得以培养幼儿某种专项技能为由,另外收取费用;亦不得以幼儿表演为手段,进行以营利为目的的活动。

第四十四条　省、自治区、直辖市或地(市)级教育行政部门应会同有关部门制定各类幼儿园经费管理办法。

幼儿园的经费应按规定的使用范围合理开支,坚持专款专用,不得挪作他用。

第四十五条　任何组织和个人举办幼儿园不得以营利为目的。举办者筹措的经费,应保证保育和教育的需要,有一定比例用于改善办园条件,并可提留一定比例的幼儿园基金。

第四十六条 幼儿膳食费应实行民主管理制度,保证全部用于幼儿膳食,每月向家长公布账目。

第四十七条 幼儿园应建立经费预算和决算审核制度,严格执行有关财务制度,经费预算和决算,应提交园务委员会或教职工大会审议,并接受财务和审计部门的监督检查。

第八章 幼儿园、家庭和社区

第四十八条 幼儿园应主动与幼儿家庭配合,帮助家长创设良好的家庭教育环境,向家长宣传科学保育、教育幼儿的知识,共同担负教育幼儿的任务。

第四十九条 应建立幼儿园与家长联系的制度。

幼儿园可采取多种形式,指导家长正确了解幼儿园保育和教育的内容、方法,定期召开家长会议,并接待家长的来访和咨询。

幼儿园应认真分析、吸收家长对幼儿园教育与管理工作的意见与建议。

幼儿园可实行对家长开放日的制度。

第五十条 幼儿园应成立家长委员会。

家长委员会的主要任务是:帮助家长了解幼儿园工作计划和要求,协助幼儿园工作;反映家长对幼儿园工作的意见和建议;协助幼儿园组织交流家庭教育的经验。

家长委员会在幼儿园园长指导下工作。

第五十一条 幼儿园应密切同社区的联系与合作。宣传幼儿教育的知识,支持社区开展有益的文化教育活动,争取社区支持和参与幼儿园建设。

第九章 幼儿园的管理

第五十二条 幼儿园实行园长负责制。园长在举办者和教育行政部门领导下,依据本规程负责领导全园工作。

幼儿园可建立园务委员会。园务委员会由保教、医务、财会等人员的代表以及家长的代表组成。园长任园务委员会主任。

园长定期召开园务会议(遇重大问题可临时召集)对全园工作计划,工作总结,人员奖惩,财务预算和决算方案,规章制度的建立、修改、废除,以及其他涉及全园工作的重要问题进行审议。

不设园务委员会的幼儿园,上述重大事项由园长召集全体教职工会议商议。

第五十三条 幼儿园应建立教职工大会制度,或以教师为主体的教职工代表会议制度,加强民主管理和监督。

第五十四条 党在幼儿园的基层组织要发挥政治核心作用。园长要充分发挥共青团、工会等其他组织在幼儿园工作中的作用。

第五十五条 幼儿园应制订年度工作计划,定期部署、总结和报告工作。每学年末应向行政主管部门和教育行政部门报告工作,必要时随时报告。

第五十六条 幼儿园应接受上级教育督导人员的检查、监督和指导,要根据督导的内容和要求,切实报告工作,反映情况。

第五十七条　幼儿园应建立教育研究、业务档案、财务管理、园务会议、人员奖惩、安全管理以及与家庭、小学联系等制度。

幼儿园应建立工作人员名册、幼儿名册和其他统计表册，每年向教育行政部门报送统计表。

第五十八条　幼儿园在当地小学寒、暑假期间，以不影响家长工作为原则，工作人员可轮流休假，具体办法由举办者自定。

第十章　附　则

第五十九条　本规程适用于城乡各类幼儿园。

第六十条　各省、自治区、直辖市教育行政部门可根据本规程，制定具体实施办法。

各省、自治区、直辖市教育行政部门，可根据规程对不同地区、不同类别的幼儿园分别提出不同要求，分期分批有步骤地组织实施。亦可制定本地区不同类型幼儿园的工作规程。

第六十一条　本规程由国家教育委员会负责解释。

第六十二条　本规程自一九九六年六月一日起施行。一九八九年六月五日国家教育委员会第二号令发布的《幼儿园工作规程（试行）》同时废止。

附录十　幼儿园管理条例

中华人民共和国国家教育委员会
第 4 号令
1989 年 9 月 11 日

第一章　总则

第一条　为了加强幼儿园的管理,促进幼儿教育事业的发展,制定本条例。

第二条　本条例适用于招收三周岁以上学龄前幼儿,对其进行保育和教育的幼儿园。

第三条　幼儿园的保育和教育工作应当促进幼儿在体、智、德、美诸方面和谐发展。

第四条　地方各级人民政府应当根据本地区社会经济发展状况,制订幼儿园的发展规划。

幼儿园的设置应当与当地居民人口相适应。

乡、镇、市辖区和不设区的市的幼儿园的发展规划,应当包括幼儿园设置的布局方案。

第五条　地方各级人民政府可以依据本条例举办幼儿园,并鼓励和支持企业事业单位、社会团体、居民委员会、村民委员会和公民举办幼儿园或捐资助园。

第六条　幼儿园的管理实行地方负责、分级管理和各有关部门分工负责的原则。

国家教育委员会主管全国的幼儿园管理工作;地方各级人民政府的教育行政部门,主管本行政辖区内的幼儿园管理工作。

第二章　举办幼儿园的基本条件和审批程序

第七条　举办幼儿园必须将幼儿园设置在安全区域内。严禁在污染区和危险区内设置幼儿园。

第八条　举办幼儿园必须具有与保育、教育的要求相适应的园舍和设施。幼儿园的园舍和设施必须符合国家的卫生标准和安全标准。

第九条　举办幼儿园应当具有符合下列条件的保育、幼儿教育、医务和其他工作人员:

(一)幼儿园园长、教师应当具有幼儿师范学校(包括职业学校幼儿教育专业)毕业程度,或者经教育行政部门考核合格。

(二)医师应当具有医学院校毕业程度,医士和护士应当具有中等卫生学校毕业程度,或者取得卫生行政部门的资格认可。

(三)保健员应当具有高中毕业程度,并受过幼儿保健培训。

(四)保育员应当具有初中毕业程度,并受过幼儿保育职业培训。

慢性传染病、精神病患者,不得在幼儿园工作。

第十条　举办幼儿园的单位或者个人必须具有进行保育、教育以及维修或扩建、改建幼儿园的园舍与设施的经费来源。

第十一条　国家实行幼儿园登记注册制度,未经登记注册,任何单位和个人不得举办幼儿园。

第十二条 城市幼儿园的举办、停办,由所在区、不设区的市的人民政府教育行政部门登记注册。

农村幼儿园的举办、停办,由所在乡、镇人民政府登记注册,并报县人民政府教育行政部门备案。

第三章 幼儿园的保育和教育工作

第十三条 幼儿园应当贯彻保育与教育相结合的原则,创设与幼儿的教育和发展相适应的和谐环境,引导幼儿个性的健康发展。

幼儿园应当保障幼儿的身体健康,培养幼儿的良好生活、卫生习惯;促进幼儿的智力发展;培养幼儿热爱祖国的情感以及良好的品德行为。

第十四条 幼儿园的招生、编班应当符合教育行政部门的规定。

第十五条 幼儿园应当使用全国通用的普通话。招收少数民族为主的幼儿园,可以使用本民族通用的语言。

第十六条 幼儿园应当以游戏为基本活动形式。

幼儿园可以根据本园的实际,安排和选择教育内容与方法,但不得进行违背幼儿教育规律,有损于幼儿身心健康的活动。

第十七条 严禁体罚和变相体罚幼儿。

第十八条 幼儿园应当建立卫生保健制度,防止发生食物中毒和传染病的流行。

第十九条 幼儿园应当建立安全防护制度,严禁在幼儿园内设置威胁幼儿安全的危险建筑物和设施,严禁使用有毒、有害物质制作教具、玩具。

第二十条 幼儿园发生食物中毒、传染病流行时,举办幼儿园的单位或者个人应当立即采取紧急救护措施,并及时报告当地教育行政部门或卫生行政部门。

第二十一条 幼儿园的园舍和设施有可能发生危险时,举办幼儿园的单位或个人应当采取措施,排除险情,防止事故发生。

第四章 幼儿园的行政事务

第二十二条 各级教育行政部门应当负责监督、评估和指导幼儿园的保育、教育工作,组织培训幼儿园的师资,审定、考核幼儿园教师的资格,并协助卫生行政部门检查和指导幼儿园的卫生保健工作,会同建设行政部门制定幼儿园园舍、设施的标准。

第二十三条 幼儿园园长负责幼儿园的工作。

幼儿园园长由举办幼儿园的单位或个人聘任,并向幼儿园的登记注册机关备案。

幼儿园的教师、医师、保健员、保育员和其他工作人员,由幼儿园园长聘任,也可由举办幼儿园的单位或个人聘任。

第二十四条 幼儿园可以依据本省、自治区、直辖市人民政府制定的收费标准,向幼儿家长收取保育费、教育费。

幼儿园应当加强财务管理,合理使用各项经费,任何单位和个人不得克扣、挪用幼儿园经费。

第二十五条 任何单位和个人,不得侵占和破坏幼儿园园舍和设施,不得在幼儿园周围设置有危险、有污染或影响幼儿园采光的建筑和设施,不得干扰幼儿园正常的工作秩序。

第五章 奖励与处罚

第二十六条 凡具备下列条件之一的单位或者个人,由教育行政部门和有关部门予以奖励:

(一)改善幼儿园的办园条件成绩显著的;

(二)保育、教育工作成绩显著的;

(三)幼儿园管理工作成绩显著的。

第二十七条 违反本条例,具有下列情形之一的幼儿园,由教育行政部门视情节轻重,给予限期整顿、停止招生、停止办园的行政处罚:

(一)未经登记注册,擅自招收幼儿的;

(二)园舍、设施不符合国家卫生标准、安全标准,妨害幼儿身体健康或者威胁幼儿生命安全的;

(三)教育内容和方法违背幼儿教育规律,损害幼儿身心健康的。

第二十八条 违反本条例,具有下列情形之一的单位或者个人,由教育行政部门对直接责任人员给予警告、罚款的行政处罚,或者由教育行政部门建议有关部门对责任人员给予行政处分:

(一)体罚或变相体罚幼儿的;

(二)使用有毒、有害物质制作教具、玩具的;

(三)克扣、挪用幼儿园经费的;

(四)侵占、破坏幼儿园园舍、设施的;

(五)干扰幼儿园正常工作秩序的;

(六)在幼儿园周围设置有危险、有污染或者影响幼儿园采光的建筑和设施的。

前款所列情形,情节严重,构成犯罪的,由司法机关依法追究刑事责任。

第二十九条 当事人对行政处罚不服的,可以在接到处罚通知之日起十五日内,向作出处罚决定的机关的上一级机关申请复议,对复议决定不服的,可在接到复议决定之日起十五日内,向人民法院提起诉讼。当事人逾期不申请复议或者不向人民法院提起诉讼又不履行处罚决定的,由作出处罚决定的机关申请人民法院强制执行。

第六章 附 则

第三十条 省、自治区、直辖市人民政府可根据本条例制定实施办法。

第三十一条 本条例由国家教育委员会解释。

第三十二条 本条例自一九九〇年二月一日起施行。

附录十一 幼儿园管理考试题型举例

一、选择题(20 分)

1.1911 年(　　)的问世,标志着管理学的产生。

A.《国富论》　　　　　　　　　　B.《计件工资制度》

C.《科学管理原理》　　　　　　　D.《工业管理与一般管理》

2.幼儿园管理工作的最终目的是(　　)。

A.提高工作效率　　　　　　　　B.提高人员素质

C.协调各种关系　　　　　　　　D.制定切实可行的管理制度

3.不符合人员任用基本准则的是(　　)。

A.任人唯贤　　　B.因人设岗　　　C.充分信任　　　D.用其所长

4.在管理学史上,重视人的高层次需要的学派是(　　)。

A.决策理论学派　　B.古典管理学派　　C.社会系统学派　　D.行为科学学派

5.法约尔管理理论的五项职能是(　　)。

A.分工、权限与责任、纪律、统一命令、统一指挥

B.计划、组织、指挥、协调与控制

C.目标、计划、实施、检查与总结

D.分工、授权、报酬、公平与创新

6.幼儿园的"法"是指(　　)。

A.行政体制　　　B.领导体制　　　C.园长负责制　　　D.规章制度

7.幼儿园组织机构的建立和设置就是为了实现一定的任务目标。这是下列原则中那一条(　　)。

A.分工协作原则　　　　　　　　B.责任权力一致原则

C.任务目标原则　　　　　　　　D.合理结构原则

8.幼儿期疾病预防的措施是(　　)。

A.增加体育活动的时间　　　　　B.为幼儿开设卫生课

C.提高幼儿对传染病的抵抗力　　D.调整作息时间

9.管理的核心要素是(　　)。

A.计划　　　　　B.目标　　　　　C.执行　　　　　D.总结

10.幼儿园实施教育的前提是(　　)。

A.保证幼儿安全　　B.身体健康　　C.膳食营养　　　D.教学准备

11.幼儿园总务管理的特点是(　　)。

A.烦琐性 服务性 政策性 规则性　　B.服务性 广泛性 先行性 全局性

C.政策性 烦琐性 服务性 全局性　　D.规则性 先行性 政策性 烦琐性

12.现代管理的核心和动力是人和人的(　　)。

A.利益性　　　　B.积极性　　　　C.尊严性　　　　D.服从性

13. 幼儿园一切教育和管理均具有（　　）。

A. 强制性　　　　　B. 创新性　　　　　C. 教育性　　　　　D. 稳定性

14. 组织观摩教学活动目的不正确的是（　　）。

A. 推广经验　　　　B. 走管理程序　　　C. 改善教学效果　　D. 检查教学质量

15. 被誉为"科学管理之父"的是（　　）。

A. 泰罗　　　　　　B. 法约尔　　　　　C. 韦伯　　　　　　D. 赫兹伯格

16. 环境改变了，管理的对象改变了，管理的方式也要随之改变，没有一成不变的管理理论和方法，这是（　　）的思想。

A. Z 理论　　　　　B. XY 理论　　　　　C. 权变理论　　　　D. 双因素理论

17. 1996 年国家教委正式颁布实施了（　　）。

A.《幼儿园管理条例》　　　　　　　　　B.《幼儿园教育指导纲要》

C.《幼儿园工作规程》　　　　　　　　　D.《未成年人保护法》

18. （　　）等人通过"霍桑实验"提出了人际关系理论。

A. 马斯洛　　　　　B. 梅奥　　　　　　C. 威廉大内　　　　D. 麦格雷戈

19. 下列评价内容：组织班级活动能力、说服幼儿的能力、与家长沟通的能力、对幼儿行为进行管理的能力、对幼儿管理能力的培养是（　　）。

A. 对班级管理运行程序的评价　　　　　B. 对班级日常工作的评价

C. 对园务管理的评价　　　　　　　　　D. 对教师管理能力的评价

20. 下列各项不属于保育员职责的是（　　）。

A. 负责本班房舍、设备、环境的清洁卫生工作，并妥善保管幼儿衣物和本班的用具

B. 在教师指导下，管理幼儿生活，并配合本班教师组织教育活动

C. 在医务人员和本班教师指导下，严格执行幼儿园安全、卫生保健制度

D. 配合教师批改作业和与家长沟通

二、名词解释（10 分）

1. 幼儿园管理

2. 幼儿园规章制度

三、判断题（对√；错×）（10 分）

1. 幼儿园办得好与差取决于园长的管理水平与现代经营意识。　　　　　　　　（　　）

2. 教师管理班级的程序一般要经过计划、执行、检查、总结这样四个阶段。　　（　　）

3. 保育员的职责就是打扫卫生，教师的职责就是教课。　　　　　　　　　　　（　　）

4. 人的管理能力经过训练是可以提高的。　　　　　　　　　　　　　　　　　（　　）

5. 幼儿园的管理应该是动态的，打破"终身"制和"铁饭碗"，形成竞争和激励机制，为广大教职工提供施展才能和成长的机会。　　　　　　　　　　　　　　　　　（　　）

6. 幼儿园的管理者最好是专家中的杂家，杂家中的专家，并具有管理专长。　　（　　）

7. 只要本人愿意，应该允许永久从事幼教事业。　　　　　　　　　　　　　　（　　）

8. 在幼儿园的管理活动中，只要遵照国家的政策法规进行科学管理即可，其他的可以不用考虑。　　　　　　　　　　　　　　　　　　　　　　　　　　　　　　（　　）

9. 适度的压力有助于调动教职工的积极性。　　　　　　　　　　　　　　　　（　　）

10. 工作条件和报酬是影响生产率的第一因素。 （　　）

四、简答题（10分）

1. 简述晨间检查一摸、二看、三问、四查的内容。

2. 简述马斯洛的需要层次理论。

五、配伍题（10分）

1. 合理进行幼儿园班级教师的配备。

A. 教师具有很好的艺术技能 （　　）

B. 教师具有较强的组织能力、语言能力、交往能力 （　　）

C. 教师脾气比较急躁 （　　）

D. 教师年轻有朝气，接受新事物快 （　　）

a. 教师性情沉稳，做事周密

b. 教师有较好的文字功底

c. 教师年龄较大，经验丰富，做事稳重

d. 教师组织能力和交往能力很平常

2. 教职工的需要各不相同，调动积极性应采用相应的方法。

A. 积极上进型 （　　）

B. 尽职尽责型 （　　）

C. 天真活泼型 （　　）

D. 得过且过型 （　　）

E. 自我表现型 （　　）

F. 搬弄是非型 （　　）

a. 帮助她提高业务能力；让她感受到工作的乐趣，逐渐将她的注意力转移到工作上

b. 大胆使用，创造机会，委以重任，让其独当一面

c. 压担子，派任务，激发她的上进心，充分发挥她的才能

d. 正确加以引导

e. 保护她的天真和纯情，帮助她尽快走入角色

f. 转移她的注意力，将她的精力吸引到工作中

六、案例分析（20分）

七、论述题（20分）

参考文献

1. 丛中笑.幼儿园管理[M].北京:中国劳动社会保障出版社,1999

2. 谢秀丽.幼儿园工作管理[M].广州:广东高等教育出版社,2000

3. 张燕,邢利娅.幼儿园组织与管理[M].北京:北京师范大学出版社,2000

4. 张燕,邢利娅.幼儿园管理案例分析[M].北京:北京师范大学出版社,2002

5. 丁夕友.幼儿园园长手册[M].北京:中国人口出版社,1998

6. 张燕.学前教育管理学[M].北京:北京师范大学出版社,1998

7. 江月孙,赵敏.学校管理学[M].广州:广东高等教育出版社,2000

8. 张宏亮.幼儿园管理[M].北京:高等教育出版社,2001

9. 朱家雄,张亚军.给幼儿园园长的建议[M].上海:华东师范大学出版社,2010

10. 范国睿.学校管理的理论与实务[M].上海:华东师范大学出版社,2003

11. 王普华,幼儿园管理[M].北京:高等教育出版社,2005

12. 邵乃济,陈茹彦.船儿与船长——园长引领教师成长的故事[J].幼儿教育(教育教学),2007(9)

13. 莫源秋.幼儿园教师进行教育科研的策略[J].山东教育(幼儿教育),2001(1)

14. 朱家雄.确保教学有效性的起码条件[J].幼儿教育(教育教学),2010(9)

15. 金学英.谈合理利用家长资源[J].幼儿教育(教育教学),2011(16)